Norbert Walter • Jörn Quitzau

WER SOLL
DAS
BEZAHLEN?

Norbert Walter
Jörn Quitzau

WER SOLL DAS BEZAHLEN?

Antworten auf die globale Wirtschaftskrise

PATTLOCH

Besuchen Sie uns im Internet:
www.pattloch.de

Redaktion: Michael Schönberger
Umschlaggestaltung: ZERO Werbeagentur, München
Satz: Adobe InDesign im Verlag
Druck und Bindung: CPI – Ebner & Spiegel, Ulm
Printed in Germany
ISBN 978-3-629-02291-2

2 4 5 3 1

Inhalt

Vorwort

Die Bürger der Welt sorgen sich nach dem Lehman-Kollaps – symbolträchtiges Ereignis am Ende der Bankenkrise – und den sich türmenden Staatsschulden für die aus dem Ruder gelaufenen Sozialbudgets und die jetzt hinzugekommenen Rettungsaktionen für Banken und Konjunktur um ihre Zukunft. Sie sorgen sich um die Qualität des Geldes, um die Fähigkeit der Schuldner – auch der staatlichen – zur Bedienung der Kredite. Sie befürchten, dass auch andere Versprechen nicht gehalten werden können; so etwa die staatliche Altersvorsorge, so etwa die erreichten Standards bei staatlicher Infrastruktur, insbesondere bei der Bildung. Und andere sorgen sich, dass die ohnehin hohe staatliche Steuer- und Sozialbeitragslast weiter steigt.

Die Endzeitgefühle der Bürger sind angesichts der Ereignisse der letzten Jahre verständlich. Sie sind aber nicht allein den Fakten geschuldet, sondern auch einer Kommunikation, die um vieles besser hätte sein können. Das, was die Eliten aus Wissenschaft, Wirtschaft und Politik derzeit abliefern, ist ein Armutszeugnis. Es ist richtig, nicht zu verschleiern, die Wahrheit nicht scheibchenweise zu servieren. Es ist aber auch richtig, die ernüchternden Botschaften über die Ereignisse der letzten Jahre in einen historischen Kontext zu stellen. Es gilt zu zeigen, dass die Welt auch in früheren Dekaden und Jahrhunderten solche Krisen meisterte und stärker aus Herausforderungen hervorging. Es gibt sie: die Wege aus der Finanzmarkt- und Verschuldungskrise. Und es zeigt sich, dass die Vertreter von einfachen Wahrheiten angesichts der komplexen Welt eben nicht die ganze Wahrheit sagen. Wir wollen ihnen deutlich machen, dass einerseits die Unterstützer einer Therapie permanenter Drogenabgabe – so etwa die USA – der Welt nicht geholfen haben. Freilich ist auch »mehr Sparen« nicht in jeder Situation die Antwort auf die Herausforderung. Situationsgerechtes Handeln ist unser Plädoyer.

Nach der Überwindung der Schockstarre nach dem Lehman-Kollaps ist jetzt aber die Rehabilitation des Patienten angesagt. 2008/2009 war keynesianische Finanzpolitik und Niedrigzinspolitik sachgerecht. Jetzt ist die Konsolidierung die erste staatsbürgerliche Pflicht. Zinsen auf Nullniveau passen nicht mehr.

Statt zyklischer Stütze braucht es jetzt strukturelle Korrektur, damit Finanzmarkt- und Wirtschaftsordnung ihren Dienst der richtigen Steuerung der privaten Akteure wieder leisten. Hierzu geben wir Planken an, insbesondere was Regulatoren und Risikomanagement in Finanzinstituten anders und besser machen müssen.

Kapitel 1
Im Ausnahmezustand!

Wir retten uns zu Tode

»Die Währungsreform« und »Inflationsclub« *(Börsen-Zeitung* vom 11. Mai 2010), »Die EZB beerdigt ihre Prinzipien« *(DIE WELT* vom 11. Mai 2011): Die Schlagzeilen der Wirtschaftspresse sind seit Mai 2010 an Dramatik und an Deutlichkeit nicht zu übertreffen. Leitartikler und Kommentatoren scheuen keinen negativen Superlativ. Die Wirtschaftswoche ließ sich sogar dazu hinreißen, ihr Titelblatt als Todesanzeige für den Euro zu gestalten. Was war geschehen?

Tabubrüche in Euroland

Am Wochenende des 8. und 9. Mai 2010 hatten die Euro-Staaten und die Europäische Zentralbank (EZB) zum entscheidenden Schlag ausgeholt. Die immer weiter um sich greifende Euro-Krise sollte beendet werden. Dabei kannten die Entscheider keine Tabus: Die EZB ebnete den Weg für den Ankauf von Staatsanleihen und begann umgehend damit, Anleihen der europäischen Krisenländer zu kaufen. Damit finanzierte die EZB indirekt die Schulden einzelner Euro-Staaten. Gleichzeitig beschloss die Europäische Union unter Beteiligung des Internationalen Währungsfonds (IWF) einen gewaltigen Schutzschirm. Insgesamt wurden 750 Milliarden Euro bereitgestellt, um klammen Euro-Ländern im Notfall unter die Arme greifen zu können. Die Summe wurde bewusst hoch gewählt, um den Investoren ein klares Signal zu geben: Die Euro-Staaten stehen in der Not zusammen. Spekulationen sollten an dem Schutzschirm abprallen.

Dies gelang nur bedingt, deshalb wurde aus dem Schutz-
später ein »Rettungsschirm«.

Die Schuldenkrise erreichte damit in Europa eine
neue Qualität. Seit Gründung der Währungsunion war
es ehernes Gesetz, dass die Mitgliedstaaten oder die EZB
nicht für die Schulden einzelner Euro-Länder aufkommen. Gemeinsame Währung ja, aber Finanzpolitik in
nationaler Regie – das war der Plan. Das Verbot der
gegenseitigen Hilfe diente dazu, die Mitgliedsländer
finanzpolitisch zu disziplinieren. Als die Not im Mai
2010 zu groß wurde und der Fortbestand der Gemeinschaftswährung auf dem Spiel stand, waren die eisernen
Prinzipien über Nacht kräftig verbogen, wenn nicht faktisch abgeschafft worden. Die heftige Kritik der Medien,
der Wissenschaft, der Bevölkerung und von Teilen der
Politik war deshalb nachvollziehbar.

Die Weltwirtschaft im Rettungsmodus

Mit den Tabubrüchen in der Eurozone hatte sich die
Krise erneut ein Stück weiter durch das globale Finanz-
und Wirtschaftssystem gefressen. Seit Ausbruch der
amerikanischen Immobilienkrise 2008 waren immer
wieder unkonventionelle Maßnahmen, immer neue Rettungsaktionen nötig, um die Probleme einzudämmen.
Zunächst fanden die Rettungsmaßnahmen noch innerhalb des Finanzsektors statt. Relativ starke Banken über-
nahmen angeschlagene Institute, andere fusionierten, um
gemeinsam über die Runden zu kommen. Recht bald
wurde aber klar, dass der amerikanische Finanzsektor
die Krise nicht aus eigener Kraft würde meistern können.

Schnell wurden die US-Notenbank FED sowie die amerikanische Regierung als Rettungskräfte ins Boot geholt. Dabei ging es erst einmal darum, wankende Finanzinstitute zu stützen. Die Devise lautete: »Rettet die Banken, rettet die Finanzdienstleister.«

Darüber hinaus beschleunigte die Immobilien- und Finanzkrise den Konjunkturabschwung. Die Panik im Finanzsektor führte zu einer Art Schockstarre bei Verbrauchern und Unternehmen. Aus einem zyklischen Abschwung wurde ein regelrechter Absturz. Damit gab es den nächsten Hilfsbedürftigen: die Weltkonjunktur. Insbesondere in den USA und in China wurden gigantische Konjunkturpakete auf den Weg gebracht, weltweit stimulierten die Regierungen die Wirtschaft. Der Zusammenhang war klar: Je stärker die Wirtschaft einbricht, umso mehr Kredite würden platzen. Dies wiederum war Gift für ohnehin taumelnde Banken. Die Bankenrettung konnte folglich nur gelingen, wenn die Konjunktur nicht ins Bodenlose fiele. Deshalb lautete dieses Mal die Devise: »Rettet die Weltkonjunktur.«

Viele Regierungen handelten sich damit ein neues Problem ein. Sie strapazierten ihre Staatsfinanzen derart stark, dass deren Tragfähigkeit in Frage gestellt wurde. Um die privaten Finanzdienstleistungsunternehmen von ihren erdrückenden Lasten zu befreien, nahmen die Staaten ehemals private Schulden in ihre Bücher. Obendrein verteilten sie geborgtes Geld, um Konsum und Investitionen anzukurbeln. In die Freude über die geglückte Banken- und Konjunktur-Rettung mischte sich deshalb die Sorge, einige Staaten könnten sich übernommen haben. Tatsächlich zogen die Zinsen für Staatsanleihen der Länder mit hohen Schuldenständen (besonders betroffen: Griechenland) markant an. Unter Finanzmarkt-Experten gilt dies als

Zeichen dafür, dass das Risiko eines Staatsbankrotts gestiegen ist. Kapitalgeber fordern für höhere Risiken Extraprämien, also höhere Zinsen. Mit den drohenden Staatsbankrotten hatte die Krise ein neues Stadium erreicht. Folgerichtig hieß es nun:»Rettet die Staaten.«

Doch wer kann helfen, wenn ganze Staaten in Bedrängnis geraten? Da die benötigte Hilfe nicht vom Himmel fällt, gibt es drei Möglichkeiten. Erstens: Die angeschlagenen Länder versuchen, sich selbst zu helfen. Sie können den finanziellen Gürtel enger schnallen und unbequeme Reformen umsetzen, um gestärkt aus der Krise hervorzugehen. Zweitens: Starke Länder helfen den schwachen Ländern. Drittens: Wenn Hilfe von außen versagt wird und für Selbsthilfemaßnahmen die Zeit fehlt, bleiben als letzte Instanz noch die Zentralbanken.

Ein Blick auf die hoch verschuldeten Länder zeigt: Es werden alle drei Rezepte ausprobiert. So versucht Großbritannien aus eigener Kraft, die Krise zu bewältigen. Die Schulden sollen mit Hilfe von Sparprogrammen und Strukturreformen abgebaut werden. Unterstützt wird die britische Regierung von der Notenbank, die Staats- und Unternehmensanleihen kauft, um die Zinsen künstlich zu drücken. Im Gegensatz zu Großbritannien verlassen sich die USA bisher ausschließlich auf ihre Notenbank. Während die Wirtschaft ungehemmt mit immer neuen Schulden angekurbelt wird, stellt die Zentralbank die nötige Finanzierung mit dem Ankauf von Staatsanleihen sicher und hält gleichzeitig die Zinsen niedrig. In Europa schließlich helfen im Rahmen des »Rettungsschirms« (EFSF)[*] die (relativ) starken Länder den Schul-

---

[*] EFSF steht als Abkürzung für die genaue Bezeichnung des sogenannten »Rettungsschirms«: European Financial Stability Facility.

denstaaten in der Euro-Peripherie. Die stärkeren Länder übernehmen gewissermaßen die Funktion einer Rückversicherung. Und auch die EZB wurde in die Rettungsaktion einbezogen. Ihre Aufgabe war es, Anleihen der Krisenländer aufzukaufen, um die Zinsen zu senken. Denn hohe Zinsen sind Gift für hoch verschuldete Staaten.

Bis heute hat die Rettungspolitik ihr unmittelbares Ziel erreicht und den Kollaps des globalen Finanzsystems sowie den Zerfall der Eurozone verhindert. Doch bei vielen professionellen Beobachtern und bei den Bürgern hat das Vorgehen erhebliches Unbehagen verursacht und drängende Fragen aufgeworfen. Es scheint, als würden Probleme nicht gelöst, sondern lediglich verschoben. Aber wohin können die Probleme überhaupt noch verschoben werden, wenn bereits ganze Staaten am finanziellen Abgrund stehen? Besorgte Bürger fragen sich: Wer soll das bezahlen? Wer rettet im Ernstfall die Retter? Wer rettet UNS? Oder bekommt das Handelsblatt mit seiner düsteren Prognose recht, wenn es am 3. Februar 2011 »Wir retten uns zu Tode« titelt?

Ad-hoc-Experimente

Nicht nur der aufgetürmte Schuldenberg gibt Anlass zur Sorge. Die Art und Weise, wie die wirtschaftspolitischen Akteure versuchten und versuchen, der Krise Herr zu werden, stößt verbreitet auf Skepsis. Viele der ergriffenen Maßnahmen stehen in keinem Standard-Rezeptbuch für Wirtschaftspolitik. Mit zunehmender Dauer verfestigt sich der Eindruck, die Politik versucht

17

sich mit Ad-hoc-Experimenten durch die Krise zu schlagen. Wirtschaftspolitische Tabus, für viele Ökonomen von nahezu grundgesetzlichem Charakter, wurden einfach beiseitegefegt. Mit anderen Worten:

Die Wirtschaftspolitik befindet sich im
Ausnahmezustand!

Besorgte Bürger bangen um ihr Geld. Politiker müssen der Bevölkerung höchst unpopuläre Entscheidungen vermitteln. Gleichzeitig ist die wissenschaftliche Debatte so aufgeheizt wie zuletzt vor dem Abschied von der D-Mark. Ökonomen appellieren offen an die Regierung, was zu tun ist, um den Euro zu retten (so: Fuest et al. 2010). Angesichts der Tragweite mancher Entscheidungen schlossen sich auf dem Höhepunkt der Euro-Krise über 300 deutsche Volkswirtschaftsprofessoren im Internet zu einer elektronischen Vollversammlung, dem »Plenum der Ökonomen« zusammen.* Gemeinsames Ziel: die Politik in drängenden volkswirtschaftlichen Fragen sachkundig zu beraten. Offenkundig war das Unbehagen über die deutsche Wirtschaftspolitik unter Ökonomen so groß geworden, dass die bisherigen Beratungsgremien – Sachverständigenrat (»Fünf Wirtschaftsweise«) und wissenschaftliche Beiräte der Ministerien – für nicht mehr ausreichend befunden wurden.

Wenn in einem Land, das seit Walter Eucken und Ludwig Erhard ordnungspolitisch fest verwurzelt ist, ordnungspolitisches Porzellan – wie das Bailout-Verbot in der Eurozone, also das Verbot, einem wirtschaftlich strauchelnden EU-Staat unter die Arme zu greifen –

---

* Vgl. Plenum der Ökonomen (2010).

zerschlagen wird, darf aufkommende Unruhe nicht überraschen. Ordnungspolitik bedeutet, dass der Staat einen wirtschaftlichen Ordnungsrahmen vorgibt, innerhalb dessen sich die wirtschaftlichen Akteure frei entfalten können. Mit anderen Worten: Der Staat bestimmt die Spielregeln und überwacht deren Einhaltung, er spielt aber selbst nicht mit. Dieses Modell hat sich bewährt: Bei einem stabilen, verlässlichen Ordnungsrahmen führt der Wettbewerb der wirtschaftlichen Akteure zu größtmöglichem Wohlstand (vgl. dazu ausführlich Kapitel 2).

Seit 2008 kam es allerdings immer häufiger zu Verstößen gegen den Grundsatz, dass der Staat lediglich einen verlässlichen Ordnungsrahmen setzt. Die Regierungen griffen aktiv in das Geschehen ein, weil das Spiel offensichtlich in die falsche Richtung lief. Zudem wurden während des laufenden Spiels die Spielregeln verändert. Manche dieser Regeländerungen sind von so großer Bedeutung, dass sie den Charakter des Spiels auf den Kopf stellen. Das Bailout-Verbot war für die Eurozone ungefähr so prägend wie beim Fußball das Verbot des Handspiels.

Der Zwang zu retten und »Moral Hazard«

Bei den Rettungsarbeiten sind Maßnahmen ergriffen worden, die an die Grundfesten unserer Wirtschaftsordnung gehen. Zur Rechtfertigung werden immer wieder zwei Schlagworte genannt: »systemrelevant« und »alternativlos«. Als systemrelevant gilt ein Unternehmen oder ein Land, wenn sein ökonomisches Scheitern so große

Auswirkungen hat, dass das Wirtschaftssystem als Ganzes destabilisiert wird oder sogar zu kippen droht. Um es deutlich zu sagen: Systemrelevant sind nicht Ereignisse, die Einzelschicksale hervorbringen. Systemrelevant sind Ereignisse, die das Schicksal aller betreffen – auf nationaler, im Extremfall sogar auf globaler Ebene.

Banken nehmen im Wirtschaftssystem eine besondere Rolle ein. Bankenkrisen stören die reibungslose Versorgung der Wirtschaft mit Krediten und den reibungslosen Zahlungsverkehr. Sie werden damit zu einer ernsten Bedrohung für die Konjunktur und können – wie im Fall der Lehman-Insolvenz gesehen – das globale Finanzsystem an den Rand des Kollapses führen. Die Lehman-Insolvenz ist damit im Nachhinein ein Paradebeispiel für Systemrelevanz.

Dabei kann sich, wer oder was als systemrelevant gilt, im Zeitablauf ändern. Ein Land von der Größe Griechenlands würde die Weltfinanzmärkte unter »normalen« wirtschaftlichen Umständen kaum übermäßig beschäftigen. Ist das Finanzsystem aber angeschlagen und vom Vertrauensverlust bedroht wie in den Jahren seit 2009, ist selbst das wirtschaftlich kleine Griechenland systemrelevant.

Von »systemrelevant« zu »alternativlos« ist es nur ein kleiner Schritt. Droht ein systemrelevantes Ereignis, gibt es keine Wahl. Es muss gehandelt werden, um größeren Schaden abzuwenden. Dazu waren während der Krise wegen der Notwendigkeit, rasch und mit Wucht zu handeln, allzu oft nur Notenbanken und die finanziell relativ solide aufgestellten Staaten in der Lage. Sie hatten keine Alternative zu den Rettungen der Banken, der Weltkonjunktur und schließlich der angeschlagenen Staaten. Dass sie dabei gegen selbst gesetzte Regeln verstoßen hat, ist schmerzlich. Auch wir sehen vieles kritisch. Doch muss man den Entscheidungsträgern mindestens zugutehalten, dass sie unter höchstem Zeitdruck handelten und dass gewaltige Gefährdungslagen zu kontrollieren waren. Als es brannte, war nicht die Zeit, um über die richtige Organisation der Feuerwehr zu diskutieren. Es musste gelöscht werden. Selbstverständlich ist es ordnungspolitisch nicht angemessen, Banken zu retten, die zuvor über die Maßen riskant gewirtschaftet hatten. In einem marktwirtschaftlichen System muss Misserfolg sanktioniert werden, genauso wie Erfolg zu belohnen ist. Doch Dogmatismus hätte an dieser Stelle nicht nur die Richtigen bestraft, sondern viele Unschuldige ins Verderben gerissen. Wir wären wohl mit fliegenden »ordnungspolitischen« Fahnen in den Abgrund gestürzt. Durch eine Politik des »laissez faire« wären also nicht nur diejenigen Akteure bestraft worden, die zuvor gesündigt hatten, sondern auch zahlreiche Unbeteiligte. Die Rettung der Sünder war hierbei bedauernd, aber billigend in Kauf zu nehmen.

Aber aus dieser schmerzlichen Erfahrung einer übermäßig teuren Rettungsaktion sind dringend Schlussfolgerungen abzuleiten, die eine Wiederholung solcher Ereignisse vermeiden helfen. So ist es zweifellos Aufgabe der Wirtschaftspolitik zu verhindern, dass Banken und andere Unternehmen so groß werden oder dass sie so vernetzt sind, dass im Falle des geschäftlichen Scheiterns ihre Insolvenz wegen gesamtwirtschaftlicher Effekte nicht zugelassen werden kann. Die Politik muss Vorkehrungen treffen, dass sie im Ernstfall nicht erpressbar ist. Solche Schritte muss man aber nach dem Löschen des Brandes gehen. Versäumnisse der Vergangenheit lassen sich nicht dadurch heilen, dass in der höchsten Not Öl ins Feuer gegossen wird. Sonst multipliziert man die Lehman-Effekte.

Deshalb war es gerechtfertigt, auf dem Höhepunkt der Krise pragmatisch zu handeln. Prinzipientreue und ordnungspolitisch saubere Lösungen machen wenig Sinn, wenn das Kind im Brunnen liegt. Aber es gilt auch: Dies war in einer Ausnahmesituation zulässig, darf aber nicht als wiederholbar eingeschätzt werden. Staatlicher Schutz für systemrelevante Unternehmen provoziert ein »Moral Hazard«-Verhalten (vgl. dazu ausführlicher den Abschnitt »Kreditverbriefung« in Kapitel 3, Seite 127): Wer darauf setzen kann, im Ernstfall vom Staat aufgefangen zu werden, ist geneigt, dies als Einladung zu verstehen, höhere Risiken einzugehen, als er aus eigener Kraft stemmen kann. Hohe Gewinnchancen und geringe Risiken, weil im Schadenfall die Gemeinschaft haftet – das ist eine Einladung zu Casino-Mentalität, nicht aber die Grundlage für eine nachhaltige Wirtschaftsordnung.

Die Lage, in die die wirtschaftspolitischen Instanzen nach Lehman geraten sind, offenbarte nicht allein, dass vorangegangene Weichenstellungen privatwirtschaftliches Fehlverhalten gefördert haben. Gleichzeitig haben die Zentralbanken und der Finanzminister die Chance verspielt, in Freiheit das auf Dauer Richtige zu tun. Freiheit bedeutet nämlich, Wahlmöglichkeiten zu haben. Für jeden Freund wirtschaftlicher und politischer Freiheit ist Politik, die keine Alternative zur Rettung hat, ein Graus. Viele Deutsche empfinden den Begriff »alternativlos« bereits als Zumutung. »Alternativlos« wurde deshalb von Sprachkritikern zu Recht zum »Unwort des Jahres 2010« gewählt. Besonders Bundeskanzlerin Merkel stand in der Kritik, weil sie politische Entscheidungen – wie zum Beispiel die Griechenland-Hilfe – mehrfach damit

begründete, das Vorgehen sei alternativlos. Dem ist ent-
gegenzuhalten:

Ein Land, das nur noch die Option zu retten hat,
befindet sich in Geiselhaft!

Die Ereignisse an den Märkten für Staatspapiere (dort
verfielen die Wertpapierkurse für Länder, deren Finanzpolitik als unsolide galten) und an den Devisenmärkten
(der Euro galt als Wackelkandidat) hat auch die Europäische Zentralbank in einen akuten Zwang zu raschem und
wuchtigem Handeln gebracht. Die Bedienung von Staatsschulden und der Fortbestand der Währungsunion standen zur Debatte. Dies galt umso mehr, als eine schnelle
und alle überzeugende Absicherung durch die Regierungen der EU nicht gesichert war. Die EZB konnte rasch
und gezielt handeln. Freilich sind solche Schritte nicht
ohne Nebenwirkungen. Erwirbt die Zentralbank potenziell wertlose Papiere, tritt sie in ein Solvenzrisiko ein.
Dies ist sicher nicht ihre Aufgabe. Die Zentralbank ist zu
Recht »lender of last liquidity«, nicht aber »lender of last
solvency«. Dies muss die Regierung und letztlich das Parlament unter der permanenten Kontrolle der Bürger als
Wähler tun. Diese Vermischung von Rollen wird auch
nicht dadurch akzeptabler, dass dies alle tun: Japan, England, die USA.

Mit dem Ankauf von Staatsanleihen riskiert die EZB
ihre Unabhängigkeit. Sie wird als Folge öffentlich in Frage
gestellt.* Wenige Tage vor dem Beschluss, Staatsanleihen
anzukaufen, hatte die EZB bereits einen aufsehenerregen-

---

* Vgl. stellvertretend für zahlreiche Medienberichte N24 (2010) vom 11. Mai
  2010: http://www.n24.de/news/newsitem_6051783.html

den Schritt gemacht: Sie akzeptierte erstmals griechische Anleihen mit Ramsch-Status als Sicherheiten für Ausleihungen an Banken. Man muss nicht so weit gehen, direkte politische Einflussnahme zu unterstellen. Tatsache ist aber, dass sich die EZB unter dem Druck der Märkte zum Handeln gezwungen sah. Da die Griechenland-Krise ohne die vorausgegangenen politischen Fehler – der griechischen Schuldenpolitik war von Seiten der EU tatenlos zugesehen worden – nicht ausgebrochen wäre, kam der Druck auf die EZB zumindest indirekt von der Politik. Für die EZB steht der gute Ruf auf dem Spiel. Sie muss deshalb unmissverständlich klarmachen, dass die Notoperation des Jahres 2010 einen extremen Ausnahmefall darstellt und sie sich umgehend von dieser Politik verabschiedet.

Die Rettungspolitik der letzten Zeit wirft auch Gerechtigkeitsfragen auf. Wie ist es zu vereinbaren, dass Privatanleger mit Lehman-Zertifikaten auf ihren Verlusten sitzenbleiben, während alles unternommen wird, Banken und institutionelle Investoren vor Verlusten aus Geschäften mit Staatsanleihen zu schützen? Müssten nicht Banken genauso für Verluste haften wie Privatanleger? Ja, das müssen sie. Banken sind grundsätzlich nicht anders zu behandeln als Einzelinvestoren. Die Ausnahme lautet: Systemrelevanz. Sobald ein Unternehmen oder ein Land nicht mehr systemrelevant ist, muss die Sonderbehandlung abgesetzt werden. Deshalb darf auch Griechenland nicht auf Dauer gestützt werden, sondern nur so lange, wie eine Ansteckung anderer Länder zu befürchten ist. Und in jedem Fall müssen alle Register gezogen werden, dass jene, deren Rettung gewährt wird, jene Politik, die in die Schwierigkeiten geführt hat, sofort korrigieren. Die Hilfe muss also konditionierte und zeitlich befristete Hilfe sein.

Risiken und Nebenwirkungen

Der Verlust der Glaubwürdigkeit

Die wirtschaftspolitische Medizin hat in weiten Teilen gewirkt wie erhofft. Im Dauereinsatz hat sie jedoch gefährliche Nebenwirkungen. Nicht weniger als die Glaubwürdigkeit der Regierungen und Notenbanken steht auf dem Spiel.

Bewährte Regeln müssen eingehalten,
Versprechen müssen eingelöst werden.

Wer dies ohne Not nicht tut, verliert seine Glaubwürdigkeit. Wer nicht glaubwürdig ist, verliert das Vertrauen der Bürger und Marktteilnehmer. Griechenland hat schmerzlich erfahren, wie schnell eine Nation an den wirtschaftlichen Abgrund gerät, wenn das Vertrauen verloren und der Zugang zum Kapitalmarkt abgeschnitten ist. Bürger und Kapitalmarktakteure müssen sich also darauf verlassen können, dass ab sofort die Spielregeln wieder eingehalten werden.

Was die Marktteilnehmer indes von der Verlässlichkeit politischer Zusagen halten, zeigt nachfolgende Abbildung auf Seite 26. Sie gibt Auskunft über die Zinsdifferenz von griechischen zu deutschen Staatsanleihen (Laufzeit: zwei Jahre). Die Zinsdifferenz gibt an, wie viel höhere Zinsen die griechische Regierung aufbringen muss, wenn sie am Kapitalmarkt Kredite aufnehmen möchte. Sie gibt indirekt aber auch Auskunft über die Sichtweise der Kapitalmarktteilnehmer bezüglich der unterschiedlich hohen Ausfallrisiken. Bis Dezember

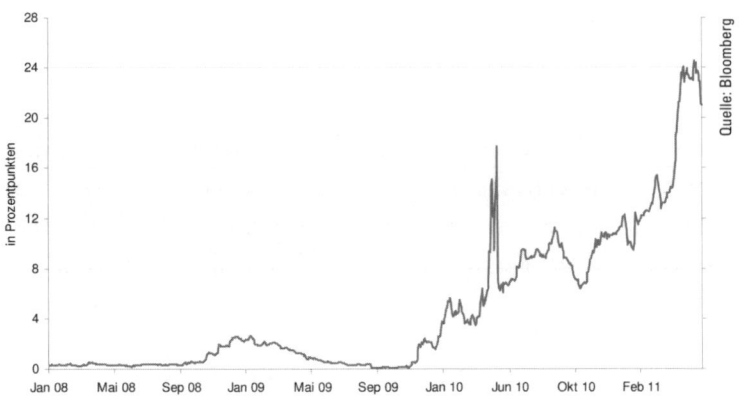

Zinsdifferenz: Griechische vs. deutsche Anleihen
Laufzeit: 2 Jahre

2009 wurde die Wahrscheinlichkeit eines Zahlungsausfalls für Griechenland offensichtlich kaum höher eingeschätzt als für Deutschland. Dies signalisiert eine recht naive (oder zynische) Sichtweise der Märkte, analysiert man die schon lange unterschiedliche Qualität der Finanzpolitik der europäischen Länder. Wer freilich (zynisch) schon immer die No-Bailout-Regel bezweifelte, handelte rational.

Diese Einschätzung änderte sich gründlich, als die damals neue Regierung weitaus höhere Defizitzahlen einräumte und Griechenland deshalb von den Ratingagenturen herabgestuft wurde.* Die Risikoprämien schnellten in die Höhe. Am Freitag, dem 7. Mai 2010, stieg der Zinsabstand zu deutschen Anleihen mit zweijähriger Laufzeit auf fast 18 Prozentpunkte. Nachdem am Wochenende des 8./9. Mai 2010 auf dem Sondergipfel des Europäischen Rats der EU-Rettungsschirm sowie der

---

* Kapitel 3 enthält die Details zur Griechenland-Hilfe, siehe S. 164ff.

Kauf von Staatsanleihen durch die EZB beschlossen wurden, fiel die Zinsdifferenz am Montag, dem 10. Mai 2010, wie ein Stein auf unter sieben Prozentpunkte.

Ein Rettungspaket dieser Größenordnung hatte fast niemand erwartet. Die unmittelbare Marktreaktion – drastisch sinkende Risikoprämien – war nicht überraschend. Erstaunlich war, was danach passierte. Der EU-Rettungsschirm ist bis Mitte 2013 eingerichtet. Bis zu diesem Zeitpunkt soll er Zahlungsausfälle von EU-Teilnehmerstaaten verhindern. Die Anlage in kurzlaufenden griechischen Staatsanleihen war den Beschlüssen der EU zufolge fortan ein risikoloses Investment. Folglich hätten die Risikoprämien für Anleihen, die vor Mitte 2013 zurückgezahlt werden, noch weiter sinken und auf niedrigem Niveau bleiben müssen. Schließlich waren sie durch den Rettungsschirm potenziell gesichert.

Das Gegenteil ist eingetreten: Die Risikoprämien stiegen schon kurz danach wieder. Im Mai/Juni 2011 betrug die Zinsdifferenz zwischen Griechenland und Deutschland für zweijährige – also vom Rettungsschirm potenziell gesicherte – Staatsanleihen zeitweilig rund 24 (!) Prozentpunkte. Investoren fürchteten also erneut, sich an griechischen Anleihen die Finger zu verbrennen – und das trotz des EU-Versprechens, bis Mitte 2013 die Hand schützend über Griechenland und andere hoch verschuldete Euro-Länder zu halten. Gemessen an der griechischen Zinsentwicklung war das Rettungspaket verpufft. Die Marktteilnehmer empfanden den Rettungsschirm also offensichtlich zunehmend als unglaubwürdig.

Was genau wurde angezweifelt? Das abgegebene Versprechen, Staatsbankrotte bis Mitte 2013 abzuwenden? In dem Fall hätte die Europäische Union ein gewaltiges Problem, denn politische Beschlüsse würden augenscheinlich nicht ernst genommen – mit entsprechend negativen Konsequenzen für das künftige Krisenmanagement. Oder wird gar bezweifelt, dass die EU und die Euro-Teilnehmerländer finanziell in der Lage sind, den Rettungsschirm im Notfall aufzuspannen? Das würde bedeuten, dass die Marktteilnehmer den Rettungsschirm nur für eine Chimäre halten.

Ob nun der Wille oder die Fähigkeit, Zusagen einzuhalten, angezweifelt wird, beides sind ernstzunehmende Alarmsignale. Wahrscheinlich zweifelten die Marktakteure den Willen der teilnehmenden Regierungen an. Die Vergangenheit hatte schon mehrfach gezeigt, dass Versprechen und Verträge gebrochen werden, wenn es die wirtschaftliche oder politische Wetterlage erfordert. Gegen den zweiten Fall – also die mangelnde Fähigkeit, zu seinen Zusagen zu stehen – spricht, dass die erste Anleihe-Emission des »Rettungsschirms« EFSF auf reges Interesse an den Anleihemärkten gestoßen ist. Anleger schätzen die Kreditwürdigkeit des EFSF also offensichtlich hoch ein.

In Sachen Glaubwürdigkeit gilt ein zentraler Punkt: Jeder, ob Politiker, Finanzmarktakteur oder Privatperson, sollte sich vor Augen halten, dass Verhandlungen selten nach einer Runde beendet sind. Immer sind die folgenden Runden zu bedenken. Das Verhalten in den ersten Spielrunden begründet die Reputation eines Spielers für die nächsten Runden. Wer falsch spielt, wird fortan unter Beobachtung gestellt. Die Mitspieler stellen sich auf das gezeigte Verhalten ein. Kinder verstehen früh: »Wer einmal lügt, dem glaubt man nicht und wenn er doch die Wahrheit spricht.« Viel wäre gewonnen, wenn auch Entscheidungsträger in Wirtschaft und Politik diese einfache Weisheit beherzigten.

Der Vertrauensschaden ist nicht die einzige unerwünschte Nebenwirkung des EU-Rettungsversuchs nach Mai 2010. Angesichts der Vermeidung eines Staatsbankrotts besteht die Gefahr, dass die Gestaltungsfähigkeit der Politik überschätzt wird. Daraus ergibt sich für die Steuerung wirtschaftlicher Prozesse die Vermutung eines auf Dauer stärkeren Einflusses des Staates. Marktwirtschaftliche Lösungen geraten als Entdeckungsverfahren ins Hintertreffen. Erfahrungsgemäß liefert der Markt jedoch in den meisten Fällen die besseren Ergebnisse als der Staat – trotz aller Negativ-Erlebnisse während der Finanzkrise. Deutschland hat seit den siebziger Jahren unter einem zu hohen Staatsanteil in der Wirtschaft gelitten. Erst als die deutsche Wachstumsschwäche, die Arbeitslosigkeit und die Haushaltsdefizite nicht mehr zu übersehen waren, war Deutschland bereit für wachstumsfreundliche Reformen. Wir können es uns nicht leisten, diesen mühsam erzielten Erfolg – etwa der Hartz-Reformen und der Agenda 2010 – wieder herzugeben.

Suchtgefahr

Die Liste der Nebenwirkungen ist länger: Es droht Suchtgefahr. Geld- und finanzpolitischen Spritzen wirken wie Drogen: Sie machen »high«. Was so aufgekratzt macht, gibt man freiwillig nur ungern wieder her. Je länger die Drogen verabreicht werden, desto mehr laufen wir Gefahr, von ihnen abhängig zu werden.

Vielleicht sind wir es ja schon? Die Notenbanken zieren sich vielerorts jedenfalls, den Zins auf inflationsverträgliche Niveaus zu heben. Und die Regierungen und Parlamente türmen auf bereits turmhohe Staatsschulden weitere Riesenbeträge, um Banken, Konjunktur und Klima zu retten.

In den Krisenländern der Euro-Peripherie aber gibt es zumindest erste erfreuliche Anzeichen. Die Haushaltsdefizite werden zurückgeführt, allerdings liegen sie auf weiter bedenklich hohem Niveau. Auch in Deutschland hat der Finanzminister Grund zur Freude, weil der Konjunkturaufschwung die Steuereinnahmen sprudeln lässt. Die Haushaltsdefizite werden also 2011 – wie schon 2010 – niedriger ausfallen, als zwischenzeitlich befürchtet worden war. Allerdings: Die Herausforderungen, die sich in den rasch und markant alternden Ländern aus den absehbaren demographischen Umwälzungen ergeben, werden noch immer ausgeblendet. Deshalb dürfen wir uns von Anfangserfolgen in der Haushaltspolitik und dem schönen Schein der Jahre 2010/2011 nicht blenden lassen. Niedrigstzinsen und konjunkturschonende Finanzpolitik helfen dem Patienten auf die Beine; auf Dauer vergiften sie ihn aber. Deshalb muss es nun heißen:

Droge Schulden – absetzen!

In Deutschland wurde viel über die globale Wirtschaftskrise geredet und geschrieben. Ist sie deshalb auch in den Köpfen angekommen? Als die Wirtschaft 2009 um knapp 5 Prozent schrumpfte, war die Alarmstimmung groß. Der Untergang schien nah. Dank Kurzarbeiterregelung hat die Krise den Arbeitsmarkt jedoch nie richtig erreicht. Schon 2010 erholte sich die Konjunktur unerwartet dynamisch. Entsprechend sanken die Arbeitslosenzahlen überraschend stark. Offensichtlich sind wir in Deutschland mit einem blauen Auge davongekommen. Dennoch war die

Krise kein Phantom. Schon der Blick ins europäische Ausland offenbart die entstandenen Schäden. Griechenland, Irland und Portugal kämpfen gegen den Staatsbankrott. Die Bürger dieser Länder müssen schmerzhafte, wenngleich oftmals überfällige Einschnitte akzeptieren. Reformen werden im Eilverfahren umgesetzt. Noch lässt sich nicht beurteilen, ob die Maßnahmen ausreichen. Zumindest aber gehen sie in die richtige Richtung.

Aber die Betroffenheit in Bezug auf die Krise endet nicht bei dieser Gruppe von Ländern. Auch Länder außerhalb der Eurozone sind in ähnlichen Turbulenzen, so etwa Großbritannien oder Ungarn. Und auch Länder, die von den Kapitalmärkten noch nicht abgestraft werden, finden sich in beachtlicher Spannung und reagieren mit einer Politik der Konsolidierung – mit entsprechenden Dämpfungseffekten für das Wachstum – wie etwa Italien.

Die deutsche Einstellung ist offenbar, die Schuldenkrise betreffe uns nur so weit, wie wir mit unseren Steuergeldern für die Schulden der angeschlagenen Euro-Staaten einstehen müssen. Das müssen wir gegebenenfalls tatsächlich. Viel bedrohlicher ist jedoch, dass in der Krise viele Länder ihr Pulver für die Rettungskanonen weitgehend verschossen haben. Die öffentliche Verschuldung stößt an ihre Grenzen. Darunter leidet die Möglichkeit, in Zukunft auf wirtschaftliche Störungen zu reagieren. Konjunktureinbrüche, Naturkatastrophen – siehe jetzt etwa Japan – und Finanzkrisen werden uns auch künftig nicht erspart bleiben. Mit staatlicher Kreditaufnahme lassen sich solche Krisen schnell und wirkungsvoll eindämmen. Allerdings haben nur Länder mit relativ gesunden Staatsfinanzen uneingeschränkten Zugang zum Kapitalmarkt und können der Zukunft relativ gelassen entgegensehen. Viele Regierungen müssen deshalb nicht nur die gegenwärtige Krise überstehen, sie müssen sich auch ein finanzielles Sicherheitspolster zulegen.

USA: Drahtseilakt ohne Fangnetz

Deutschlands Schuldenstand ist zu hoch, aber zumindest im internationalen Vergleich derzeit noch nicht alarmierend. Noch droht uns keine hausgemachte Schuldenkrise. Aber wir verfügen nicht über die nötigen Reserven, um den hoch verschuldeten Staaten dieser Welt den nötigen Halt geben zu können. Für uns geht die eigentliche Gefahr nicht von Griechenland oder von Portugal aus.

Mittelfristig – möglicherweise sogar schon kurzfristig – lauert die eigentliche Gefahr in den USA!

Die Amerikaner betreiben einen Drahtseilakt ohne sichtbares Fangnetz. Sie verabreichen seit Jahren Finanz-Doping ohne jegliche Hemmung. Schon vor der Krise hatten die USA Leitzinssenkungen als Allheilmittel für jedes ökonomische Problem gesehen. Die Blase am Immobilienmarkt war eine Folge davon. Als die Blase platzte, wurden die Aufräumarbeiten in der amerikanischen Wirtschaft mit Schulden finanziert. Außerdem lockerte die US-Notenbank erneut die Geldpolitik – nun auch auf unkonventionelle Weise: Sie kaufte amerikanische Staatsanleihen und finanzierte damit den öffentlichen Haushalt. Inzwischen ist die Notenbank dadurch zum größten Gläubiger der amerikanischen Regierung geworden.

Mit dieser Politik wurde eine Illusion am Leben gehalten. Bis zur Finanzkrise lebten die Amerikaner mit einer Vermögensillusion, weil sie sich durch die Übertreibungen bei den Hauspreisen reicher fühlen durften, als sie tatsächlich waren. Statt die Realität zu akzeptieren, entschied sich der Staat dafür, seinen Bürgern mit laxer Finanzpolitik weiterhin einen Reichtum zu suggerieren, den es eigentlich nicht gibt. Während der Finanzkrise waren Staatsausgaben als konjunkturbelebende Maßnahme durchaus gerechtfertigt. Es ging darum, die Schockstarre nach dem Lehman-Kollaps zu überwinden. Die Amerikaner scheinen jedoch so viel Gefallen an der Medizin gefunden zu haben, dass sie nicht mehr auf sie verzichten möchten. Damit wird Medizin zur Droge. Aber auch für die USA gilt: Drogen machen high, aber nicht gesund.

Die amerikanischen Kennzahlen zur öffentlichen Verschuldung haben es in sich: Vor Ausbruch der Krise lag der Schuldenstand noch bei rund 65 Prozent des Bruttoinlandsproduktes und damit gleichauf mit der deutschen Verschuldung. Seither ist der Wert hierzulande auf rund 80 Prozent gestiegen, in den USA dagegen auf knapp 100 Prozent. Während die jährliche Neuverschuldung in Deutschland und in den anderen europäischen Staaten bereits zurückgeführt wird, halten die USA ihre finanzpolitischen Schleusen weit offen. Der IWF erwartet für 2011 ein US-Haushaltsdefizit von 10,8 Prozent. Zum Vergleich: Selbst unser größtes Sorgenkind Griechenland steht mit knapp 8 Prozent besser da. Und Spanien, das gelegentlich als weiterer Kandidat für die Inanspruchnahme des EU-Rettungsschirms gilt, fährt 2011 mit einem erwarteten Defizit von 6,2 Prozent einen deutlich seriöseren haushaltspolitischen Kurs als die USA. Dies hat Folgen für den Gesamtschuldenstand: Die USA werden 2012 die 100-Prozent-Marke überschreiten. Am Jahresende 2012 werden die Schulden des amerikanischen Staates somit der Wirtschaftsleistung eines kompletten Jahres entsprechen. Hinzu kommen in den USA die im internationalen Vergleich hohen Schulden des Privatsektors.

In Europa läuten angesichts der Schulden die Alarmglocken. Mit bangem Blick wird jede Anleiheemission in Portugal, Spanien oder Italien verfolgt. Immer wieder wurde die Frage gestellt, ob der gewaltige Rettungsschirm im Ernstfall für die klammen europäischen Länder ausreichen würde oder ob er aufgestockt werden muss. »Bricht der Euro auseinander?«, war eine der meistgestellten Fragen der Jahre 2010/2011.

Dagegen blieb es auf der anderen Seite des Atlantiks lange ruhig. Einen ersten Weckruf gab es Anfang 2011 vom amerikanischen Finanzminister Timothy Geithner. Er mahnte an, dass die gesetzlich festgeschriebene Schuldengrenze von maximal 14,3 Billionen US-Dollar erhöht werden müsste, weil den USA sonst schon im ersten Halbjahr 2011 die technische Zahlungsunfähigkeit drohen würde. Der amerikanische Notenbank-Präsident, Ben Bernanke, schlug kurze Zeit später in die gleiche Kerbe. Mediale Überschriften wie »Geithner warnt vor Staatsbankrott« klangen dramatisch. Die Reaktion an den Märkten war es zunächst nicht. Der Dollar-Wechselkurs zuckte nur kurz. Auch die Anleihemärkte waren nicht beeindruckt.

Wie ist die Gleichmütigkeit der Märkte gegenüber der US-Schuldenlage zu erklären? Immerhin verfügt der US-Dollar im Gegensatz zum Euroraum über keinen Rettungsschirm. Mit Blick auf die Äußerung von

Finanzminister Geithner ist zu berücksichtigen, dass er lediglich vor einem technisch-juristisch verursachten Staatsbankrott gewarnt hat. In so einem Fall droht die Zahlungsunfähigkeit nicht, weil potenzielle Kapitalgeber die Kreditwürdigkeit bezweifeln und das Land dadurch keinen Zugang zum Kapitalmarkt mehr bekommt. Der Punkt ist, dass sich die USA per Gesetz Grenzen auferlegt hatten, die sie zu überschreiten drohten. Ein solcher Staatsbankrott kann leicht abgewendet werden, indem die Grenze per Kongress-Beschluss erhöht wird. Allerdings: Eine Schuldengrenze, die nie zur Anwendung kommt, sollte nicht erhöht, sondern abgeschafft werden, denn sie ist unglaubwürdig und wertlos. Inzwischen wurde die Schuldengrenze erreicht, und im Sommer 2011 sucht die US-Regierung noch immer nach einer Lösung.

Schwieriger ist die Frage zu beantworten, ob und wann den USA letztlich der ökonomische, also der echte Staatsbankrott drohen könnte. Sehr lange haben sich die Kapitalgeber von den Schulden scheinbar nicht schrecken lassen. Die Renditen amerikanischer Staatsanleihen notierten auf niedrigem Niveau, wozu allerdings die Notenbank mit dem Aufkauf von Anleihen ihren Beitrag geleistet hat. Risikoprämien sind deshalb nicht angemessen eingepreist. Auch der Wechselkurs des US-Dollars konnte sich gegenüber dem Euro trotz aller geldpolitischen Eskapaden der Notenbank FED lange Zeit erstaunlich stabil halten. Man kann argumentieren, dass die USA den modernsten und tiefsten Kapitalmarkt der Welt haben und mit dem Dollar über die Weltleitwährung verfügen. Damit genießt Amerika ein viel größeres Vertrauen als kleine Länder, die ähnlich hohe Schulden haben.

Dass der Gegenwind für die USA noch nicht stärker

ist, hat aber wahrscheinlich noch einen besonderen Grund: Die USA sind »too big to fail« – also zu groß zum Scheitern. Wenn schon ein kleines Land wie Griechenland in der Lage ist, mit seinem Schuldenproblem die internationalen Finanzmärkte in Angst und Schrecken zu versetzen, dann muss man über Amerika nicht lange reden. Fände Amerika keine Käufer für seine Staatsanleihen, wäre das wohl die größtmögliche Schuldenkrise für die Weltfinanzmärkte und die Weltkonjunktur; ein Schulden-Tsunami, der auch fiskalisch solide Länder mitreißen würde.

Die USA nehmen damit eine Sonderstellung ein. Sie verfügen quasi über einen unsichtbaren, einen impliziten Rettungsschirm – auf den sich Amerika gleichwohl nicht verlassen sollte. Niemand kann ein Interesse daran haben, die USA über Kapitalentzug ernsthaft abzustrafen. Man sägt nicht an dem Ast, auf dem man sitzt. China kann ein Lied davon singen: Zu gern würden die Chinesen einen größeren Teil ihrer Währungsreserven aus dem Dollar abziehen und andernorts investieren. Allerdings würden umfangreiche Verkäufe den Dollarkurs unter Druck setzen und damit den verbleibenden Bestand an Währungsreserven entwerten.

Das Kreditrisiko der USA ist also eng verbunden mit dem Kreditrisiko der restlichen Welt. Wer die USA mit drastischem Vertrauensentzug abzustrafen versucht, bestraft sich letztlich auch selbst. Dieser Zusammenhang dürfte auch die Ratingagenturen beschäftigen und beeindrucken. Da die Risiken nicht unabhängig voneinander sind, ist eine Herabstufung der USA kaum möglich, ohne gleichzeitig das Rating der übrigen Länder ebenfalls herunterzusetzen. Daran ändern auch die jüngsten Androhungen der Ratingagenturen nur wenig.

Wie lange sich die permissive US-Finanzpolitik durchhalten lässt, kann niemand mit Bestimmtheit sagen. Allein das Vertrauen der Kapitalgeber entscheidet darüber, wann es für die USA und damit für den Rest der Welt eng wird. Zu sicher dürfen sich die USA nicht sein. Im März 2011 machte der weltweit größte Anleihe-Investor Pimco, eine Tochtergesellschaft der Allianz, von sich reden, weil Pimco sämtliche US-Staatsanleihen verkauft hatte. Wenig später meldete sich Yu Yongding, ehemaliger Berater der chinesischen Zentralbank, mit der Forderung zu Wort, China solle keine weiteren US-Staatsanleihen mehr kaufen. Die Situation ist also durchaus fragil.

Amerika hat eine besondere Verantwortung für die Weltwirtschaft. Eher früher als später sollten sie dem Vorbild der Europäer folgen und damit beginnen, ihren Haushalt in Ordnung zu bringen. Dazu müssen die Ausgaben gekürzt und die Einnahmen erhöht werden. Die Amerikaner haben mit ihrer niedrigen Abgabequote Spielraum für eine breitere Einnahmebasis – auch wenn Steuer- und Abgabenerhöhungen in den USA noch unbeliebter sind als in Deutschland. Dass höhere Abgaben den privaten Wohlstand verringern, ist nicht abzustreiten. Die Augen davor zu verschließen, dass der Wohlstand im Zuge der Krise gesunken ist, löst aber kein einziges Problem.

Am Ende des Zweiten Weltkrieges war Amerika in besonderer Weise Vorbild und Gestalter der Welt. Die USA haben ihre Werte in Politik, Kultur und Wirtschaft vermittelt und internationalen Institutionen ihre Handschrift aufgedrückt. Das amerikanische System hat mit seiner Offenheit, seiner marktwirtschaftlichen Orientierung, seiner internationalen Attraktivität, mit der technologischen Führungsrolle und mit der Bereitschaft zum Wandel den Amerikanern, aber auch vielen Gesellschaften dieser Welt Freiheit und Wohlstand gebracht. Sich auf diese alten Stärken zurückzubesinnen, würde einen wichtigen Beitrag leisten, das Land und den Rest der Welt nachhaltig aus der Krise zu führen. Scheitert dagegen die riskante Strategie der makroökonomischen Politik, die geld- und finanzpolitische Drogen verabreicht, würde der Rest der Welt mit in den Abwärtsstrudel gezogen werden. Vorbei wäre es mit der Freude über die kräftige Konjunkturerholung und die ersten Konsolidierungserfolge in Europa. Statt Vertrauen würde Misstrauen in unser Geld entstehen.

Kapitel 2
Normalzustand:
Soziale Marktwirtschaft

Marktwirtschaft in der Legitimationskrise

Die Weltwirtschaft gleicht einem Patienten, der seit Mitte 2008 die meiste Zeit im Krankenhaus verbringt. Zeitweilig reichte ambulante, doch oft war intensiv-medizinische Behandlung nötig. Wer über längere Zeit auf regelmäßige ärztliche Versorgung angewiesen ist, stellt sich naturgemäß die Frage, wie das Leben künftig ohne medizinische Betreuung aussehen mag. In der Not geben Ärzte Sicherheit. Sie sind ein Stabilitätsanker in einer Zeit, in der um den Patienten herum vieles ins Wanken gerät. Zum Genesungsprozess eines Dauerpatienten gehört auch, sich auf das Leben danach vorzubereiten – ohne Ärzte und ohne Medizin. Das Vertrauen in die eigenen Fähigkeiten zurückzugewinnen, ist ein wichtiger Schritt auf dem Weg zurück in den Alltag.

Doch was ist der Alltag in der Wirtschaft? Was ist der Normalzustand, nachdem wir in den letzten Jahren die Wirtschaftspolitik im Ausnahmezustand erlebt haben? Wie werden Probleme gelöst, wenn die Welt nicht gerade vom Untergang bedroht ist? Nach welchen Grundsätzen wird die Wirtschaft gestaltet? Wie wird mit Mangel, wie mit Knappheitsproblemen verfahren? Nach welchen Prinzipien handeln die Teilnehmer des Wirtschaftslebens? Woran orientiert sich die Politik?

Die Fragen sind grundsätzlich leicht zu beantworten: Die Soziale Marktwirtschaft ist seit den 1950er Jahren das Leitbild der deutschen Wirtschaftspolitik. Wirtschaftliche Prozesse werden prinzipiell über Märkte, also über Angebot und Nachfrage, gesteuert. Der Staat setzt den dafür notwendigen Rechts- und Ordnungsrahmen, und er wacht darüber, dass die Regeln eingehalten werden. Wo nötig, sorgt der Staat für den notwendigen sozialen Ausgleich, also für eine »gerechtere« Einkommensverteilung.

Die Soziale Marktwirtschaft führte in den vergangenen Jahrzehnten nicht nur in Deutschland zu wirtschaftlichen und sozialen Erfolgen. An den Vorteilen einer grundsätzlich marktwirtschaftlichen Orientierung sollte es weltweit folglich immer weniger Zweifel geben. Und in der Tat: Die großen Grundsatz-Schlachten sind wohl geschlagen. Marktwirtschaft oder Planwirtschaft? Kapitalismus oder Sozialismus? Diese Fragen wurden in der Zeit des »Kalten Krieges« ernsthaft diskutiert. Die Antworten lieferten letztlich nicht die Diskussionen, sondern die Ergebnisse der realen Politik. Während in den marktwirtschaftlich geprägten Ländern des Westens Freiheit gesichert und kaum für möglich gehaltener Wohlstand erwirtschaftet wurde, scheiterte im sogenannten Ostblock die sozialistische Planwirtschaft. Misswirtschaft und materielle Not waren die sichtbaren Beweise für den Irrweg, den die sozialistischen Planer eingeschlagen hatten. Dieses Experiment wäre bereits viel früher gescheitert, wenn die Regierungen im Ostblock ihre Bürger nicht hinter Mauern und Zäunen eingesperrt hätten. Auf diese Weise wurde die »Abstimmung mit den Füßen« über das richtige Wirtschaftssystem verzögert. Offene Grenzen hätten die sozialistischen Länder wirtschaftlich weit vor 1989 ausbluten lassen. Die Begriffe »Marktwirtschaft« und »Freiheit« gehören genauso zusammen wie »Planwirtschaft« und »Zwang«. Der Schießbefehl war der wohl menschenverachtendste Beweis dafür, was passieren kann, wenn eine selbsternannte, vermeintlich intellektuelle Elite glaubt, dem ganzen Volk seine ideologischen Vorstellungen aufzwingen zu müssen.

Das freiheitliche, marktwirtschaftliche Modell hat sich weitgehend durchgesetzt. Wir brauchen die Vor- und Nachteile der beiden Wirtschaftssysteme deshalb hier nicht mehr im Detail abzuwägen. Die Grundausrichtung ist klar, über die präzise Gestaltung des Marktmodells lässt sich freilich kontrovers debattieren. Schon der Begriff *Soziale Marktwirtschaft* lädt zu Diskussionen ein. Die Deutschen setzen den Akzent traditionell eher beim Sozialen: Hierzulande entzünden sich sogar gelegentlich Kontroversen an der Schreibweise: »soziale Marktwirtschaft« oder »Soziale Marktwirtschaft«? Ob das »s« nun groß- oder kleingeschrieben wird, hat in Deutschland mehr als nur orthographische Bedeutung. Und kaum jemand fragt, was wohl der Vater der Sozialen Marktwirtschaft Ludwig Erhard meinte, als er diese Ordnung den Deutschen vermachte.*

Trotz historisch unzweifelhafter Erfolge der Marktwirtschaft ist es nach der Finanzkrise nicht selbstverständlich, die marktwirtschaftliche Orientierung zu bejahen. Nicht wenige Beobachter sind im Lichte der Finanzkrise auf kritische Distanz zum kapitalistisch-marktwirtschaftlichen System gegangen. Einige Kritiker, die den Markt schon immer für Teufelszeug hielten, haben eilig das Ende des Kapitalismus ausgerufen. Manche Wirtschaftsmedien machten sich in Artikelserien auf die Suche nach einem dritten Weg zwischen Kapitalismus und Kommunismus.

Auch Umfrageergebnisse belegen, dass die Finanz- und Wirtschaftskrise die Sympathie der Deutschen für die Soziale Marktwirtschaft beschädigt hat: Der Anteil derjenigen, die keine gute Meinung von ihr haben, stieg im Kri-

---

* Vgl. Walter (1986).

senjahr 2008 auf 38 Prozent.* Im Jahr 2000 hatte der Anteil bei nur 14 Prozent gelegen. Bis 2010 sank der Wert allerdings wieder auf 28 Prozent – offensichtlich hat das gelungene Krisenmanagement geholfen, partiell Vertrauen in die Soziale Marktwirtschaft zurückzugewinnen. Zwischenzeitlich gaben rund 60 Prozent der Befragten an, unsere Marktwirtschaft sei »nicht wirklich sozial«. Dieser Wert ist bis 2010 zwar auf rund 50 Prozent gesunken, doch das Unbehagen bleibt augenscheinlich hoch.

Ein wenig Hoffnung geben die Antworten auf die Frage, ob es ein besseres Wirtschaftssystem als die Marktwirtschaft gibt: Nur 15 Prozent haben die Frage bejaht, 42 Prozent sind unentschieden. Damit vertreten immerhin 43 Prozent die Auffassung, dass es zur Marktwirtschaft keine besseren Alternativen gibt. Etwas günstiger ist sogar das Ergebnis auf die Frage nach unserer deutschen Variante, der Sozialen Marktwirtschaft, ausgefallen: 48 Prozent halten sie für das beste aller Wirtschaftssysteme. Kein berauschender Wert für eine Wirtschaftsordnung, die uns in Freiheit leben lässt, uns Wohlstand beschert und soziale Sicherheit gewährt; aber es ist ein Wert, auf dem aufgebaut werden kann.

Warum Marktwirtschaft?

Die Finanz- und Wirtschaftskrise hat Negativurteile über die Marktwirtschaft, die zuvor schon latent vorhanden waren, gesellschaftsfähig gemacht: Marktwirtschaft

---

* Vgl. hierzu und zu den folgenden Zahlen: Institut für Demoskopie Allensbach (2010), S. 2 ff.

stehe für kurzfristiges Profitstreben, für eine Selbstbedienungsmentalität der Reichen, für soziale Ungerechtigkeit: Einige wenige würden profitieren, viele hätten das Nachsehen. Das Urteil vieler Kritiker ist außerdem, die Marktwirtschaft sei ein Nullsummenspiel, bei dem der Gewinn des einen notwendigerweise zu Verlusten bei anderen führen müsse. Schließlich hat die Finanzkrise denjenigen Stimmen Auftrieb gegeben, welche die kapitalistische Marktwirtschaft seit jeher für instabil halten. Für diese Skeptiker ist klar: Der Kapitalismus schafft sich ab – eher früher als später.

Zugegeben: Das Plädoyer für die Marktwirtschaft ist während der Finanzkrise nicht leichter geworden. Tatsächlich hat die Finanzkrise erhebliche Schwächen des Systems offenbart. Doch bevor wir uns den offensichtlichen Fehlentwicklungen widmen, skizzieren wir die Grundzüge und die Vorteile einer funktionsfähigen Marktwirtschaft.* Dabei geht es um mehr als nur eine Grundsatzfrage, denn die Schuldenkrise wird sich ohne die Effizienz des marktwirtschaftlichen Systems nicht bewältigen lassen.

Nach dem Zweiten Weltkrieg stand Deutschland vor der Frage, mit welchem Wirtschaftssystem der Wiederaufbau gestaltet werden sollte. Die Bundesrepublik traf die richtige Wahl. Sie entschied sich für ein System, das die Menschen so akzeptiert, wie sie tatsächlich sind; jedenfalls im Wirtschaftsprozess: primär interessiert am eigenen Vorteil. Auch die Wirtschaftswissenschaft orientiert sich in ihren theoretischen Modellen daran, wie sich Wirtschaftsakteure im Regelfall verhalten: rational – also gemäß ihrer eigenen Zielvorstellungen – und eigen-

---

* Vgl. dazu ausführlich Rosenschon/Walter (1996).

nützig. Dem sogenannten *Homo Oeconomicus* geht es primär darum, durch seine Aktivitäten das eigene Wohlbefinden zu erhöhen. Selbstverständlich ist der *Homo Oeconomicus* nur eine Annäherung an die Realität und kein perfektes Abbild. Es lassen sich leicht Beispiele für Situationen finden, in denen sich Menschen nicht exakt so verhalten, wie es theoretische Modelle prognostizieren. Dennoch dürfte unstrittig sein, dass die überwältigende Mehrheit der Menschen zuerst an sich und erst dann an andere denkt. Die Menschen möchten für die eigene Arbeit angemessen honoriert werden. Sie leisten dann besonders viel, wenn sie die Früchte der Arbeit zu einem großen Teil selbst behalten können. Ebenso ist die Mehrheit der Menschen in erster Linie daran interessiert, die eigenen Lebensumstände zu verbessern. Erst in zweiter Linie, also nach Befriedigung der wichtigsten eigenen Bedürfnisse, kümmert sich der typische Wirtschaftsakteur um die Belange anderer, am Ende auch um Belange der Gesellschaft. Dies mag unsympathisch erscheinen, doch wer wirtschaftspolitische Verantwortung trägt, darf die Augen vor dieser Realität nicht verschließen.

Arbeitsteilung

»Der Wohl-Stand aller hängt nicht vom Wohl-Wollen der einzelnen ab.« [*]

Privateigentum, Wettbewerb und Arbeitsteilung sind die konstitutiven Merkmale der Marktwirtschaft. Beginnen wir mit der Arbeitsteilung: Das Wesen einer arbeitsteiligen Wirtschaft besteht darin, dass derjenige, der seinen eigenen Wohlstand mehren möchte, anderen Gutes

---

[*] Homann (1994), S. 75.

tun muss. Er muss Waren oder Dienstleistungen anbieten, die anderen nützen und deshalb von ihnen nachgefragt werden. Wer sich materiell mehr leisten können möchte, der muss mehr Leistung bringen – und das zunächst einmal für andere.* Eine Marktwirtschaft funktioniert also auch dann, wenn die Wirtschaftssubjekte nicht von Nächstenliebe, sondern von Eigenliebe angetrieben sind. Herbert Giersch, der frühere Leiter des Kieler Instituts für Weltwirtschaft, formulierte diesen Sachverhalt besonders prägnant: »Aus zweitbesten Motiven zweitbester Menschen macht der Markt tadellose Leistungen.«

Tauschgeschäfte sind dabei für beide Seiten von Nutzen – sonst kämen sie nicht zustande. Der Käufer schätzt den Wert der Ware höher ein als den Preis, den er zu zahlen hat. Für den Verkäufer wiederum ist der Wert niedriger als der Preis, den er am Markt erhält. Dies ist der Kern marktwirtschaftlicher Transaktionen. Beide Handelspartner machen für sich ein gutes Geschäft und tun damit der Gegenseite einen Gefallen. Nebenbei führt die arbeitsteilige Wirtschaft zu Spezialisierung und höherer Effizienz. Mit dem gleichen Ressourcenaufwand lässt sich mehr produzieren. Märkte führen auf Basis der Freiwilligkeit zu den von den Marktteilnehmern gewünschten besseren Ergebnissen. Der Markt ist mehr als ein Nullsummenspiel, er generiert Mehrwert für jeden Beteiligten.

Märkte schaffen Wohlstand – und das also mit Menschen, die so sein können, wie sie überwiegend von Natur aus sind. Andere Wirtschaftsmodelle wie der Sozialismus sind dagegen auf eine menschliche Eigenschaft angewiesen, die typischerweise nicht als Hauptcharakte-

---

* Vgl. Giersch (1993), S. 14 f.

47

ristikum bei Wirtschaftsakteuren anzutreffen ist: Altruismus. Wer ein Wirtschafts- und Gesellschaftsmodell auf der Annahme aufbaut, die Teilnehmer seien von Natur aus überwiegend uneigennützig, der wird erfahrungsgemäß scheitern. Menschen benötigen Anreize – einer mehr, einer weniger. Das bedeutet allerdings nicht, dass wirtschaftlicher Eigennutz und menschliche Nächstenliebe miteinander unvereinbar sind. Diesen Themenkomplex beleuchten wir später im Abschnitt über die moralischen Grundlagen der Marktwirtschaft.

Privateigentum

»Privateigentum ist sozialer als Gemeineigentum.«[*]

Die Art der Eigentumsverhältnisse entscheidet maßgeblich darüber, wie effizient gewirtschaftet wird. Privateigentum ist der beste Garant für sorgsamen, pfleglichen und sparsamen Umgang mit knappen Gütern. Persönliches Eigentum wird im Regelfall besser behandelt als fremder Besitz. Wenn Aufwand und Nutzen einer Tätigkeit bei einer Person zusammenfallen, sind bessere Ergebnisse zu erwarten, als wenn eine Person die Arbeit erledigen muss, von der hauptsächlich andere profitieren. Gleiches gilt für Unternehmen und Organisationen. Hinzu kommt: Wo Menschen privates Kapital einsetzen, ist mit der bestmöglichen Kontrolle über dessen Verwendung zu rechnen. Fehlinvestitionen und Verschwendung werden minimiert.

Zum Scheitern verurteilt sind dagegen Versuche, mit Kollektiveigentum zu wirtschaftlichem Erfolg zu kommen. Die jahrzehntelangen sozialistischen Experimente

---

[*] Homann (1994), S. 75.

hinter dem Eisernen Vorhang haben gezeigt: Allein die Faszination für die Idee, allen Bürgern und Wirtschaftsakteuren alles gleichermaßen und scheinbar kostenlos zur Verfügung zu stellen, reicht nicht aus. Den Praxistest besteht die Idee nicht. Privateigentum ist nicht – wie Kritiker meinen – elitär und ausgrenzend; es verleiht knappen Gütern den richtigen Wert und animiert zum pfleglichen Umgang. Dagegen führen kollektive Eigentumsrechte in der Praxis oft zu Nachlässigkeit, Übernutzung und schlampigem Umgang mit wertvollen Ressourcen. Jeder verlässt sich auf den anderen – und am Ende sind alle verlassen.

Dieser Sachverhalt beschäftigte schon Generationen vor uns. Der deutsche Rechtswissenschaftler Karl Salomo Zachariä formulierte äußerst treffend: »Nicht wenige Menschen scheinen zu glauben, dass der Staat ... geben könne ohne zu nehmen ... Die, welche vom Staat alles, was sie wünschen und verlangen, erwarten und fordern, gleichen Gästen, welche zu einem Freimahl geladen zu sein glauben, aber am Ende des Mahles von der Rechnung überrascht werden.«*

Die Folgen fehlender oder falsch definierter Eigentumsrechte lassen sich am Beispiel unklarer Eigentumsrechte an Grund und Boden (fehlende Kataster in Ägypten, Indien etwa), aber auch des Umweltschutzes gut illustrieren. Die natürliche Umwelt galt lange Zeit nicht als knappes, schützenswertes Gut. Unternehmen brauchten sich deshalb – aus betriebswirtschaftlicher Sicht – nicht um die Auswirkungen ihres Handelns für die Umwelt zu kümmern, denn die Umwelt gab es kostenlos. Die Luft wurde unter anderem durch Industrie-Emissio-

---

* K. S. Zachariä, zitiert nach Rosen/Windisch (1992).

nen, die Flüsse durch Abwässer belastet – in beiden Fällen mussten die Unternehmen dafür nicht bezahlen. Der fehlende Markt für Umwelt und der Umstand, dass Umwelt kostenlos schien, hatte offensichtlich falsche Signale gegeben. Ein knappes Gut wurde von Verbrauchern und Unternehmen behandelt, als stände es unendlich in gleichbleibender Qualität zur Verfügung.

Dies wäre nicht geschehen, wenn es klar definierte Eigentumsrechte gegeben hätte und Preise für die Nutzung der Umwelt verlangt worden wären. Die Kosten wären folglich in der Kalkulation der Unternehmen berücksichtigt, die Umwelt geschont worden. Inzwischen hat sich die Erkenntnis fast überall durchgesetzt, dass Umweltverschmutzung nur dann auf ein erträgliches Maß eingedämmt werden kann, wenn die Umwelt nicht kostenlos für alle zur Verfügung steht. Mit »Ökosteuern« und dem Handel von Emissionsrechten wird nun seit einigen Jahren versucht, der Umwelt einen angemessenen Preis zu geben.[*]

Privateigentum ist also eine Vorbedingung für Effizienz und wirtschaftlichen Erfolg. Privateigentum verpflichtet aber auch. Wo privates Kapital eingesetzt wird, um Gewinne zu erzielen, muss es auch eine Haftungspflicht für etwaige Verluste geben. »Jeder ist seines Glückes Schmied« – dieser Spruch gilt gleichermaßen für Erfolg und Misserfolg. Das Recht, sich wirtschaftlich frei entfalten zu können, geht einher mit der Pflicht, für die Ergebnisse seines Handelns geradezustehen. Nur wenn Rechte und Pflichten gleichermaßen wahrgenommen werden, führt die Marktwirtschaft zu den gewünschten

---

[*] Einen umfangreichen Überblick über den Emissionsrechtehandel gibt der Forschungsbericht von Bertenrath et al. (2008).

stabilen Ergebnissen. Wenn hingegen nur die Chancen des Wirtschaftens als Recht verstanden werden, die Haftung für das eigene Tun aber abgelehnt beziehungsweise von Unternehmen und Gesellschaft nicht entsprechend eingefordert wird, werden Hasardeure systematisch herangezüchtet. Die Marktwirtschaft wird instabil – wie die globale Wirtschafts- und Finanzkrise gezeigt hat.

Wettbewerb

»Wettbewerb ist solidarischer als Teilen.« [*]

Der Begriff *Wettbewerb* lässt die Herzen der Ökonomenzunft höher schlagen. Wettbewerb hat so viele wirtschaftliche Vorteile, dass manche Volkswirte ihn als Patentrezept zur Heilung jeglicher Wirtschaftsprobleme empfehlen. Doch was sind die wichtigsten Vorteile?

Zunächst sind dies niedrige Preise und/oder gute Qualität. Intensiver Wettbewerb zwingt Unternehmen, ihre Kosten zu senken und die Ersparnis in Form niedrigerer Preise oder besserer Qualität an die Kunden weiterzugeben. Täten sie dies nicht, drohte der Verlust von Kunden an die Konkurrenz. Wird dagegen der Wettbewerb ausgeschaltet, ist der Monopolist versucht, das Angebot künstlich zu verknappen, um die Preise und seine Gewinne in die Höhe zu treiben. Wettbewerb steht also für niedrige Preise und ein umfangreiches und qualitativ gutes Produktangebot, Monopole dagegen für knappes Angebot bei hohen Preisen.

Zudem müssen die Unternehmen im Wettstreit um die Kunden innovativ sein. Konkurrenz belebt das Geschäft. Neue Dienstleistungen, neue Produkte sind die

---

[*] Homann (1994), S. 75.

Folgen intensiven Wettbewerbs. Der Nobelpreisträger Friedrich August von Hayek prägte die Formulierung vom »Wettbewerb als Entdeckungsverfahren«. Damit kommt zum Ausdruck, dass eine Wettbewerbsgesellschaft ein regelrechter Innovationsmotor ist. Es werden immer wieder Dinge erfunden – auch solche, nach denen ursprünglich gar nicht gesucht wurde. Außerdem gilt zu berücksichtigen: Wettbewerb eröffnet die Möglichkeit, aus eigener Kraft nach oben zu kommen. Das Ausschalten des Wettbewerbs würde dagegen Aufstiegs- und Erfolgschancen verwehren und den Mächtigen und den Etablierten unangemessenen Schutz gewähren, ja sogar Ausbeutung ermöglichen.

Schon diese kurze Auswahl an Argumenten zeigt die wohlfahrtssteigernden Effekte wettbewerblicher Lösungen. Obwohl die Gesamtheit profitiert, ist der gesellschaftliche Zuspruch vergleichsweise bescheiden. Zuweilen offenbart sich ein gespaltenes Verhältnis: So ist die öffentliche Meinung erhitzt, wenn an den Tankstellen die Benzin- und Dieselpreise gleichzeitig und anscheinend abgestimmt erhöht werden. Hier wird regelmäßig der Verdacht geäußert, die Mineralölunternehmen würden durch unzulässige Preisabsprachen den Wettbewerb ausschalten und die Verbraucher übervorteilen.

Die Mehrheit der Bevölkerung tritt also offenbar zumindest dann für intensiven Wettbewerb ein, wenn vermuteter Mangel an Wettbewerb dem eigenen Geldbeutel schadet. Als generelles Ordnungsprinzip wird der Wettbewerb dagegen kritisch gesehen – wie sonst könnte die oft große Zustimmung zu Erhaltungssubventionen erklärt werden? Klammheimlich sind Unternehmer gegen Wettbewerb, weil für sie durch Konkurrenz das Leben anstrengender wird.

Die Einstellung scheint auch vom Lebensbereich abzuhängen: Im Sport wird selbstverständlich und ohne jeden Zweifel intensivster Wettbewerb gefordert und gefördert. Athleten werden zu Höchstleistungen angespornt, und Zuschauer können sich an spannenden Wettkämpfen erfreuen. Ohne sportlichen Konkurrenzdruck gäbe es keine Spitzenleistungen, sondern Mittelmaß. Dabei zeigt schon der Wortursprung von *Konkurrenz*, dass nicht die Ellenbogengesellschaft gemeint ist, sondern der sportlich faire Wettlauf: Das lateinische *concurrere* bedeutet »miteinander laufen« oder »um die Wette laufen«. Halten sich alle Teilnehmer an die Wettkampfregeln, hat der Wettlauf nichts mit Unfairness zu tun. Der Bessere gewinnt. Nur dann, wenn sich ein Teilnehmer durch das bewusste Verletzen von Regeln Vorteile zu verschaffen sucht, wird es unfair. Wer rempelt oder dem Gegner ein Bein stellt, gehört disqualifiziert. Dieses Beispiel verdeutlicht: Wettbewerb ist grundsätzlich leistungsfördernd und fair. Wenn die Regeln verletzt werden, sind die Sünder zu bestrafen – das Wettbewerbsprinzip deswegen aber generell in Frage zu stellen würde bedeuten, das Kind mit dem Bade auszuschütten.

Lenkung durch Preise

Eine Marktwirtschaft wird nicht zentral gesteuert. Welche Ressourcen wo benötigt, welche Güter und Dienstleistungen produziert werden, entscheidet nicht eine zentrale Planungsbehörde. Mit dem schottischen Moralphilosophen und Begründer der klassischen Volkswirtschaftslehre Adam Smith wird das Bild verbunden, die Marktwirtschaft würde durch eine »unsichtbare Hand«

gelenkt. Was hat es auf sich mit dieser unsichtbaren Hand? Dahinter verbergen sich unzählige Unternehmen, die Güter und Dienstleistungen anbieten, sowie unzählige Konsumenten, welche die Güter und Dienstleistungen nachfragen. Durch das Aufeinandertreffen von Angebot und Nachfrage ergeben sich die Marktpreise. Sie enthalten unverzichtbare Informationen und signalisieren den Unternehmen, welche Waren besonders gefragt sind. Die gesamte Steuerung der volkswirtschaftlichen Ressourcen ist also das Ergebnis der Konsumentenwünsche und des Willens der Unternehmen, diese Wünsche zu erfüllen. Friedrich August von Hayek bezeichnete es als »Anmaßung von Wissen«, eine Gesellschaft durch zentrale Planungsinstanzen entwerfen zu lassen. Das notwendige Wissen für die bessere Antwort, den Markt, transportieren die Preise.

In einer Marktwirtschaft wird dem Einzelnen also nicht vorgeschrieben, was er produzieren oder konsumieren soll. Jeder kann frei und ohne unnötigen Zwang entscheiden, was er möchte. Staatliche Eingriffe in das Preissystem müssen deshalb generell misstrauisch machen. Allerdings hat uns spätestens die Finanzkrise gelehrt, dass die Preise an den Kapitalmärkten eine übersteigernde Eigendynamik entfalten können und Fehlinformationen liefern. Dieses Problem werden wir später erneut aufgreifen.

Um reibungslos funktionieren zu können, muss der Marktwirtschaft ein starker Staat zur Seite stehen. Der Staat hat den Rechts- und Ordnungsrahmen zu setzen und über dessen Einhaltung zu wachen. Rechtssicherheit ist ein hohes Gut und erhöht die Produktivität der Volkswirtschaft. Auch ist eine soziale Mindestsicherung durch den Staat vorteilhaft. Sie sollte daran orientiert sein, dass denen geholfen wird, die sich aus eigener Kraft nicht selbst helfen können. Ein in diesem Sinne konzipierter Sozialstaat ist Produktivfaktor und nicht Hemmschuh. Sozialstaatliche Regelungen haben, sinnvoll eingesetzt, Versicherungscharakter. Sie mildern die Angst der Wirtschaftssubjekte vor einem wirtschaftlichen Totalverlust. Auf diese Weise werden die Akzeptanz des risikobehafteten marktwirtschaftlichen Systems und gleichzeitig die Risikobereitschaft der Akteure erhöht. Dies schlägt sich letztlich positiv in den gesamtwirtschaftlichen Wachstumsraten nieder. Zudem wird der soziale Zusammenhalt gefördert, das gesellschaftliche Klima verbessert.

Doch wie vieles im Leben unterliegt staatliches Handeln dem Gesetz des abnehmenden Grenznutzens: Je mehr Aufgaben sich der Staat aneignet, die über die skizzierten Kernaufgaben hinausgehen, desto weniger hilfreich ist es für die wirtschaftliche Entwicklung. Ab einem gewissen Punkt richtet der Staat sogar Schaden an. Es wird deshalb auch in Zukunft darum gehen, einen schlanken, aber starken Staat zu haben, der seine Rolle und seine Grenzen genau kennt.

Zwischenfazit

Eine richtig konzipierte Marktwirtschaft ist ein Effizienzmotor. Sie ist das beste Mittel gegen Verschwendung wertvoller Ressourcen. Arbeitsteilung, Wettbewerb und Privateigentum sind Garanten für wirtschaftliches Wachstum. Die Effizienz und die Erfolge des Systems stehen außer Frage, wirtschaftlich kann der Markt Erfolge vorweisen.

Für die Lösung der internationalen Schuldenkrise ist die Marktwirtschaft deshalb unverzichtbar, denn ohne Wachstum wird der Schuldenabbau ungleich schwerer.

Allerdings ist die gesellschaftliche Akzeptanz der Marktwirtschaft – zumindest in Deutschland – von jeher nicht sonderlich stark ausgeprägt. Und zuletzt hat die Finanzkrise den Glauben an die Stabilität, vor allem aber an die moralischen Qualitäten unseres Wirtschaftssystems, weiter beschädigt. Dabei hat der Markt auch auf moralischem Gebiet viel zu bieten: Die Teilnehmer der Wirtschaft können in Freiheit leben und in Freiheit handeln. Zudem sollte zumindest aus pragmatischer Sicht zählen: Ihrem Naturell entsprechend können die Wirtschaftsakteure eigennützig agieren, ohne dabei in Konflikt zur Gesellschaft zu geraten; denn der Marktmechanismus sorgt dafür, dass nur derjenige Erfolg hat, der zuvor anderen Nutzen stiftet. Doch diese Vorzüge reichen offenbar noch nicht aus, um Kritiker zu überzeugen. Solange die ethische Fundierung durch die Bürger in Frage gestellt wird und der Markt bei den Beobachtern überwiegend für Egoismus und wirtschaftliche Macht steht, gibt es Aufklärungsbedarf. Nachfolgend beschäftigen wir uns deshalb ausführlicher mit den moralischen Grundlagen der Marktwirtschaft.

Moral und Marktwirtschaft*

Verantwortungsethik

Wer sich der Verantwortungsethik (Max Weber) verpflichtet fühlt, wird die Marktwirtschaft als gutes Wirtschaftssystem zu schätzen wissen. Verantwortungsethik bedeutet, das Handeln der Menschen am Ergebnis zu messen. Das Gegenstück ist die Gesinnungsethik, bei der die Absichten – und weniger die Ergebnisse – des Handelns im Vordergrund stehen. Es geht also um eine Entscheidung zwischen Motivmoral und Ergebnismoral. Für Anhänger der Gesinnungsethik reicht es bereits aus, wenn die Handelnden gute Motive haben. Manche empfinden die gute Absicht sogar als einen so eigenständigen Wert, dass er einer guten Tat nicht fehlen sollte. Etwas gut zu meinen, muss aber nicht zwangsläufig zu dem gewünschten Ergebnis führen. Der Volksmund liegt mit seiner Einschätzung nicht ganz falsch: Das Gegenteil von »gut« ist oftmals »gut gemeint«.

Sozialpolitische Maßnahmen sind im Regelfall sicher gut gemeint, sie entspringen guten Absichten. Doch führen sie auch zu den gewünschten Ergebnissen? Der Blick in die Praxis zeigt, dass zwischen Anspruch und Wirklichkeit manches Mal erhebliche Lücken klaffen. Allzu oft werden die Reaktionen der Betroffenen falsch eingeschätzt. Dies ist oft die Folge falsch gesetzter Anreize. Beispiel Wohnungspolitik: Wenn der Gesetzgeber den Mietern Gutes tun möchte, indem er den Mieterschutz ausbaut, ist das Ergebnis nicht selten Wohnungs-

---

* Vgl. zu diesem Thema zum Beispiel Bickenbach/Soltwedel (1996), Sievert (1996), Giersch (1993) oder Walter (2009a).

mangel. Warum? Weil Vermieter weniger Anreize haben, in Wohnobjekte zu investieren.

Beispiel Arbeitsmarkt: Werden durch Kündigungsschutzregeln Entlassungen sehr restriktiv behandelt oder teurer gemacht, dann überlegen sich die Arbeitgeber zweimal, ob sie neue Arbeitskräfte einstellen. Denn wer in geschäftlich schwierigen Zeiten bei den Lohnkosten nicht flexibel reagieren kann, wird vorsichtshalber den Personalbestand von vornherein möglichst niedrig halten. Scharfe Kündigungsschutzregeln nützen deshalb vorwiegend denjenigen Arbeitnehmern, die bereits einen Arbeitsplatz haben. Für diejenigen, die auf der Suche nach Arbeit sind, ist ein zu scharfer Kündigungsschutz ein Einstellungshindernis. Der gutgemeinte Kündigungsschutz stellt also gerade diejenigen schlechter, die besonders stark auf gute Arbeitsmarktpolitik durch einen offenen Markt angewiesen sind.

Beispiel Bankenpolitik: Gewährt der Staat – ausdrücklich oder nur indirekt – großen Banken Bestandsschutz, weil ihr Scheitern schweren Schaden in der Volkswirtschaft anrichten würde, dann lädt er die verantwortlichen Manager dazu ein, größere Risiken auf sich zu nehmen, als die Bank im Ernstfall aus eigener Kraft zu tragen in der Lage ist. Ohne weiterführende Regulierung besteht also die Gefahr, dass das Gegenteil der eigentlichen Absicht eintritt: Das Bankensystem wird destabilisiert.

Auch am Beispiel des sogenannten Kobra-Effekts lässt sich illustrieren, wie aus guten Absichten schlechte Ergebnisse werden, wenn die Anreize falsch gesetzt sind:* Um einer Kobra-Plage in Indien Herr zu werden,

---

* Vgl. Siebert (2001).

wurde eine Kopfprämie ausgesetzt. Die Bevölkerung sollte einen Anreiz haben, sich an der Jagd auf Kobras zu beteiligen. Scheinbar hatte die Maßnahme Erfolg: Zahlreiche Kobra-Köpfe wurden abgeliefert, die Prämien wurden ausgezahlt. Später zeigte sich jedoch, dass besonders findige Zeitgenossen nicht nur Kobras gefangen, sondern auch Schlangen gezüchtet hatten, um zusätzliche Prämien zu kassieren. Als dies herauskam und die Prämie wieder abgeschafft wurde, ließen die Züchter ihre Kobras – weil inzwischen wertlos – frei. Das Problem war nun größer als zuvor.

Die Anreize sind also so zu setzen, dass gute, wünschenswerte Ergebnisse erzielt werden. Die Marktwirtschaft schafft es, die individuellen mit den gesellschaftlichen Interessen bestmöglich zur Übereinstimmung zu bringen. Sie ist aus verantwortungsethischer Perspektive ein gutes Wirtschaftssystem, weil sie – im Regelfall – zu guten Ergebnissen führt. Allerdings gehört es auch zur verantwortungsethischen Orientierung, Fehlentwicklungen innerhalb der Marktwirtschaft zu identifizieren und zu benennen. Um die bestmöglichen Ergebnisse zu erreichen, brauchen wir so viel Marktwirtschaft wie möglich, aber auch so viel Regulierung wie nötig. Den Finanzsektor werden wir später in dieser Hinsicht noch näher ausleuchten.

Moral und Individualismus

Marktwirtschaft basiert auf einer Konzeption, die das Individuum in den Mittelpunkt rückt. Der Staat dient den Individuen, nicht umgekehrt. Persönliche und unternehmerische Freiheit, Konsumentensouveränität, Selbstverwirklichung und Selbstverantwortung sind Werte, die von marktwirtschaftlichen Systemen respektiert und gefördert werden. Zu den Grundproblemen menschlichen Zusammenlebens gehört dennoch die Frage, wie weit die Freiheit des Einzelnen gehen kann, ohne die Freiheit und die Rechte der Mitmenschen zu verletzen. Es muss sichergestellt werden, dass die persönlichen Freiheiten und der Eigennutz nicht entarten und in Selbstsucht umschlagen. Märkte sind hierbei hilfreich, weil sie auf dem Prinzip von Leistung und Gegenleistung basieren. Wer nicht bereit ist, Gegenleistungen zu erbringen, wird vom Markt abgestraft. Ebenso wird auf Dauer auch derjenige keinen Erfolg haben, der mit Schlitzohrigkeit oder Betrug seine Geschäftspartner über den Tisch zieht. Drei Faktoren befördern den fairen Umgang: Erstens: Individualmoral, zweitens: Kleingruppenmoral, drittens: Reputation.

Zur Individualmoral: Die Aussage, der Mensch neige bei wirtschaftlichen Aktivitäten zu eigennützigem Verhalten, schließt Eigenschaften wie Gemeinsinn, Hilfsbereitschaft oder Mitgefühl nicht aus. Das Idealbild des Unternehmers ist der ehrbare Kaufmann, für den ein Geschäft per Handschlag genauso zählt wie ein schriftlich fixierter und justiziabler Vertrag. Der ehrbare Kaufmann verpflichtet sich durch sein Wertegerüst, Versprechen einzuhalten, präzise zu arbeiten und die Erwartungen seiner Geschäftspartner zu erfüllen. Individuelle Moral ist damit ein Garant für faires Miteinander. Moral beginnt dort, wo das Kosten-Nutzen-Kalkül aufhört; sie ist – ökonomisch formuliert – nicht substituierbar.* Anders ausgedrückt: Moralisches Handeln hängt nicht davon ab, wie hoch der Preis dafür ist. Ein moralisch gefes-

---

* Vgl. Hackmann (1998), S. 56.

tigter Unternehmer steht auch dann zu seinen Werten, wenn er viel Geld verdienen könnte, indem er es mit den selbst gesetzten Normen nicht so genau nimmt. Er handelt aus innerer Überzeugung, die wiederum nicht verhandelbar ist.

Wo dieses individuelle Wertegerüst nicht hinreichend ausgeprägt ist, kann die Kleingruppenmoral für die nötige Fairness sorgen beziehungsweise die nötigen Grenzen setzen. In Kleingruppen bilden sich bestimmte Normen heraus, die das Zusammenleben regeln und vertrauensvolles Miteinander ermöglichen. Das Verhalten beruht auf Gegenseitigkeit – wer Gutes tut, dem wird Gutes getan. In Kleingruppen wurde moralisches Fehlverhalten traditionell schnell identifiziert und entsprechend abgestraft; diese Erfahrungen disziplinieren den Einzelnen.

Wenn weder die Individual- noch die Kleingruppenmoral für anständiges Miteinander sorgen, helfen die Marktmechanismen. Wie oben bereits dargelegt, basieren Märkte auf dem Prinzip von Leistung und Gegenleistung. Unternehmen, die dauerhaften Erfolg anstreben, müssen gute Waren oder Dienstleistungen anbieten. Elementar wichtig ist dabei eine möglichst hohe Reputation. Trickser und Falschspieler fliegen früher oder später auf und verlieren – wenn überhaupt vorhanden – ihr Reputationskapital. Tricksereien funktionieren nur kurzfristig; mittel- bis langfristig sortiert der Markt die schwarzen Schafe aus.

Diese grundsätzlich positive Einschätzung stößt in der heutigen Zeit jedoch immer öfter an Grenzen. Globale Märkte fördern die Anonymität. Die skizzierten Rückkoppelungseffekte, welche gesellschaftlich unerwünschtes Verhalten sanktionieren, werden reduziert oder entfallen gänzlich. Das Reputationskapital kann in

Zeiten globaler, anonymer Märkte an Bedeutung verlieren. Neben der Anonymität spielen dabei auch die Absatzmärkte eine Rolle: Je größer sie werden und je entfernter sie liegen, desto diffuser wird das verhaltenslenkende, unmittelbare Feedback. Schwarze Schafe können verbrannte Erde hinterlassen und weiterziehen. Bis schlechte Reputation das Treiben beendet, kann viel Zeit vergehen. Allerdings besteht Hoffnung, dass das Internet mit seinen vielfältigen Informations- und Bewertungsplattformen in der Lage ist, zu einem seriösen globalen Reputationsmedium zu werden. Realtime, d. h. sofortige und fast kostenlose Information, kann freilich auch das Gegenteil bewirken, nämlich rasche und totale internationale Ächtung.

Hinzu kommt: In der modernen, pluralistischen, globalisierten Welt gibt es eine Vielfalt moralischer Anschauungen. Eine einzige, für alle Gruppen einheitliche Moral ist kaum noch vorstellbar. Dennoch müssen Personen und Gruppen mit unterschiedlichen Werten und Normen miteinander auskommen. Der gemeinsame Nenner für unterschiedliche Gruppen mit heterogenen Wertvorstellungen ist die Rahmenordnung. Der Wirtschaftsethiker Karl Homann hat hierzu eine vielbeachtete These aufgestellt: »Der systematische – nicht einzige – Ort der Moral in der Marktwirtschaft ist die Rahmenordnung.«[*] Demnach soll die Moral in den Spielregeln liegen, die wirtschaftliche Effizienz dagegen in den Spielzügen. Homann plädiert dafür, die Moral von den unmittelbaren Handlungsmotiven abzukoppeln. Nur dann wird es gelingen, die moralische Qualität der Marktwirtschaft zu sichern.

---

[*] Homann (1994), S. 74.

Damit wird deutlich: Wenn die Märkte unerwünschte beziehungsweise moralisch zweifelhafte Ergebnisse hervorbringen, dann ist zunächst zu untersuchen, ob die Rahmenbedingungen richtig gesetzt sind. Es gilt also, die Spielregeln zu überprüfen.

Zu den unerfreulichsten und von der Gesellschaft am wenigsten verstandenen Begleiterscheinungen der Finanzkrise zählt die Bezahlung der Spitzenkräfte in der Finanzindustrie. Millionengehälter, teilweise im zweistelligen Bereich, sorgen generell für Gesprächsstoff. Ob Schauspieler, Spitzensportler oder Manager – Top-Gehälter provozieren Fragen nach ihrer wirtschaftlichen und moralischen Rechtfertigung. Ökonomen beantworten diese Fragen mit dem Hinweis auf das Leistungsprinzip. Wer viel leistet und den Menschen damit Freude macht, soll entsprechend honoriert werden. Wenn ein Schauspieler Millionen von Kinobesuchern einen schönen Abend bereitet, soll er für diese Vermittlung von Freude belohnt werden. Wenn ein Formel-1-Fahrer Millionen Fans Spaß bereitet, weltweit Milliarden Menschen Gesprächsstoff liefert und nebenbei sein Leben dafür aufs Spiel setzt, dann gehört er entsprechend bezahlt. Auch Erfinder werden für ihre Patente überaus fürstlich entlohnt.

Dass die erzielbaren Summen weit darüber hinausgehen, was ein Sportler, Schauspieler oder Manager im Laufe seines Lebens benötigt und ausgeben kann, ist offensichtlich. Bemerkenswert ist, dass die Einkommen von Menschen im Sport- und Showgeschäft aber auch von Erfindern offenbar eher akzeptiert werden als die von Führungskräften in der Wirtschaft. Das mag daran liegen, dass die Leistungen der ersten Personengruppe relativ gut sicht- und messbar sind, während die Leistungen von Top-Kräften in der »normalen« Wirtschaft für Außenstehende weniger sichtbar und von ihnen eher weniger nachzuvollziehen sind.

Mit Blick auf die Finanzkrise ist der eigentlich sensible und diskussionswürdige Punkt, dass – insbesondere auf Top-Ebene in den Banken – Gehälter gezahlt wurden, denen im Rückblick die Rechtfertigung fehlte. Die (vermeintliche) Wertschöpfung, auf der ein Teil der Gehälter und Boni basierte, wurde durch das Platzen der amerikanischen Immobilienblase und die anschließenden Folgen zum Teil pulverisiert und damit als Vermögensillusion entlarvt. Mit anderen Worten:

> *Im Finanzsektor wurden Gehälter gezahlt,*
> *für die im Rückblick die Gegenleistung fehlte.*

Dies widerspricht sowohl dem allgemeinen Gerechtigkeitsempfinden als auch der marktwirtschaftlichen Verteilungslogik.

Dafür verantwortlich waren auch Defizite in der Rahmenordnung. Die Belohnungsregeln waren nicht gut. Offensichtlich sind Bonifikationen auf Basis von Quartals- und Jahresergebnissen nicht geeignet, Anbieterverhalten im nachhaltigen Interesse der Kunden zu fördern. Die für Bonuszahlungen zugrundeliegenden Zeiträume müssen verlängert werden. Erst wenn verlässlich klar ist, dass die Wertschöpfung nachhaltig und nicht illusionär ist, besteht eine Anspruchsgrundlage für Bonuszahlungen. Dabei spielt eine Rolle, dass in der Finanzindustrie und an den Kapitalmärkten Erwartungen eine große Bedeutung haben. So hängt die Wertentwicklung an den Börsen zu einem erheblichen Teil von Zukunftserwartungen ab. Bei gewöhnlichen Konsumgütern weiß der

Kunde im Regelfall, was er bekommt. Zudem hat er oft ein Rückgaberecht oder einen Gewährleistungsanspruch. Das bedeutet, der Kunde erhält nach dem Kauf zeitnah einen in der Qualität recht sicheren Gegenwert für den von ihm bezahlten Preis. Dagegen wird von der Finanzindustrie die – in der Qualität zudem noch unsichere – Gegenleistung oft erst in fernerer Zukunft erbracht. Eine Revision der Regeln für die Bezahlung im Finanzsektor lässt sich deshalb sachlich begründen.

Selbstverständlich ist es für die Mitarbeiter von Finanzinstituten unbefriedigend, wenn Bonuszusagen für einen Zeitraum von beispielsweise fünf Jahren »eingefroren« werden, bevor sie zur Auszahlung kommen. Auch fällt das Urteil über eine solche Regel aus der Anreizperspektive ambivalent aus: Für die Mitarbeiter ist es suboptimal, wenn die Zusatzbelohnung der guten Arbeit erst mit größerem Zeitabstand erfolgt. Um Fehlanreize zu vermeiden, ist freilich diese Ambivalenz zu ertragen. Dafür wird nicht mehr belohnt, was lediglich auf kurzfristige Gewinnerzielung angelegt ist. Der Anreiz steigt, auf Langfristigkeit ausgelegtes Geschäft zu betreiben. Das Finanzsystem wird dadurch stabiler. Im Sinne der Finanzstabilität und im Sinne der größeren gesellschaftlichen Akzeptanz ist es deshalb sinnvoll, diesen Schritt zu gehen.

Für die Boni der Strukturvertriebe bei Versicherungen sind solche längerfristigen und nachhaltigen Erfolgsmessungen bereits die Regel. Erst wenn ein Versicherungsvertrag der Kunden für eine Reihe von Jahren erfüllt wurde, erhält der Vertreter für den Abschluss eine Bonifikation. Viele Banken haben im Verlauf der letzten Jahre die Boniauszahlung verzögert, um zu prüfen, ob der vermutete Geschäftserfolg tatsächlich eingetreten ist.

Der Gesetzgeber hat auch für die Kreditinstitute Vorgaben gemacht und damit auf die Vorkommnisse der Finanzkrise reagiert. Gemäß Instituts-Vergütungsverordnung vom 6. Oktober 2010 sind die Vergütungssysteme so auszugestalten, dass für die Geschäftsleitung und die Beschäftigten keine Anreize bestehen, übermäßige Risiken einzugehen. Was darunter zu verstehen ist, wird konkretisiert: Unter anderem darf keine signifikante Abhängigkeit von der variablen Vergütung entstehen, fixe und variable Gehaltsanteile müssen in einem angemessenen Verhältnis zueinander stehen. Außerdem müssen die großen Banken – »bedeutende Institute« mit einer Bilanzsumme von über 10 Milliarden Euro – mindestens 40 Prozent der variablen Vergütung über einen Zurückbehaltungszeitraum von mindestens drei bis fünf Jahren strecken und die Auszahlung von einer nachhaltigen Wertentwicklung abhängig machen.

Ein Trend zu höheren Fixgehältern und niedrigeren Boni zeichnet sich bereits ab. Aus der Risikoperspektive ist dies zu begrüßen. Allerdings hat auch eine solch sinnvolle Maßnahme ihren Preis: Da das Gehaltsvolumen wegen der höheren Fixgehälter im Konjunkturverlauf nicht mehr so stark atmen kann wie in der Vergangenheit, ist ein stärkerer Personalabbau im Konjunkturabschwung bereits vorgezeichnet.

Die skizzierte Reform der Vergütungsregeln setzt also an den Rahmenbedingungen an. Doch die Finanzkrise hat nicht nur Defizite bei den Regeln der Entlohnung offengelegt. Es zeugt von einem Verlust der Moral (und von mangelnder ökonomischer Bildung), wenn hochbezahlte Bankmanager versuchen, Gehalts- und Bonusansprüche, denen durch den Finanzkollaps jegliche Grundlage entzogen wurde, gegen ihre Arbeitgeber vor Gericht durchzusetzen. Für den Finanzsektor gilt das Gleiche wie für alle anderen Branchen und Lebensbereiche auch:

Verteilt werden kann nur,
was tatsächlich erwirtschaftet wurde.

Wer diese Grundregel, die im Übrigen allgemein akzeptierter Ausgangspunkt für jede Sozialstaatsdebatte sein sollte und deshalb sozialpolitischen Sprengstoff birgt, für die Manager außer Kraft setzen möchte, erweist dem Ansehen der Finanzbranche und der marktwirtschaftlichen Reputation einen Bärendienst.

Der systematische Ort der Moral ist also die Rahmenordnung. Allerdings ist sie wie erwähnt nicht der einzige Ort, denn eine Rahmenordnung kann nie perfekt sein; selbst dann nicht, wenn sie permanent an gesellschaftliche und technologische Änderungen angepasst wird. Die wirtschaftlichen Akteure können sich nicht darauf ausruhen, dass die Moral in der Rahmenordnung verankert ist. Für ein funktionsfähiges Gemeinwesen ist moralisches Verhalten unverzichtbar; es kommt nicht mit rigorosen Egoisten aus. Das funktionierende Gemeinwesen ist wiederum Vorbedingung für die Marktwirtschaft.

Um abermals den Vergleich zum Sport zu bemühen: Wirklich fairer Wettkampf erfordert Sportler, die aus innerer Überzeugung die Regeln einhalten und nicht nur deshalb, weil sie Angst haben, erwischt und bestraft zu werden. Ein Fußballer beispielsweise sollte seine Gegner generell nicht absichtlich foulen und verletzen und nicht nur deshalb, weil ihn der Schiedsrichter sonst vom Platz stellt.

Marktwirtschaft funktioniert also besonders gut, wenn Menschen über einen soliden moralischen Kompass verfügen. Die große Herausforderung ist dabei, den Versuchungen zu widerstehen, wenn beim Opfern der eigenen Werte hohe Prämien locken. Zusammengefasst lässt sich festhalten, dass es ein Fehler ist, Markt und Moral auseinanderzudividieren.

Marktwirtschaft braucht Moral;
sie generiert aber auch Moral.

Differenzierende Aspekte

Halten wir fest: Die Marktwirtschaft ist eine hocheffiziente, Wohlstand schaffende Wirtschaftsordnung, ohne die eine Lösung der internationalen Schuldenkrise nur sehr schwer möglich sein wird. Auch in moralischer Hinsicht ist die Marktwirtschaft alternativen Wirtschaftsordnungen überlegen. Trotzdem möchten wir abschließend einige Punkte ansprechen, um die real existierende Marktwirtschaften nicht mit falschen Erwartungen zu überlasten.

Die Marktwirtschaft ist nur die bestmögliche, aber sicher keine perfekte Wirtschaftsordnung. Auch Märkte sind nicht in der Lage, paradiesische Zustände zu schaffen. Sie können Knappheiten nicht auflösen, sondern lediglich dazu beitragen, dass mit ihnen bestmöglich umgegangen und dadurch größerer Wohlstand geschaffen wird. Beim Vergleich der realen marktwirtschaftlichen Ergebnisse mit einem wie auch immer gearteten Wunsch- oder Idealzustand wird die Marktwirtschaft naturgemäß schlecht abschneiden. Sinnvoller als der Vergleich mit dem Paradies ist der Vergleich mit denkbaren realistischen Alternativen. Aus einem solchen Vergleich geht die Marktlösung sicher als Gewinner hervor.

Offensichtlich produzieren Märkte auch immer wieder unbeabsichtigte oder unerwünschte Ergebnisse; Märkte können sogar versagen. Versagen können aber auch die Politik beziehungsweise der Staat. Es hilft nicht weiter, Missstände oder Fehlentwicklungen zu bedauern, wenn nicht gleichzeitig die Frage nach Alternativen gestellt wird. Marktwirtschaftliche Fehlsteuerungen zu verurteilen ist gut, besser ist es, eine Option zu benennen, die zu überlegenen Ergebnissen führt. Deshalb ist die Frage berechtigt, ob die Entstehung der amerikanischen Immobilienblase ausschließlich durch Marktübertreibungen entstanden ist. War nicht die Politik Mitverursacher, indem sie massiv in den Markt für Wohnimmobilien eingegriffen hat? Hat nicht die Nullzinspolitik des amerikanischen Notenbankpräsidenten Alan Greenspan auch nicht kreditwürdige Hausbauer verführt? Diese Fragen werden wir später wieder aufgreifen.

Wir wollen aber auch unsere moralische Bewertung der Marktwirtschaft differenzieren. Uns ist bewusst, dass die Realität der Wettbewerbswirtschaft Rückwirkungen auf die individuelle Moral hat. Der Schweizer Ökonom Bruno S. Frey hat 1997 ein Buch mit dem Titel »Markt und Motivation – Wie ökonomische Anreize die (Arbeits-) Moral verdrängen« geschrieben. Er führt darin unter anderem aus, dass der Einsatz finanzieller Anreize die intrinsische, also die von innen kommende Motivation untergraben kann. Ein solches Beispiel zeigt, wie wichtig es ist, nicht blind zu werden für etwaige Nebenwirkungen der Marktwirtschaft. Wo es nötig ist, muss gegengesteuert werden. Das Beispiel von Bruno S. Frey sollte uns etwa animieren, Kinder nicht primär mit finanziellen Anreizen zu erziehen. Vielmehr sollte Kindern über das Vermitteln von Werten und Pflichtbewusstsein eine innere Motivation mit auf den Weg gegeben werden. Wenn später im Berufsleben diese Werte und dieses Pflichtbewusstsein mit den richtigen Anreizen gepaart werden, steht dem beruflichen und gesellschaftlichen Erfolg nichts mehr im Wege.

Gerechtigkeitsfragen

Oft wird die Suche nach der richtigen Wirtschaftsordnung vorrangig an der Frage der Gerechtigkeit orientiert. Die Marktwirtschaft schneidet dabei im Urteil vieler Beobachter schlecht ab. Wir meinen zu schlecht. Befeuert wurde das Thema im Zuge der Finanzkrise durch Fehlentwicklungen und Skandale. Ob nun maßlos überhöhte Gehälter in einem wankenden Finanzsektor oder die Betrügereien des Bernard Madoff, mit denen er ein Vermögen machte – das Vertrauen in die Marktwirtschaft wurde dadurch erschüttert. Dabei wird allerdings übersehen, dass solche Exzesse nicht aus der Verteilungslogik der Marktwirtschaft resultieren. So ist Madoff niemand, der sich die Prinzipien des Marktes besonders clever zunutze machte. Er ist schlichtweg ein Krimineller, der unter dem Deckmantel der Seriosität ein scheinbares Investment-Imperium aufgebaut hatte, das sich letztlich aber als gewöhnliches, wenn auch gut getarntes Schneeballsystem entpuppte.

Mit Marktwirtschaft hat das nichts zu tun. Im Übrigen hat der Madoff-Betrug auch mit der Finanzkrise und ihren Fehlentwicklungen unmittelbar wenig zu tun. Das System fiel nur deshalb während der Finanzkrise wie ein Kartenhaus in sich zusammen, weil viele Anleger gleichzeitig an ihr Geld mussten – der sichere Tod eines jeden Schneeballsystems.

Unabhängig davon hat die Finanzkrise zweifellos interessante und intellektuell anspruchsvolle Fragen aufgeworfen: Wie lassen sich außerordentlich hohe Managementgehälter im Bankensektor rechtfertigen, wenn der Bankenmarkt ohne staatliche Hilfe überhaupt nicht lebensfähig ist? Man könnte argumentieren, dass die Wertschöpfung im Bankensektor nur aufgrund existenziell wichtiger Vorleistungen (implizite Garantien) des Staates möglich ist und die Aufteilung der geschaffenen Werte deshalb nur zu einem kleineren Teil den Aktionären und Beschäftigten im Bankensektor zugutekommen dürfte. Wer – durchaus berechtigt – so argumentiert, muss aber auch den zweiten Gedankenschritt machen und entsprechend fragen: Wie lassen sich außerordentlich hohe Managementgehälter außerhalb des Bankensektors rechtfertigen, wenn dafür ein funktionsfähiger Kreditmarkt notwendige Voraussetzung ist und ohne Kreditversorgung nur eine weit geringere Wertschöpfung möglich wäre? Dies sind berechtigte und akademisch interessante Fragen, denen wir in diesem Buch aber nicht weiter nachgehen können.

Die Antwort wird vermutlich einen Hinweis darauf enthalten, dass die Verhandlungsmacht eine Rolle spielt. Die Volkswirtschaft braucht funktionsfähige, stabile Banken. Dazu sind gute Mitarbeiter nötig. Würden die Gehälter national zu stark gedeckt, wäre die Abwanderung der besten Mitarbeiter ins Ausland wahrscheinlich. Eine internationale Ordnung, die diese Ausweichreaktionen verhindert, wäre bevorzugt zu etablieren, erscheint aber nur schwer erreichbar.

Märkte stehen für Leistungsgerechtigkeit

Die grundsätzliche Verteilungs- und Gerechtigkeitslogik des Marktes ist einfach. Märkte stehen für Leistungsgerechtigkeit. Das bedeutet, dass jeder das erhält, was er zur Wertschöpfung beiträgt (beziehungsweise was die meisten glauben, das er zur Wertschöpfung beiträgt). Wer sich am Wirtschaftsprozess beteiligt – ob als Arbeitnehmer, als Kapitalgeber oder als Unternehmer –, dessen Leistung wird leistungsgerecht entgolten. Dafür sorgt der Preismechanismus, denn die Marktpreise reflektieren letztlich die allgemeine Wertschätzung der erbrachten Leistungen durch die Konsumenten. Dies gilt zumindest dann, wenn bestimmte Voraussetzungen gegeben sind: zum Beispiel offene Märkte, Abwesenheit von Marktmacht.

Eine auf dem Leistungsprinzip basierende Verteilung muss naturgemäß ungleich ausfallen, weil die erbrachten Leistungen nicht gleich sind. Natürliche Begabungen, erworbene Qualifikationen sowie die persönliche Leistungsmotivation sind unterschiedlich verteilt. Hochbegabte, Hochqualifizierte und Fleißige verdienen im Regelfall mehr, gering Qualifizierte und Müßiggänger dagegen weniger. Die Einkommensverteilung ist somit zwar ungleich, aber sie ist leistungsgerecht. Damit werden Anreize gesetzt, mehr Einsatz zu zeigen. Die Folgen sind mehr Wachstum und mehr Wohlstand. Gesamtwirtschaftlich haben Löhne und Gehälter – neben der Einkommensfunktion – noch eine weitere wichtige Aufgabe zu erfüllen. Sie zeigen an, welche Qualifikationen gerade besonders dringend und wo sie benötigt werden. Ohne diese Preissignale könnte die Wirtschaft nicht reibungslos und nicht dynamisch funktionieren, sie würde sich nicht an sich ändernde Erfordernisse anpassen.

Es ist jedoch ein Trugschluss zu glauben, die Einkommensverteilung müsse aus wachstumspolitischen Gründen so ungleich wie möglich sein. Gleichverteilung und Ungleichverteilung sind keine Werte an sich. Die Ungleichverteilung ergibt sich am freien Markt aus der Unterschiedlichkeit der Marktteilnehmer. Nähern sich Qualifikationen und Motivationen unter den Arbeitskräften an, so spricht nichts gegen eine gleichmäßigere Verteilung. Die Forderung an die Politik lautet daher nicht, Ungleichheit herzustellen, sondern Ungleichheit zuzulassen.

Dies alles soll nicht darüber hinwegtäuschen, dass nicht nur Fleiß und Können honoriert werden, sondern auch Glück und Zufall. Zudem ändert sich im Zeitablauf die Nachfrage nach bestimmten Produkten und damit die Wertschätzung beruflicher Tätigkeiten und fachlicher Qualifikationen. Was heute noch fürstlich entlohnt wird, kann schon bald nicht mehr gefragt sein (oder umgekehrt). Heerscharen von Musikern können ein Lied davon singen, wie ihnen durch Digitalisierung und das Internet die Einnahmen aus Tonträgerverkäufen weggebrochen sind. Dies ist die unabwendbare Folge des Strukturwandels, auch wenn es für den Einzelnen die Lebensplanung erschwert.

Märkte honorieren also vor allem Knappheiten, moralisch wertvoller Arbeit kann dagegen die finanzielle Anerkennung verwehrt bleiben. Dies mag erklären, weshalb die Begriffe »Markt« und »Gerechtigkeit« nur selten in einem Atemzug genannt werden. Erschwerend kommt hinzu, dass die Gehälter in der realen Welt durch staatliche Eingriffe oft erheblich verzerrt sind. Zum Beispiel spiegelt sich die Wertschätzung für die Arbeit von Krankenhausärzten oder Pflegepersonal nur unzureichend in deren Gehältern wider. Dies ist aber nicht dem Markt anzulasten, sondern hauptsächlich eine Folge davon, dass die Politik das legitime Ziel (allerdings mit dem ungeeigneten Mittel der Intervention) verfolgt, Gesundheit bezahlbar zu gestalten.

Was ist soziale Gerechtigkeit?

Ökonomen haben traditionell Probleme mit dem Begriff »soziale Gerechtigkeit«, weil er sich nicht objektiv bestimmen lässt. Friedrich August von Hayek hat einst drastisch formuliert, er habe Jahrzehnte darüber nachgedacht, was soziale Gerechtigkeit eigentlich sei – und er habe darauf keine Antwort gefunden. Sicher ist es richtig, dass jeder Einzelne für sich eine Vorstellung davon hat, was gerecht ist. Damit gibt es eine Vielzahl von Gerechtigkeitsvorstellungen, die allerdings subjektiv und folglich als Maß für die ganze Gesellschaft und für politische Entscheidungen kaum geeignet sind. Es bleibt die Frage: Was ist sozial gerecht? Und wie wird dieser Zustand effektiv (nach vielen Runden von Reaktionen der Beteiligten) erreicht.

Formen des Gerechtigkeitsideals sind Leistungs- und Spielregelgerechtigkeit oder Chancen- und Ergebnisgleichheit. Auch hier lassen sich Unterschiede am Beispiel des Sports verdeutlichen: Nicht immer gewinnt die Mannschaft oder der Athlet mit der besseren Leistung. So kommt es beim Fußball gelegentlich vor, dass eine Mannschaft das Spiel dominiert, den Gegner in dessen Hälfte »einschnürt«, ein deutliches Chancenplus herausspielt – und dennoch verliert. Ebenso kann ein Boxer über elf Runden nach Punkten klar führen, um in der letzten Runde durch einen »Lucky Punch« des Gegners

k. o. zu gehen. Einige empfinden dies als ungerecht, weil das Resultat abweicht von den über weite Strecken des Spiels oder des Wettkampfs gezeigten Leistungen. Andere vertreten dagegen den Standpunkt, nur das Ergebnis zähle und das Resultat sei deshalb in jedem Fall auch gerecht. Offensichtlich ist bei diesem Beispiel Spielregelgerechtigkeit gegeben, Leistungsgerechtigkeit hingegen nicht.

Wieder andere halten es für gerecht, wenn Trainingsfleiß und Entbehrungen belohnt werden. Wenn jemand dagegen trainingsfaul und möglicherweise sogar überheblich, dafür aber von der Natur mit einem Ausnahmetalent gesegnet ist, empfinden manche dessen Sieg als ungerecht. Dies kann sogar dann der Fall sein, wenn der Sieger – wie in der Leichtathletik – objektiv per Stoppuhr oder Maßband ermittelt wird. Auch Sympathien und Antipathien spielen in Gerechtigkeitsfragen eine Rolle. Nicht zuletzt deshalb drücken viele beim Sport den Außenseitern die Daumen.

Dieser Exkurs zeigt, dass selbst bei relativ einfach strukturierten Sachverhalten die Einschätzungen darüber, was gerecht ist, weit auseinandergehen können. So wünschenswert es sein mag, als Gesellschaft nach sozialer Gerechtigkeit zu streben, so hoffnungslos ist es, das Ziel jemals zur Zufriedenheit aller zu erreichen. Konzeptionell ist das Thema also mit erheblichen Problemen behaftet. Darüber hinaus gilt es einige praktische Aspekte zu berücksichtigen. Wir möchten hier nur einige Fragen andeuten: Was ist die korrekte »Bemessungsgrundlage« für Gerechtigkeit? Oft wird lediglich auf Einkommen und Vermögen abgestellt. Doch was ist mit nicht-monetären Kategorien? Freizeit, Freiheit, Gesundheit und vieles mehr dürften die persönliche Lebenssituation und

damit auch das Glücksempfinden des Einzelnen entscheidend beeinflussen. Oft stehen solche Nutzengrö-
ßen in direkter Konkurrenz zu materiellem Wohlstand –
wer mehr davon möchte, muss im Regelfall Freizeit,
manches Mal sogar seine Gesundheit opfern. Das Wohlbefinden beziehungsweise das Lebensglück der Menschen hängt von einer Vielzahl unterschiedlicher Faktoren ab.

Die Gerechtigkeitsdiskussion auf Einkommens-
und Vermögensaspekte zu verengen,
ist in jedem Fall nicht sachgerecht.

Eine andere Frage ist die Frage des Zeitraums, für die
man Gerechtigkeit feststellt. So können hohe Einkommen Ausdruck dafür sein, dass jemand eine Zeitlang bewusst auf Freizeit verzichtet, um in dieser Zeit mehr
Geld zu verdienen und entsprechend früher in den Ruhestand gehen zu können. Nennen wir diese Person Arbeitnehmer A. Dagegen verteilt Arbeitnehmer B Freizeit
und Arbeitszeit über sein Leben hinweg relativ gleich-
mäßig. Unterstellen wir, dass beide Personen über einen
Zeitraum von 40 Jahren das gleiche Bruttoeinkommen
erzielen; allerdings braucht A dafür nur 25 Jahre, B volle
40 Jahre. Da A in den 25 Jahren auf den Großteil seiner
Freizeit verzichtet, nehmen wir weiter an, dass beide
Personen über den Zeitraum von 40 Jahren insgesamt
gleich viel gearbeitet haben und insgesamt gleich viel
Freizeit hatten. Nun hat es in Deutschland Tradition,
hohe Jahreseinkommen überproportional stark zu be-
steuern. Diese Art der progressiven Einkommensbesteue-
rung führt in dem oben skizzierten Beispiel dazu, dass
Arbeitnehmer A mehr Steuern zahlen muss als Arbeit-

nehmer B. Ob dies gerecht ist, überlassen wir der Bewertung des Lesers. Wir möchten damit nur zeigen, dass Gerechtigkeitsfragen nicht so leicht zu lösen sind, wie es auf den ersten Blick scheint. Übrigens: Bei dem Beispiel handelt es sich nicht um einen theoretisch konstruierten Fall, der in der Praxis kaum vorkommt. Die skizzierte Logik lässt sich übertragen auf all jene Fälle, in denen ein Studium zu höheren Einkommen (aber kürzeren Erwerbszeiten) geführt haben.

Was ist das Fazit aus dem bislang Geschilderten? Es hilft nicht weiter, sich am Thema »soziale Gerechtigkeit« aufzureiben. Pragmatismus ist gefragt. Tatsächlich dürfte schnell gesellschaftlicher Konsens über bestimmte soziale Maßnahmen zu erzielen sein. Dazu gehören beispielsweise Mindestsicherungen; auch die Unterstützung von Kranken und Invaliden ist für eine große Mehrheit selbstverständlich. Immer dann, wenn jemand unverschuldet in Not gerät, ist eine größere Hilfsbereitschaft zu vermuten, als wenn jemand eine Lebensform ohne Arbeit, aber auf Kosten der Gesellschaft verwirklichen möchte. Auch Maßnahmen, die zur Akzeptanz des Systems beitragen, dürften schnell konsensfähig sein. Dazu gehört die Vermeidung sozialer Spannungen und armutsbedingter Kriminalität. Eine Ersatzlösung wären die sogenannten »Gated Communities«, also abgegrenzte und bewachte Wohnanlagen für die Oberschicht. Solche – ebenfalls kostspieligen – Lösungen können durch eine gute Sozialpolitik vermieden werden. Einige pragmatische Antworten werden im folgenden Kapitel dargestellt.

Pragmatische Sozialpolitik

Ein Ziel der Politik sollte sein, soziale Mobilität zu gewährleisten. Sozialer Aufstieg muss genauso möglich sein wie sozialer Abstieg. Eine Gesellschaft, in der die Zugehörigkeit zur Oberschicht nicht Ausdruck erbrachter Leistung, sondern auf Erbhöfe zurückzuführen ist, bekommt Legitimationsprobleme. Die Finanzkrise hat hierzulande die Durchlässigkeit des Systems bewiesen. Die Medien haben umfangreich über prominente Opfer der Finanzkrise berichtet. Für die Betroffenen ist der Verlust von Vermögen und Status äußerst schmerzhaft, für die gesellschaftliche Akzeptanz unserer Wirtschaftsordnung ist dies aber unverzichtbar.

Vorbedingung für soziale Mobilität ist die nachhaltige Partizipationsfähigkeit des Einzelnen. Ohne Bildung, Mindesternährung und eine Unterkunft fehlt die Grundlage dafür, sein Schicksal in die eigene Hand nehmen zu können. Neue Marktforschungsergebnisse zeigen, dass den Deutschen die Themen Bildung und Beschäftigung am wichtigsten sind.* Für sie ist die Bildung sogar die vordringlichste Staatsaufgabe. Bei der Frage, was sie von der Sozialen Marktwirtschaft erwarten, gaben die Befragten den *gleichen Bildungschancen* (9,2 von 10 möglichen Punkten), der *geringen Arbeitslosigkeit* (8,9 Punkte) und dem *Wirtschaftswachstum* (8,5 Punkte) die höchsten Werte. Allerdings werden die Erwartungen nur durchschnittlich gut erfüllt: Mit 6,7 Punkten für das Wirtschaftswachstum, 5,2 für die Bildungschancen und 4,6 Punkten für das Thema Arbeitslosigkeit signalisieren die Befragten, dass aus ihrer Sicht noch Handlungsbedarf besteht.

---

* Die nachfolgenden Ergebnisse stammen aus: Bertelsmann Stiftung (2011).

Nach den Vordenkern der Sozialen Marktwirtschaft gewinnt der Leistungswettbewerb seine Legitimation durch die soziale Absicherung derjenigen, die in diesem Wettbewerb nicht mithalten können. Sozialstaatliche Regelungen sind, sinnvoll eingesetzt, ein Vorteil im internationalen Standortwettbewerb und haben Versicherungscharakter. Sie mildern die Angst der Wirtschaftssubjekte vor einem wirtschaftlichen Totalverlust. Auf diese Weise werden die Akzeptanz des risikobehafteten marktwirtschaftlichen Systems und gleichzeitig die Risikobereitschaft der Akteure erhöht. Die Bereitschaft, höhere unternehmerische Risiken zu übernehmen, schlägt sich letztlich positiv in den gesamtwirtschaftlichen Wachstumsraten nieder.

Sozialpolitische Maßnahmen, welche die Grundrisiken wie Krankheit, Invalidität und Armut in einem engen Sinne absichern, sind hoch produktiv. Denen zu helfen, die sich nicht selbst helfen können, gebietet die Mitmenschlichkeit. Hingegen sind Maßnahmen zur Rundum-Versorgung auch derer, die sich selbst versorgen können, aus zwei Gründen ineffizient und schädlich: Erstens wird die Motivation, sich etwas selbst zu erarbeiten, bei den Empfängern der Sozialleistungen zerstört. Zweitens muss jede staatliche Leistung zuvor erwirtschaftet und durch Steuern und Abgaben finanziert werden. Steuerzahler leisten umso mehr Widerstand, je höher die Belastung ausfällt und je weniger sie akzeptieren können, wofür der Staat die Steuergelder verwendet.

Der Sozialstaat funktioniert also umso besser, je zielgenauer er konzipiert ist und je stärker er von den Steuer- und Abgabenzahlern akzeptiert wird. Schließlich lebt man gern in einem Land, das nicht nur durch Wohlstand geprägt ist, sondern auch durch Solidarität mit denen, die auf Hilfe angewiesen sind.

Wenn der Staat offensichtlich sinnvolle Dinge finanziert, sind die Steuerzahler also eher bereit, ihren Beitrag zu leisten. Auch hierfür hat die Finanzkrise Beispiele geliefert. So hat der langjährige Chef der Vereins- und Westbank, Udo Bandow, mit einer Gruppe von Unterstützern im Sommer 2010 eine einmalige Sonderabgabe auf Vermögen vorgeschlagen, um den sozialen Frieden zu sichern und die finanziellen Folgen der Finanzkrise für die öffentlichen Haushalte zu begrenzen.*

Soziales Engagement

Geben ist seliger als Nehmen. Dass dies nicht nur Teil von Sonntagspredigten ist, belegen die Spendentätigkeit und das Stiftungswesen. In Deutschland liegt das jährliche Spendenaufkommen bei vier bis fünf Milliarden Euro.** Besonders positiv entwickelt sich das Stiftungswesen. Derzeit gibt es nach Angaben des Bundesverbandes Deutscher Stiftungen in Deutschland gut 18 000 Stiftungen, inzwischen kommen jedes Jahr etwa 1000 neue hinzu. Rund drei Viertel wurden aus gemeinnützigen oder sozialen Motiven oder zur Förderung von Bildung und Forschung gegründet. Soziale Errungenschaften sind also keineswegs nur der staatlichen Fürsorge zu verdanken, sondern basieren auch auf dem gesellschaftlichen und sozialen Engagement der Bürger.

Auch die Unternehmen engagieren sich unter dem Begriff »Corporate Social Responsibility« zunehmend

---

* Vgl. Maaß (2010).
**Vgl. Deutsches Zentralinstitut für soziale Fragen (2010).

für ihre Mitarbeiter und Kunden, für die Gesellschaft sowie für soziale und kulturelle Projekte. Der »Shareholder Value«-Ansatz, nach dem es ausschließlich darum geht, Gewinne zu maximieren, wird in seiner rigorosen Form kaum noch praktiziert. Damit befindet sich die Wirtschaft auf einem guten Weg hin zu einer längerfristig ausgerichteten Geschäftspolitik. Kritiker werfen den Unternehmen gelegentlich vor, »Corporate Social Responsibility« als reines Marketing-Instrument zu missbrauchen. Abgesehen davon, dass über die Motivation lediglich spekuliert werden kann, gilt auch hier: Was zählt, sind letztlich die Ergebnisse und weniger die Motive – jedenfalls in dieser Welt.

China, oder: Schwellenländer als Vorbild?

Wir haben die Grundzüge der Marktwirtschaft skizziert und begründet, warum der Weg aus der Schuldenkrise kürzer sein kann, wenn wir prinzipiell auf marktwirtschaftliche Steuerung setzen. Ohne eine Änderung der Rahmenbedingungen, ohne eine Änderung der Regulierung wird es freilich weder gesellschaftliche Akzeptanz für diese These geben, noch wäre zu hoffen, dass der Markt im Sinne der Allokationseffizienz funktioniert und die versprochene Wohlstandssteigerung bewirkt. Es braucht angemessene Regulierung und kluge Makropolitik, um Wettbewerb herzustellen und Fehlanreize zu vermeiden. Die Serie von Wirtschafts-, Währungs- und Finanzmarktkrisen – mit dem Höhepunkt der Lehman-Krise – hat die These von der Überlegenheit der Marktwirtschaft (ja möglicherweise auch der Demokratie) erschüttert.

Jahrzehnte war es weitgehend unstrittig, dass Schwellen- und Entwicklungsländer allen Grund hatten, von den reifen, reichen Industrieländern zu lernen und sich mit deren Regierungen und den von ihnen geprägten internationalen Organisationen zu arrangieren. Aufnahme beziehungsweise Teilnahme an diesen Einrichtungen (UN, Weltbank, IWF, Welthandelsorganisation etc.) wurde allenthalben als erstrebenswertes Ziel angesehen. Diese Überlegenheit wurde nie als unstrittiger angesehen als am Ende der Sowjetunion und der damit eingeräumten Niederlage der kommunistischen Ideologie und dem System der Planwirtschaft. Fukuyamas »The end of history« markiert diese Sichtweise markant.

Genau diese Einschätzung ist mit der Finanz- und Wirtschaftskrise 2008/2009 ins Wanken geraten. Nirgendwo wird das deutlicher als in der Entwicklung des Selbstbewusstseins wichtiger Schwellenländer, vor allem der asiatischen. Wer heute nach Hongkong oder Singapur, Peking oder Sao Paulo reist, spürt unzweifelhaft das enorm gestiegene Selbstbewusstsein der Menschen dort. Es sind nicht nur führende Politiker und Wirtschaftsführer, die sich sicher sind, dass sie die Dinge richtig machen und der Westen besser an den Erfolgen dieser Länder Maß nehmen sollte. Es ist dies auch die Überzeugung der dort lebenden Bürger. Die gesellschaftliche und wirtschaftliche Ordnung dieser Länder haben verlässlicher gute Ergebnisse geliefert als die westliche »Marktideologie«. Und die Gestaltungskraft dieser Länder in der Krise und die Kapitalkraft ihrer Unternehmen unter Einschluss der reichlich dotierten Staatsfonds, die Interventionen in schwierigen Zeiten in strategischen Feldern ermöglichten, stärken diese Sichtweise. Da mit der Lehman-Krise die westlichen Gesellschaften wegen der

Schockstarre an den Märkten zu – teils massiven – Staats-
eingriffen neigten, war die konzeptionelle Überlegenheit
des westlichen Systems nicht nur durch Urteile aus den
BRIC-Staaten (Brasilien, Russland, Indien, China), sondern auch durch Konzeptänderung im Westen in Frage
gestellt worden. Ist jetzt also das chinesische Modell
oder die Politik Singapurs das Maß aller Dinge?

Es ist schon erstaunlich zu beobachten, dass die »Pfle-
ge« des Wechselkurses oder die Einschränkung des frei-
en Kapitalverkehrs, die es etwa in der Asienkrise in Malaysia gab, heute als neue Doktrin des IWF angesehen
werden kann. Damals galt Malaysia fast als Aussätziger,
als es – anders als etwa Indonesien, das seine Rupie drastisch abwertete – für einige Zeit scharfe Kapitalverkehrs-
kontrollen einführte, um spekulative Übertreibungen
bei Wechselkurs, Zins und Investitionsentwicklung zu
vermeiden. Die Verstetigungswirkungen dieser staatlichen Interventionen haben Malaysia Störungen der
Wirtschafts- und Finanzmarktentwicklung, im Umfang,
wie sie etwa Indonesien zu erleiden hatte, erspart. Heute
nun redet der IWF Kapitalverkehrssteuerungen gegen
spekulative Kapitalimporte das Wort!

Ist das (alte) westliche Modell überholt? Sind die eher
autokratischen als demokratischen asiatischen Konzepte
gesellschaftlicher Steuerung, sind »manipulierte« (gema-
nagte) Systeme heute »state of the art«? Solche Fragen
sind immer berechtigt. Sie drängen sich aber 2011 auf,
weil diese Länder viel ungeschorener durch die Krise gekommen sind und sich danach durchgängig dynamischer
entwickelt haben als die westlichen Länder. Und sie
strotzen vor Selbstbewusstsein, während sich in der
Alten Welt Zweifel an der Überlegenheit der eigenen
Ordnung breitmachen.

Diese Fragen und Einschätzungen sind Momentaufnahmen. Es ist in unserem Urteil zumindest voreilig, wahrscheinlich aber sogar falsch, solche Schlussfolgerungen zu ziehen. Zu Gelassenheit und rechthaberischem Beharren auf alten Antworten besteht freilich kein Anlass. Die Lehman-Krise und die teuren Rettungsmaßnahmen danach waren ein dramatischer Anlass, die Weichen neu zu stellen und die Rahmenbedingungen für eine globale, »lernende« Ordnung neu zu definieren. Dies kann nur gelingen, wenn zuvor schonungslos die Bedingungen der Krise analysiert und dann die nötigen Schlussfolgerungen abgeleitet werden.

Kapitel 3
Analyse der Wirtschafts- und Finanzkrise

Fehlentwicklungen der Marktwirtschaft

Wie passt das Chaos der Finanzkrise zu der Vorstellung von Ökonomen, freie Märkte würden von sich aus zum Gleichgewicht tendieren? Für viele Menschen sind die volatilen Finanzmärkte und die erratischen Vernichtungen von Vermögen zum Symbol für eine nicht verlässliche Wirtschaftsordnung geworden. Dabei gleicht das Geschehen einem idyllischen Fluss, der ruhig seinen Lauf nimmt, bei unerwartetem Starkregen aber zu einem reißenden, tödlichen Strom wird. Offensichtlich gab es im Vorfeld der Finanzkrise Fehlentwicklungen, deren Bedeutung nicht rechtzeitig erkannt worden war. Um im Bild zu bleiben: Die Globalisierung (der Finanzmärkte) wirkte wie eine Flussbegradigung, welche die Fließgeschwindigkeit erhöhte. Allerdings wurden die entsprechenden Sicherheitsmaßnahmen (etwa Deicherhöhungen) – wie wir heute wissen – nur unzureichend vorangetrieben.

Weit verbreitet ist das Urteil, Gier und ungezügelter Egoismus sowie ein Verfall der wirtschaftlichen Sitten und fehlendes Unrechtsbewusstsein seien die Hauptursachen für die Wirtschafts- und Finanzkrise. Ein solches Urteil ist bequem, ermöglicht es doch, Schuldige zu benennen. Die Krise wäre somit Folge von persönlichem Versagen. Dementsprechend ließe sich schnell ein Rezept für sattelfeste Krisenprävention schreiben: Mehr Anstand in der Wirtschaft, und die Probleme wären bald gelöst.

Zweifellos haben Phänomene wie Gier und mangelndes Unrechtsbewusstsein ihren Platz in der Krisen-Entstehungsgeschichte. Und zweifellos ist eine Rückbesinnung auf Werte ein wichtiger Baustein für nachhaltiges Wirtschaften. Wenn das Vertrauen in das Finanz- und Wirtschaftssystem nicht zurückgewonnen wird, hat die

Genesung der Weltwirtschaft kurze Beine. Doch die Krisenursachen sind vielschichtiger. Auch die Wissenschaft muss sich kritische Fragen gefallen lassen. Kann die Forschung in einer sich rasant ändernden Welt mit zunehmend komplexen Finanzmärkten Schritt halten? Oder hinkt sie hinterher und verzögert damit faktisch notwendige Anpassungen? Viel spricht dafür, dass neben persönlichen Fehlleistungen auch Fehler im System vorlagen.

Effiziente Finanzmärkte?

Ökonomen hatten sich offensichtlich vor der Krise mehrheitlich aufs Glatteis führen lassen. Dies gilt gleichermaßen für die Ökonomen an den Universitäten wie für Volkswirte in Zentralbanken, in den Ministerien oder in der Privatwirtschaft. Wenn die Mehrzahl der Ökonomen aus ganz unterschiedlichen Bereichen irrt, spricht einiges für einen Fehler mit System. Als verhängnisvoll erwies sich die verbreitete Einschätzung, Finanzmärkte würden effizient arbeiten und die wirtschaftliche Realität korrekt abbilden. Das Vertrauen in das fehlerfreie und reibungslose Funktionieren von Finanzmärkten war sehr groß – zu groß, wie wir heute wissen. Um zu verstehen, was hier im Detail falsch gelaufen ist, müssen wir einen Blick auf die Grundlagen der Wirtschaftstheorie werfen. Dabei wird sich zeigen, dass scheinbar unbedeutende Fehleinschätzungen sehr weitreichende Folgen haben können. Eine gewisse Nähe zu den Erkenntnissen der Chaosforschung drängt sich auf: Relativ kleine, unbedeutende Unterschiede bei den Ausgangsbedingungen können zu großen Unterschieden bei den Ergebnissen führen. Dies bedeutet im Umkehrschluss aber auch, dass gute Chancen bestehen, mit relativ moderaten Änderungen (zum Beispiel bei der Regulierung) deutlich stabilere Finanzmärkte zu bekommen.

Ausgangspunkt der ökonomischen Forschung ist die grundlegende Frage, wie sich Menschen im wirtschaftlichen Kontext verhalten. Im Gegensatz zu den Naturwissenschaften war es für Wirtschaftswissenschaftler bis vor einigen Jahren unüblich, kontrollierte Laborexperimente durchzuführen. Stattdessen mussten sich die Forscher damit begnügen, das Verhalten der Menschen im täglichen Leben zu beobachten und einige Plausibilitätsannahmen zu treffen. Das Ergebnis war ein Menschentypus, den wir bereits erwähnten: der *Homo Oeconomicus.*

Wie verhält sich der Homo Oeconomicus, was sind seine wesentlichen Eigenschaften? Er verfügt über praktisch alle Informationen, die er für wirtschaftliche Entscheidungen benötigt. Er weiß genau, was er will, und lässt sich nicht von anderen manipulieren. Zudem handelt der Homo Oeconomicus rational, also gemäß seinen Vorlieben, und er trifft keine unlogischen Entscheidungen. Der Homo Oeconomicus ist so etwas wie die personifizierte Vernunft in einer wohlinformierten Welt, und er handelt eigennützig. In den Augen von Ökonomen ist der Mensch also ein kühler Rechner, ein ständiger Optimierer, der nahezu allwissend ist und hauptsächlich an seinen eigenen Vorteil denkt. Er trifft deshalb Entscheidungen so, dass für ihn am meisten herausspringt. Die Beschreibung erinnert zwar eher an einen Roboter als an einen Menschen aus Fleisch und Blut. Aber mit dem Wissen, dass es sich um eine bewusste Zuspitzung handelt, erscheint die Beschreibung nicht abwegig.

Obwohl Nutzen- und Gewinnmaximierer zum Standardrepertoire der Wirtschaftstheorie gehören, diskutieren Fachleute schon seit langer Zeit intensiv, ob dieses Menschenbild tatsächlich zutreffend ist.* Dabei gehen sie auch Fragen nach, die auf Außenstehende durchaus merkwürdig wirken können. So zerbrechen sich Ökonomen beispielsweise den Kopf darüber, warum Menschen überhaupt an politischen Wahlen teilnehmen. Das Kalkül eines Homo Oeconomicus ist nämlich einfach: Die eigene Stimme ist bei einer Bundes- oder Landtagswahl faktisch bedeutungslos. Dem steht ein gewisser Zeitaufwand gegenüber, wenn man an der Wahl teilnimmt. Aufwand ohne Ertrag – für den Homo Oeconomicus ist es unplausibel, sich an der Wahl zu beteiligen. Trotzdem nehmen sich Millionen Wahlberechtigter die Zeit, zum Wahllokal zu gehen oder zumindest Briefwahlunterlagen anzufordern. Zwischen Theorie und Praxis klafft eine Lücke.

Eine weitere Frage, über die sich Ökonomen schon einmal den Kopf zerbrechen können: Warum gibt ein Urlauber oder Geschäftsreisender in fernen Ländern dem Kellner freiwillig Trinkgeld? Homo Oeconomicus – so könnte man zumindest meinen – würde kurz nachdenken und zu dem Ergebnis kommen, dass er den Kellner vermutlich nie wieder sehen wird. Weil er sich mit dem Trinkgeld also keinen Vorteil für die Zukunft erkaufen kann und den guten Service des Kellners bereits erhalten hat, wäre es nach der Vorstellung von Theoretikern durchaus rational, das Geld zu sparen. Tatsächlich verhalten sich die Menschen aber anders und geben im Regelfall trotzdem Trinkgeld. Wieder klafft eine Lücke zwischen Theorie und Praxis.

Für Nicht-Ökonomen mag es absurd erscheinen, solchen Fragen nachzugehen. Ökonomen hingegen stecken

---

* Einen ausführlichen Überblick gibt Schneider (2010).

in der Zwickmühle, weil das tatsächliche Verhalten der Menschen gelegentlich von dem abweicht, was vom Homo Oeconomicus zu erwarten wäre. Für die beiden skizzierten Fragen gibt es naheliegende Antworten: Zur Wahl gehen die Bürger, weil sie ein gutes Gewissen haben möchten und ihren – wenn auch nur minimalen – Einfluss nicht verschenken wollen. Man investiert also Zeit in einen guten Zweck, auch wenn es dafür keinen unmittelbar sichtbaren Ertrag gibt. Trinkgeld hingegen wird aus Gründen der Fairness gegeben, weil man gut und freundlich bedient wurde. Der Volksmund würde sagen: »Eine Hand wäscht die andere.«

Solche Beispiele und ein latentes Unbehagen gegenüber dem Homo Oeconomicus haben einem relativ neuen Forschungszweig zum Durchbruch verholfen: die experimentelle Wirtschaftsforschung. Seit einiger Zeit versuchen nun auch Ökonomen, mit Hilfe von Laborexperimenten ein genaueres Bild vom menschlichen Verhalten zu bekommen. In der Tat liefert eine Vielzahl der Experimente deutliche Hinweise darauf, dass sich der Mensch in der Realität oft anders verhält als der idealtypische Homo Oeconomicus. Zum Beispiel ist er unter bestimmten Bedingungen bereit zu teilen. Er handelt gelegentlich uneigennützig und ist offenbar kein purer Egoist. Reziprozität – also ein Handeln, das auf Gegenseitigkeit beruht – bestimmt vielfach das Verhalten. Experimente zeigen auch, dass die Präferenzen nicht immer stabil sind. Der Mensch ist also manches Mal unsicher, was er eigentlich will. Er lässt sich zudem von äußeren Einflüssen manipulieren. Auch paradoxes, irrationales Verhalten ist in Experimenten zu beobachten.[*]

---

[*] Informationen zur experimentellen Forschung z. B. bei Ariely (2008).

Die Ergebnisse der neueren ökonomischen Forschung belegen, dass sich der Mensch nicht strikt wie ein Homo Oeconomicus verhält. So bahnbrechend und so hilfreich die neuen Erkenntnisse für die traditionelle Wirtschaftstheorie auch sein mögen, könnte man gehässig feststellen, dass sich die Ökonomen nun wieder einem Menschenbild annähern, wie es Menschen, die nicht durch ein Ökonomie-Studium verdorben sind, ohnehin haben (und das die meisten Ökonomen vor ihrem Studium vermutlich auch hatten). Der Umgang mit Modelltheorie und die Notwendigkeit, von der Unübersichtlichkeit der realen Welt zu abstrahieren, hat offensichtlich dazu geführt, dass angehenden Ökonomen und Kaufleuten das Gespür abhandengekommen ist, was Modelltheorie leisten kann und welche Bedeutung sie für die Erklärung des realen Wirtschaftsgeschehens hat.

Es ist nicht die Aufgabe der Modelltheorie, die Wirklichkeit detailgetreu abzubilden. Sie soll die Dinge auf ihren Kern reduzieren und damit den Blick auf das Wesentliche ermöglichen. Außerdem sollen die Modellannahmen nur abbilden, wie sich Menschen im Durchschnitt verhalten. Wenn es in Einzelfällen zu Abweichungen kommt, ist dies normalerweise kein Problem. Im Gegensatz zur Gewinnmaximierung lassen sich allerdings Verhaltensmotive wie ein gutes Gewissen und Fairness schlechter modellieren. Auch deshalb führt der Homo Oeconomicus in theoretischen Modellen Regie. Offensichtlich ist dabei in Vergessenheit geraten, dass es sich um eine bewusste Zuspitzung handelt. Diese Zuspitzung, dieses Abstrahieren von der Realität wurde in einem trügerischen Umkehrschluss allzu oft zum realen Verhalten von Menschen hochstilisiert. Die Beobachtung, Menschen würden überwiegend daran interessiert sein, ihren eigenen Nutzen zu erhöhen, bekam irrtümlich quasi-naturgesetzlichen Charakter – so als würden die Individuen immer und überall ihren Nutzen zwanghaft maximieren.

Bei genauem Hinsehen ist nicht einmal eindeutig, was Nutzenmaximierung genau bedeutet. Der Einfachheit halber wird oft unterstellt, dass Unternehmen schlicht ihre Gewinne und einzelne Personen ihre Einkommen maximieren. Offensichtlich ist dies aber nicht immer zutreffend. Manch ein Unternehmen strebt eher nach Umsatzmaximierung. Auch der Zugewinn von Marktanteilen mag in bestimmten Phasen wichtiger sein als eine Steigerung des Gewinns. Ebenfalls können Unternehmer ihr Prestige steigern wollen. So hat der russische Oligarch Roman Abramowitsch wohl kaum Hunderte Millionen Euro in den englischen Fußballclub FC Chelsea gesteckt, um eine möglichst hohe Verzinsung für sein Kapital zu erhalten. Abramowitschs Gewinn besteht wahrscheinlich eher darin, weltweite Bekanntheit erlangt zu haben.

Letztlich kommt es darauf an, dass ökonomische Modelle die Wirklichkeit gut erklären. Es gibt in der Tat viele Anhaltspunkte dafür, dass dies gelungen ist. Beispiel Verbraucherverhalten: Die Konsumenten kaufen im Regelfall mehr, wenn die Produktpreise niedrig sind. Sonderangebote führen zu höherem Kaufinteresse. Beispiel Arbeitsmarkt: Lohnsteigerungen, die nicht durch entsprechend höhere Produktivität gedeckt sind, führen zu einem Anstieg der Arbeitslosigkeit. Beispiel Steuerpolitik: Eine erdrückend hohe Steuerlast führt zu Ausweichreaktionen, die Schattenwirtschaft blüht. Bei all diesen Beispielen liefert die Theorie gute Prognosen für wirtschaftliche Entscheidungen. Theorie und Praxis passen also oft recht gut zusammen.

Mit den Verwerfungen an den Finanz- und Immobilienmärkten wurde allerdings eine Kluft endgültig und massiv sichtbar. Zweifel an der Tauglichkeit ökonomischer Theorien bekamen Hochkonjunktur. Die bislang herrschende Finanzmarktlehre muss also überprüft und nach unserer Einschätzung neu bewertet werden. Offensichtlich war es ein Fehler, das Leitbild des Homo Oeconomicus undifferenziert beizubehalten und unreflektiert für die Finanzmärkte zu übernehmen.

Die »Theorie effizienter Finanzmärkte« ist auf den amerikanischen Ökonomen Eugene Fama zurückzuführen.[*] Sie hat das Denken von Ökonomen in den letzten vier Jahrzehnten maßgeblich geprägt. Ihr zufolge sind stets alle verfügbaren Informationen in den Wertpapierkursen enthalten. Die Finanzmarktakteure treffen umgehend Kauf- oder Verkaufsentscheidungen, wenn sie neue Informationen erhalten. Das Profitstreben zwingt sie zum Handeln, wenn Konjunkturdaten, politische Entscheidungen oder Unternehmensmeldungen veröffentlicht werden, die für die Bewertung von Wertpapieren relevant sind. Wenn es den Homo Oeconomicus in Reinform tatsächlich gibt, dann wohl an den Finanzmärkten – so die weitverbreitete Vorstellung.

Den Finanzmärkten wurden deshalb einige herausragende Eigenschaften zugeschrieben, die sich im Zuge der Finanzkrise teilweise als falsch, teilweise als verhängnisvoll herausstellen sollten. Dazu gehört die Vorstellung, dass die Finanzmärkte stets die richtige Bewertung der einzelnen Wertpapiere vornehmen. An den Finanzmärk-

---

[*] Vgl. Fama (1970).

ten treffen Millionen potenzieller oder tatsächlicher Käufer und Verkäufer aufeinander. Wenn sich der Kurs eines Wertpapiers von dem Kurs entfernt, der als fundamental gerechtfertigt gilt, dann würden diejenigen, die dieses Wertpapier besitzen, sukzessive Anteile verkaufen, bis der Kurs auf den fundamental gerechtfertigten Wert gefallen ist. Nehmen wir an, dass eine fundamentale Analyse für ein börsennotiertes Unternehmen erstellt wird. Diese Analyse berücksichtigt unter anderem die Gewinnsituation, die Absatzpotenziale und die Kostenstruktur des Unternehmens, aber auch das gesamtwirtschaftliche Umfeld. Nehmen wir weiter an, die Analyse ergibt einen Kurswert von 100 Euro für die Aktie des Unternehmens. Was geschieht, wenn sich das Ergebnis der Analyse herumspricht? Liegt der aktuelle Kurs über 100 Euro, werden Aktien verkauft. Liegt der Kurs hingegen unter 100 Euro, werden Aktien gekauft – in beiden Fällen wird sich der Kurs recht schnell dem fundamental gerechtfertigten Wert von 100 Euro annähern.

Diese Logik gilt nicht nur für Aktien, auch die Preise von festverzinslichen Wertpapieren, Rohstoffen oder Devisen werden nach diesem Muster bestimmt. Börsenkurse reflektieren also die Einschätzung der Marktteilnehmer über den wahren Wert von Aktien, Renten, Rohstoffen oder Währungen. Aus mehreren Gründen wird dieser Art der Preisermittlung besonders hohe Aussagekraft zugemessen: Zunächst sind die oben genannten Annahmen über den Homo Oeconomicus zu nennen. So ist zu erwarten, dass das Eigeninteresse derjenigen, die privates Kapital an den Börsen eingesetzt haben, sie dazu zwingt, Gewinnchancen zu realisieren. Kursübertreibungen werden dadurch rasch abgebaut, Finanzmarktblasen entstehen erst gar nicht, Abweichungen werden rasch abgebaut. Darüber hinaus hat sich vielfach gezeigt, dass große Gruppen im Regelfall über besseres Wissen als Einzelpersonen oder eine zentrale Planungsbehörde verfügen.* Weil Börsenkursen hohe Aussagekraft zugemessen wird, haben vor wichtigen Wahlen sogenannte Wahlbörsen Hochkonjunktur, um den Wahlausgang zu prognostizieren. Dabei haben die Wahlbörsen oft bessere Ergebnisse geliefert als die Umfragen der professionellen Meinungsforschungs-Institute. Daraus folgt, dass man gute Gründe braucht, den Wahrheitsgehalt von Börsenkursen ernsthaft anzuzweifeln. Wer das trotzdem tut, hält sich entweder für schlauer als die Masse der Börsianer, oder er verfügt über exklusives Wissen, das noch nicht in den Kursen enthalten ist.

Argumentative Eleganz kann der »Theorie effizienter Finanzmärkte« nicht abgesprochen werden.** Und

---

* Zu diesem Thema hat der Soziologe James Surowiecki ein lesenswertes Buch mit dem Titel »Die Weisheit der Vielen« geschrieben. Vgl. Surowiecki (2007).
** Die Gültigkeit der Effizienzmarkthypothese wurde auch empirisch getestet. Besonders beliebt war der Test anhand von Wettmärkten, weil Wett- und Finanzmärkte ähnlich funktionieren. Wettmärkte – zum Beispiel für Sportereignisse – haben einen Vorteil: Bei ihnen ist es möglich, die Wettquoten mit dem späteren Endergebnis des Sportereignisses zu vergleichen. Damit kann ermittelt werden, ob die Wettquoten übertrieben und verzerrt oder ob sie effizient sind. Die meisten dieser Studien kommen zu dem Ergebnis, dass Wettmärkte Informationen effizient verarbeiten (vgl. dazu Quitzau, 2005, S. 10 f.). Daraus wurde der Rückschluss gezogen, dass auch die Finanzmärkte effizient sind. Wahrscheinlich ist dies ein Trugschluss, denn Buchmacher und Teilnehmer an Sportwetten erhalten regelmäßig Feedback über die Leistung derjenigen, auf die sie Wetten plazieren. Wer etwa auf eine Basketball-Mannschaft Wetten abschließt, erhält durch jedes Spiel Informationen über den aktuellen Leistungsstand der Mannschaft. Die Wettquoten werden also immer dicht an der Realität sein. Im Gegensatz dazu können die Kurse an den Finanzmärkten zum Beispiel wegen des Herdentriebs deutlich übertrieben werden, ohne dass es zwischenzeitlich korrigierende Rückkopplungen gibt.

doch hat sie wichtige Aspekte übersehen, schließlich wären sonst die Blase am amerikanischen Immobilienmarkt oder die Technologieblase zur Jahrtausendwende nicht möglich gewesen. Ein erster Fehler besteht darin zu glauben, es sei rational, Kursübertreibungen umgehend durch Wertpapierkäufe oder -verkäufe auszunutzen. Dies ist nämlich nur dann rational, wenn Finanzmärkte tatsächlich effizient sind; also wenn jeder Akteur davon ausgehen kann, dass sich die Kurse ihren fundamentalen Werten zügig wieder annähern. In diesem Fall ist Eile geboten, um die Differenz zwischen aktuellem Kurs und Fundamentalwert als Gewinn zu realisieren. Steht also eine Aktie, deren Fundamentalwert bei 100 Euro liegt, aktuell bei 120 Euro, dann winkt kurzfristig ein Gewinn von 20 Euro je Aktie. Völlig anders stellt sich die Situation allerdings dar, wenn weitere Übertreibungen erwartet werden. Würde etwa erwartet, dass der Kurs wegen allgemeiner Euphorie am Aktienmarkt zunächst weiter steigt und die Stimmung erst bei einem Kurs von zum Beispiel 150 Euro kippt, dann wäre es gerade nicht rational, umgehend zu verkaufen. Es wäre vernünftig, so lange wie möglich im Markt zu bleiben, weiter Geld zu verdienen und erst auszusteigen, kurz bevor die Blase platzt.

Mit anderen Worten es kann durchaus rational sein, sich als Anleger an größer werdenden Blasen zu beteiligen. Die damit verbundenen Probleme sind umso gravierender, je größer die Blasen werden. Was soll etwa ein Fondsmanager tun, der frühzeitig das Entstehen einer Aktienmarktblase erkennt? Mit dem Wissen, dass die Blase mehrere Jahre weiter anwachsen kann, bevor sie platzt, wird er es sich kaum leisten können, den Markt zu meiden beziehungsweise umgehend zu verlassen. Nicht zuletzt die Hoffnung der Kunden, Erträge zu erwirtschaften, die mindestens der allgemeinen Marktentwicklung entsprechen, zwingt den Fondsmanager regelrecht, sich vorübergehend an Exzessen zu beteiligen. Kein Fondsmanager würde es durchhalten können, mit Verweis auf die Gefahr von Korrekturen von Marktübertreibungen mehrere Jahre lang auf zweistellige Renditen zu verzichten.

Naturgemäß können nur wenige Marktteilnehmer Erfolg mit der Strategie haben, möglichst lange im Markt zu bleiben und abzuspringen, kurz bevor die Blase platzt. Wenn viele Akteure verkaufen wollen, verfallen die Preise regelrecht, und plötzlich gibt es viele Verkaufswillige, aber keine Abnehmer.

Warum lässt sich von dieser Erkenntnis kaum jemand schrecken? Warum verbrennt sich die Mehrheit regelmäßig die Finger? Risikofreude spielt eine Rolle; wie in Lotterien, bei denen sich die Teilnehmer auch nicht von einem negativen Gewinnerwartungswert schrecken lassen. Zudem ist Selbstüberschätzung im Spiel.

Wenn aber die Mehrheit der Menschen glaubt, besser als der Durchschnitt zu sein, gibt es unvermeidlich Probleme mit den Gesetzmäßigkeiten der Mathematik. Trotzdem ist dieses Phänomen weit verbreitet. Der amerikanische Ökonom Richard Thaler berichtet, dass er vor dem Seminar »Entscheidungsfindung für Manager« die Studenten einen anonymen Online-Fragebogen ausfüllen lässt. Auf die Frage »In welchem Zehntel der Notenverteilung sehen Sie sich?« erhielt Thaler erstaunliche Resultate: In der Regel erwarten weniger als fünf Prozent, unterdurchschnittlich gut abzuschneiden. Zudem geht mehr als die Hälfte der Studenten davon aus, zu den besten 20 Prozent zu gehören.* Die meisten Teilnehmer müssen zwangsläufig enttäuscht werden.

Selbstüberschätzung ist also eine wichtige Zutat für das Entstehen von Finanzmarktblasen. Damit sind Übertreibungen an den Finanzmärkten angelegt, selbst wenn sich alle Marktteilnehmer individuell rational verhalten. Doch wer hier haltmacht, bleibt auf halber Strecke stehen: Ohne Berücksichtigung psychologischer Aspekte lässt sich das Auf und Ab an den Finanzmärkten nicht verstehen. Eine wachsende Zahl von Ökonomen rückt deshalb von der Effizienzmarktthese ab, das Lager der Verhaltensökonomen wächst im Gegenzug kräftig an.

Zu den Pionieren auf diesem Gebiet gehört der amerikanische Finanzprofessor Robert Shiller. Mit seinem im Jahr 2000 erschienenen Buch »Irrationaler Überschwang«** erlangte er Weltruhm, weil Shillers Thesen schon bald durch das Platzen der Technologieblase eindrucksvoll bestätigt wurden. Vertreter der Effizienzmarkttheorie haben damals argumentiert, das Kursfeuerwerk bei Technologiewerten sei gerechtfertigt, weil wir am Anfang einer technologischen Revolution stehen und die Unternehmen schon bald einen gewaltigen Gewinnsprung machen werden. Verhaltensökonomen wie Shiller erkannten dagegen, dass die Anleger blind vor Euphorie waren. Das Geld schien vom Himmel zu fallen, und jeder wollte beim Einsammeln dabei sein. Selbst Menschen, die zuvor nie mit dem Aktienmarkt in Berührung gekommen waren, orderten bei Neuemissionen so

---

* Vgl. Thaler/Sunstein (2008), S. 51 f. Die Autoren führen aus, dass diese Art der Selbstüberschätzung auch in anderen Lebensbereichen zu finden ist. So halten sich 90 Prozent aller Autofahrer für überdurchschnittlich gut. Außerdem hält sich fast jeder Mensch für überdurchschnittlich humorvoll.
** Vgl. Shiller (2000).

selbstverständlich mit, als erledigten sie ihren täglichen Brötchenkauf.

Im Anschluss an die Finanzkrise legte Robert Shiller gemeinsam mit dem Wirtschaftsnobelpreisträger George Akerlof nach: »Animal Spirits« lautete der Titel des Buchs, in dem die Autoren die Rolle von Intuition, Emotionen und Irrationalität für wirtschaftliche Entscheidungen darlegen.

Es wäre zu einfach, schädliche Übertreibungen allein auf raffgierige Börsianer zurückzuführen. Auch abseits der Börse lässt sich irrationales beziehungsweise überschwengliches Verhalten beobachten. So zeigt sich bei der Analyse der Verläufe von Online-Auktionen, dass Käufer gelegentlich am Ende einer Auktion das Mehrfache ihrer ursprünglichen Zahlungsbereitschaft bezahlt haben.* Dabei waren die Regeln der Auktionen so konzipiert, dass genau diese Übertreibungen aus ökonomischer Sicht gar nicht hätten auftreten dürfen. Dafür gibt es zwei mögliche Erklärungen:

1. Die Auktionsteilnehmer haben das Auktionsverfahren nicht verstanden. Wenn allerdings schon ein relativ einfaches Auktionsverfahren nicht durchschaut wird, kann das für die weit komplexeren Kapitalmärkte nichts Gutes bedeuten. Systematisch falsches Verhalten der Marktakteure wären die wahrscheinliche Folge – was allerdings nicht vereinbar ist mit den Annahmen über den Homo Oeconomicus.

2. Die Auktionsteilnehmer haben zwar das Auktionsverfahren verstanden, sind aber plötzlich bereit, viel mehr zu zahlen als ursprünglich geplant. Das

---

* Vgl. Quitzau (2004). Hier wird auch das Auktionsverfahren detailliert beschrieben.

widerspricht der Annahme, der Mensch sei ein kühler, nicht manipulierbarer Rechner. Vielmehr zeigt er sich in Auktionen als Hitzkopf, der sich verleiten lässt, an Biet-Gefechten teilzunehmen. Über die Motivation lässt sich nur spekulieren, sicher ist nur eines: Rational ist das Verhalten nicht. Oder hält der Akteur plötzlich die »Weisheit der Vielen« für das Ei des Kolumbus?

Die traditionelle Ökonomie hat mit ihrem Bild des rationalen Homo Oeconomicus die Bedeutung zweier Faktoren und die aus ihnen resultierenden Wechselwirkungen für die Finanzmärkte dramatisch unterschätzt: Erwartungen und Emotionen. Für die Börsenkurse ist die Zukunft mindestens genauso wichtig wie die Gegenwart. Damit sind die Erwartungen der Anleger neben den harten wirtschaftlichen Fakten (wie etwa dem aktuellen Unternehmensgewinn) die zweite, vielleicht sogar wichtigere kursbestimmende Größe. Erwartungen können sich später zwar als richtig erweisen, die Welt kann sich aber auch völlig unerwartet entwickeln.

Nassim Taleb hat die Macht höchst unwahrscheinlicher Ereignisse, von denen einige aber doch eintreten, mit seinem Buch »Schwarzer Schwan« auf den Punkt gebracht. Sobald den Finanzmarktteilnehmern deutlich wird, dass die Welt eine andere ist als gedacht, sind sie gezwungen, ihre Kaufentscheidungen zu korrigieren. Oft wird bei der Neueinschätzung erneut übertrieben, so dass die Börsenkurse nicht nur auf den angemessenen Kurs zurückfallen, sondern deutlich nach unten überschießen. Nach der Lehman-Pleite kam es auch deshalb zu schweren Turbulenzen an den Märkten, weil nicht einfach die Aufräumarbeiten nüchtern eingeleitet wurden, sondern viele den ökonomischen Weltuntergang vor Augen hatten und entsprechend alle risikobehafteten Assets verkauften. Inzwischen hat sich herausgestellt, dass der Weltuntergang vorerst ausgefallen ist. Die Kapitalmärkte haben im Anschluss daran recht schnell zu einer gewissen Normalität zurückgefunden.

Die meisten Akteure sind eben doch keine kühlen Rechner. Sie sind zu einem guten Teil von Emotionen, manches Mal von Panik geleitet. Sie arbeiten nicht nur mit dem spitzen Bleistift, sondern auch mit Daumenregeln. Sie lassen sich vom Börsengeflüster manipulieren oder schwimmen einfach mit der Masse. Als Folge daraus können Erwartungen erratisch schwanken und zu heftigen Kursausschlägen führen. Märkte übertreiben inzwischen immer öfter.

Obwohl kaum noch jemand diese Übertreibungen bestreitet, werden im Ernstfall noch immer die alten Argumentationsmuster bemüht. In der Diskussion über die aktuelle europäische Schuldenkrise ist – auch oder insbesondere von Ökonomen – regelmäßig zu hören, wie die rapide in die Höhe geschossenen Zinsen für Staatsanleihen als Wahrscheinlichkeit eines Zahlungsausfalls des jeweiligen Krisenlandes bemüht werden. Dabei blenden diejenigen, die so argumentieren, erneut aus, dass die Marktteilnehmer möglicherweise schon wieder übertreiben. Stattdessen wird so getan, als würden die Märkte das Ausfallrisiko für jedes einzelne Land genau kennen und mittels steigender Zinsen das betroffene Land auf effektive Weise disziplinieren. Denn steigende Zinsen signalisieren der Regierung, dass sie sich mit ihrer Wirtschaftspolitik auf dem falschen Weg befindet und ihre Haushalte engagierter konsolidieren müssen.

Spreads gegenüber 10-jährigen Bundesanleihen

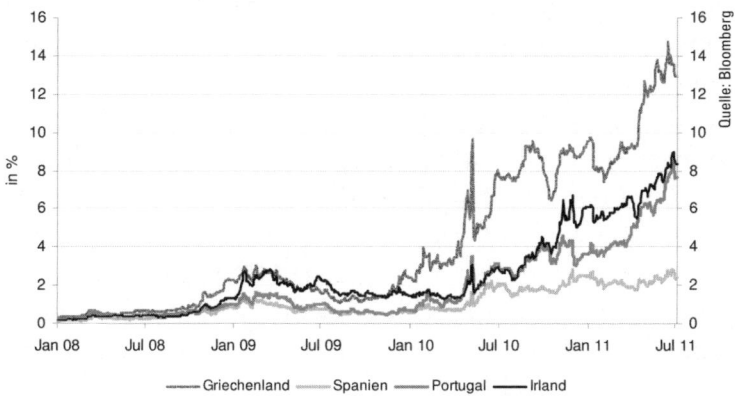

Griechenland — Spanien — Portugal — Irland

Quelle: Bloomberg

Grundsätzlich ist gegen eine solche Argumentation nur wenig einzuwenden. Gleichwohl hat sie in den vergangenen Jahren komplett versagt. Hätten die Marktzinsen ihre Disziplinierungsfunktion richtig wahrgenommen, dann hätten die Zinsen für griechische Staatsanleihen schon vor dem November 2009 deutlich höher gelegen. Stattdessen wurden griechische Staatsanleihen von den Investoren als fast genauso sicher bewertet wie deutsche Staatsanleihen (siehe Abbildung oben). Nachdem die Märkte als Frühwarnsystem vor Ausbruch der Griechenland-Krise versagt haben, warum schenkt man ihnen während der Krise plötzlich wieder das volle Vertrauen? Warum sollen die Investoren, die vor der Krise viel zu optimistisch waren, jetzt nicht viel zu pessimistisch sein? Zumindest ist in Betracht zu ziehen, dass die Anstrengungen der Krisenländer mehr Früchte tragen, als es die Risikoprämien (also die Zinsen) ausdrücken.

Hier zeigt sich das Dilemma, in dem Europa derzeit steckt: Beide Wächter – die Märkte und die Politik – haben versagt! Die Marktteilnehmer haben wie dargestellt zu lange geschlafen. Und die Politik, die mit dem europäischen Stabilitäts- und Wachstumspakt eine Selbstbindung eingegangen war, hat das getan, was latent zu befürchten ist, wenn Sünder auf sich selbst aufpassen sollen: Im Zweifel werden die guten Absichten über den Haufen geworfen. Dem Bruch des Stabilitäts- und Wachstumspaktes werden wir uns im Kapitel »Der Euro in der Krise«, S. 164 ff., noch ausführlich zuwenden. Für die Bewältigung der Schuldenkrise ist es jedenfalls äußerst hinderlich, dass auf beide Wächter im Ernstfall offensichtlich kein Verlass ist.

Selbsterfüllende Prophezeiungen

Irrationaler Überschwang birgt noch eine besondere Gefahr: die der sich selbst erfüllenden Prophezeiungen. Wenn eine hohe Zahl von Anlegern glaubt, der Kurs einer Aktie müsse steigen, und die Anleger entsprechende Käufe tätigen, dann steigt der Kurs tatsächlich. Durch den Kursanstieg können neue Anleger auf die Euphorie-Welle aufspringen und den Kurs weiter in die Höhe treiben. Der Glaube an steigende Kurse kann die Kurse also genauso steigen lassen wie gute Unternehmensdaten. Wenn der Kursanstieg nicht fundamental begründet, sondern ausschließlich auf die unbegründete Euphorie der Anleger zurückzuführen ist, dann wird der Kurs früher oder später wieder zurückfallen. Positiver Überschwang entlädt sich also in einem Kursrutsch.

Gefährlicher als überschwengliche Euphorie ist negativer Überschwang: Die Erwartung eines Bankrotts kann tatsächlich zum Bankrott führen. »Wenn alle sagen: Du bist pleite, dann bist du pleite«, heißt es in einem jüdischen Witz. Wenn alle Welt glaubt, ein Land sei pleite, dann ist es auch bald pleite, weil niemand mehr bereit ist, diesem Land Geld zu leihen. Ist dieser Fall erst einmal eingetreten, gibt es kein Zurück. Im Vergleich zum positiven Überschwang kann extremer Pessimismus dauerhaften Schaden anrichten. In so einer Situation ist es wichtig, die Pessimismus-Spirale zu durchbrechen. Am besten gelingt dies, wenn ein finanzstarker Bürge gewonnen werden kann. Zu Beginn der Krise gab es noch finanzstarke und mutige private Investoren. Nach der Lehman-Pleite wurde dies mit den verschiedenen Schutz- und Rettungsschirmen mehrfach versucht.

Spekulation

Mit modernen Finanzinstrumenten haben Anleger die Möglichkeit, Geld vielfältig einzusetzen. Was auch immer auf der Welt passieren mag, der Anleger kann sich finanziell daran beteiligen. Ob Devisen, Rohstoffe, Renten oder Aktien, ihre Kursentwicklungen lassen sich problemlos absichern oder für ein Investment nutzen. Heute ist es nicht mehr nötig, den Basiswert – also den einem Derivat zugrundeliegenden Vertragsgegenstand (z.B. Öl) – direkt zu kaufen. Anleger können über strukturierte Produkte – das sind künstliche Nachbildungen von Basiswerten mit Hilfe von Derivaten – an der Wertentwicklung partizipieren, ohne den Basiswert direkt zu besitzen. Außerdem ist es möglich, sich über Credit Default Swaps (handelbare Kreditausfallversicherungen) gegen das Ausfallrisiko von Krediten abzusichern. Alles in allem haben die Finanzinnovationen die ursprüngliche Form des Finanzmarktes um eine Mischung aus Versicherungs- und Wettmarkt erweitert.

Credit Default Swaps (CDS) haben in der Finanzkrise eine tragende Rolle gespielt. CDS-Papiere wurden nicht nur von denjenigen gekauft, die bestehende Kreditengagements abzusichern hatten. Kreditausfallversicherungen wurden auch von denen gekauft, die überhaupt keine Kredite vergeben hatten. Gelegentlich wurde die Situation drastisch verglichen mit jemandem, der eine Brandschutzversicherung auf das Haus des Nachbarn abschließen kann, um es hinterher anzuzünden.

Der damalige Bundespräsident Horst Köhler sagte 2008, die Finanzmärkte hätten sich zu einem Monster entwickelt. Der amerikanische Großinvestor Warren Buffett bezeichnete Finanzderivate als Massenvernichtungswaffen. In diesem Umfeld waren Spekulanten als Sündenböcke willkommen.

Schon vor der Finanzkrise genossen Spekulanten keinen guten Ruf. Vielen Menschen ist ihr Treiben suspekt. Dabei haben Spekulanten eine volkswirtschaftlich wichtige Funktion: Sie übernehmen in einer unsicheren Welt Risiken und werden dafür – sofern die Spekulation aufgeht – von den Märkten entlohnt. Kritisch wird jedoch gesehen, dass ihr Handeln nicht neutral wirkt, sondern dass sie die Marktpreise mit ihren Transaktionen verändern. Insbesondere in Märkten mit einem niedrigen Handelsvolumen haben Spekulanten nennenswerten Einfluss auf die Marktpreise. So könnte ein Rohstoff gehortet werden, wodurch der Preis steigt und eine Knappheit signalisiert, die es tatsächlich gar nicht gibt. Verlierer sind die Verbraucher, die höhere Preise zahlen müssen, und Investoren, die auf die falschen Preissignale reagiert haben. Gewinner ist der Spekulant, der zu höheren Preisen weiterverkaufen kann.*

Allerdings: Nicht überall, wo Spekulation draufsteht, ist auch Spekulation drin. Wenn zum Beispiel ein Investor beschließt, keine Staatsanleihen eines bestimmten Landes mehr zu kaufen, weil er die Rückzahlung des Kapitals für unwahrscheinlich hält, ist das Ausdruck kaufmännischer Vernunft und nicht Spekulation auf Herdenverhalten. Die neueren Finanzinstrumente und das Verhalten von Spekulanten sind vergleichbar mit der Verwendung von Arzneimitteln. Werden Medikamente richtig dosiert verabreicht, können sie sehr hilfreich sein und zur Genesung beitragen. An der falschen Stelle oder überdosiert eingesetzt, können sie dagegen verheerende Folgen haben.

Vernetzung

Wir haben in Kapitel 2 dargelegt, dass die Marktwirtschaft auf einem Gesellschaftsbild beruht, welches die Individuen in den Mittelpunkt stellt. Die Teilnehmer der Marktwirtschaft müssen eigenverantwortlich handeln und für ihre Entscheidungen geradestehen, soll das System funktionieren. Das Prinzip der »Einheit von Handlung und Haftung« ist ein wichtiges Merkmal marktwirtschaftlicher Ordnungen. Die Finanzkrise hat gleich-

---

* Ginge man von perfekten Märkten aus, auf denen niemand Marktmacht hat und alle Beteiligten rational agieren, wäre der skizzierte Kursanstieg kaum möglich. Kein einzelner Akteur hätte die Macht, den Preis nennenswert in die Höhe zu treiben, weil schon bei einem geringen Preisanstieg andere Anbieter sofort zusätzliche Ware auf den Markt bringen würden und den Preis auf seinen Gleichgewichtswert drücken. Ob dies so ist oder ob die Verhaltensökonomie mit ihrer Annahme eines möglichen Herdentriebs richtig liegt, möchten wir hier jedoch nicht diskutieren.

wohl offengelegt, dass die globalisierte, auf Effizienz getrimmte Wirtschaft so stark vernetzt ist, dass durch die eigenen Handlungen oft andere in Mithaftung genommen werden.*

In der produzierenden Wirtschaft ist die Arbeitsteilung zwischen Unternehmen oft so weit fortgeschritten, dass der Ausfall eines Unternehmens die gesamte Produktions- und Lieferkette gefährden kann. Solange alles gut läuft, ist dieses Modell in höchstem Maße effizient, doch der Preis dafür ist eine hohe Störanfälligkeit. In der Finanzwirtschaft gibt es zwei Probleme: ein altbekanntes (»too big to fail«) und eine relativ neues (»too interconnected to fail«). Wenn das Scheitern einer Großbank bedrohliche Folgen für die Gesamtwirtschaft hätte, dann ist die Bank zu groß, um tatsächlich zu scheitern. Auf globalisierten Finanzmärkten kann aber sogar schon eine relativ kleine Bank zur Gefahr für das gesamte System werden; nicht wegen ihrer Größe, sondern wegen des hohen Grades ihrer Vernetzung. Die systemischen Risiken wurden beim Risikomanagement unterschätzt, weil man übersah, wie sehr die Risiken der einzelnen Institute miteinander korreliert sind.

Die international zunehmend verflochtene Wirtschaft ist für viele Wetterlagen offensichtlich gut geeignet. Nachfrageschwankungen in einzelnen Märkten können für die Produzenten ausgeglichen werden. Der global gestiegene Wohlstand belegt dies eindrucksvoll. Die Be-

---

* Wirtschaftstheoretisch handelt es sich um »Externe Effekte«, die zu Marktversagen führen. Genau genommen gibt es keine wirtschaftlichen Prozesse ohne externe Effekte. Oft sind sie von ihrer Wirkung her aber vernachlässigbar gering, manches Mal (wie beim Umweltproblem) fallen die von ihnen ausgehenden Probleme vor allem außerhalb des Unternehmenssektors an. Während der Finanzkrise wurde jedoch das Herz der Wirtschaft getroffen.

fürchtung der Globalisierungsgegner, die ohnehin schon armen Länder würden durch die Globalisierung noch ärmer, ist nicht eingetreten. Im Gegenteil, die weltwirtschaftliche Dynamik wird inzwischen vor allem von den Schwellenländern getragen. Allerdings fehlt der vernetzten Wirtschaft ein Blitzableiter oder ein Wasserreservoir, um ein anderes Bild zu bemühen. Darüber darf der generell positive Befund nicht hinwegtäuschen.

Zur Krisenprävention gehört deshalb auch, das System in der Form zu stabilisieren, dass Störfälle, die zweifellos auch in Zukunft auftreten, verkraftbar werden. Das von Christine und Ernst Ulrich von Weizsäcker begründete Konzept der Fehlerfreundlichkeit (das aber nicht auf die Wirtschaft ausgerichtet war) kann hier einen wichtigen Beitrag leisten. Wie kann es gelingen, dass ein System auch dann stabil bleibt, wenn unvorhergesehene Ereignisse eintreten? Die Absicherung systemischer Risiken ist keine triviale Aufgabe. Sicher ist allerdings, dass es Risikoversicherung nicht kostenlos gibt. Das Ergebnis eines stabileren Systems wird deshalb wohl ein abgeschwächtes, dafür aber nachhaltigeres Wirtschaftswachstum sein.

Korrektur von Übertreibungen

Die Probleme, die sich aus der engen Vernetzung ergeben, werfen die Frage auf, ob eine überhitzte Wirtschaft, ob überhitzte Märkte »gesund geschrumpft« werden können. Anlass zur Korrektur gab es in vielen Bereichen. So waren die Finanzbranche, der Immobiliensektor und die Baubranche vor der Krise in vielen Ländern, besonders in Irland, Spanien, den USA und England, zu groß geworden. Aktien- und Rohstoffmärkte waren heißgelaufen. Die Finanzkrise hat offengelegt, dass die Korrektur solcher Übertreibungen nicht immer geordnet verläuft. Offensichtlich ist unser Wirtschaftssystem weitaus besser geeignet, Wachstum zu generieren, als Korrektur- und Schrumpfungsprozesse zu managen. Die Stabilität der Marktwirtschaft ist beim »Auf« und »Ab« also nicht symmetrisch gegeben.

Wenn Preisblasen an den Finanzmärkten platzen, gilt meist das Motto »Rette sich, wer kann«. Die Folgen einer Massenpanik sind – nicht nur an den Finanzmärkten – deutlich verheerender, als wenn alle Beteiligten die Ruhe bewahren und die Rettungsarbeiten nach vorab festgelegten Rettungsplänen erledigt werden. Ist die Panik erst einmal ausgebrochen, können auch diejenigen zu Schaden kommen, die sich zuvor absolut vorbildlich verhalten hatten. Panik differenziert nicht zwischen Schuldigen und Unschuldigen. Dies ist der Hauptgrund für die Rettungspakete und Rettungsschirme. Es geht darum, solide Banken und solide Länder vor den Folgen einer Panik an den Märkten zu schützen.

Aus Angst vor Massenpaniken hat sich die Politik mehrfach dafür entschieden, erforderliche Anpassungen (wie etwa einen Schuldenschnitt für Griechenland) nicht zuzulassen. Als akutes Krisenmanagement war das Vorgehen durchaus gerechtfertigt. Hätte man die Märkte allein gelassen, dann hätte es wohl kein gutes Ende gegeben. Zukünftig müssen jedoch Vorkehrungen getroffen werden, um geordnete Korrekturen zu ermöglichen, denn auch Rettungsschirme haben Risiken und Nebenwirkungen. Dauerhaft kann nicht hingenommen werden, dass Reinigungsprozesse aus Sorge um die Finanzstabilität unterbleiben. Die Toleranz der Gesellschaft würde überstrapaziert, wenn zur Regel wird, das Geld des Steuerzahlers zur Problemlösung heranzuziehen und nicht das Eigenkapital derjenigen, die vorher von den Marktexzessen profitiert hatten. In Kapitel 4 werden wir die Möglichkeiten, dieses Problem einzudämmen, aufzeigen.

Auch in anderen Bereichen der Wirtschaft wird die mangelnde Bereitschaft, einen Rückschritt nach übertriebener Expansion zu akzeptieren, gelegentlich zum Problem. Bricht der Absatzmarkt weg, rufen Unternehmen gern nach Subventionen. Ist der Lebensstandard in Gefahr, werden vom Staat protektionistische Maßnahmen gegen ausländische Konkurrenz und sozialer Ausgleich gefordert. Dabei ist Verweigerung gegenüber drohendem Wohlstandsverlust im Sinne einer Offensivstrategie sogar zu begrüßen. Solange mehr Leistung und mehr Innovationen die Folge sind, kann drohender Wohlstandsverlust vermieden werden. Doch nicht immer ist eine Offensivstrategie möglich. Wirtschaft ist keine Einbahnstraße. Wenn Produkte nicht mehr nachgefragt werden, muss Strukturwandel zugelassen werden. Wenn die Produktivität eines Arbeitnehmers – zum Beispiel aus Altersgründen – sinkt, müssen Anpassungen beim Gehalt möglich sein. Den Status quo zu zementieren, ist eine kostspielige Alternative, die zudem am Ende nicht aufgeht. Die Kosten fallen nur allmählich – meist in Form von Wachstumsverlusten – an. Während die Akteure an den Finanzmärkten durch den Verkauf ihrer Wertpapiere jederzeit versuchen können, einem drohenden Verlust zu entgehen, zehren in der Realwirtschaft die Besitzstandswahrer am Wohlstand. Die individuelle Bereitschaft, wirtschaftlichen und gesellschaftlichen Wandel mitzugestalten und dabei auch Einschnitte und Verzicht zu tolerieren, ist deshalb ein wichtiger Beitrag für mehr Wachstum.

Zwischenfazit

Märkte haben in den vergangenen Jahren auf eine Art und Weise versagt, wie es nach traditioneller ökonomischer Theorie nicht hätte möglich sein dürfen. Die Praxis hat also Defizite der theoretischen Forschung aufgedeckt. Finanzmärkte waren weniger stabil, als viele Fachleute lange Zeit postulierten. Die Annahme, auf Finanzmärkten sei der Homo Oeconomicus zu Hause, hat sich als verhängnisvoll herausgestellt. Ökonomen haben offenbar zu lange mit dem Werkzeug gearbeitet, das ihr Werkzeugkoffer gerade hergab – obwohl an einigen Baustellen ganz anderes Werkzeug nötig gewesen wäre.

Finanzmärkte stabiler zu machen muss nach dieser Kritik zweifellos das Ziel sein. Sie wegen der jüngsten Negativerfahrungen zu verteufeln, wäre dagegen kontraproduktiv. Ein funktionsfähiger Finanzmarkt ist Voraussetzung für eine leistungsfähige Volkswirtschaft, die wiederum Grundlage des sozialen Ausgleichs ist. Finanzmärkte ermöglichen die Finanzierung expandierender wirtschaftlicher Aktivität, die Streuung von Risiken und die rentable Anlage von Ersparnissen. Der letzte Aspekt ist für eine alternde Gesellschaft besonders wichtig, weil die staatliche Altersversorgung nicht mehr ausreichen wird. Betriebliche und private Vorsorge sind ergänzende Bausteine, die zur effizienten Anlage allerdings einen breiten und tiefen Kapitalmarkt benötigen.[*] Wer den Kapitalmarkt geradewegs ablehnt, sollte sich bewusst sein, dass er mit seiner privaten und betrieblichen Altersversorgung selbst ein Teil des Kapitalmarktes ist.

---

[*] Zur Notwendigkeit der Finanzmärkte vgl. ausführlich Walter (2009 b).

In den vergangenen fünfzehn Jahren haben sich die Finanzmärkte so rasant entwickelt und es wurden so viele Innovationen hervorgebracht, dass die Wissenschaft bei der Beurteilung oft nicht Schritt halten konnte. Sie hinkt den Geschehnissen häufig hinterher. Man kann der Wissenschaft dafür nicht einmal einen Vorwurf machen. Es braucht seine Zeit, bis neue (Produkt-)Entwicklungen in der Finanzwelt als lohnenswerter Forschungsgegenstand erkannt werden. Und es braucht seine Zeit, bis die resultierenden Forschungsergebnisse über den wissenschaftlichen Diskurs Eingang in die Lehrbücher und somit schließlich in den Köpfen der Wissenschaftler und der Studenten ihren festen Platz finden. Im Umfeld der Finanzkrise wurde die Welt deshalb mit Problemen konfrontiert, für die es noch keine Antworten aus Standard-Lehrbüchern gibt. Der Erkenntnisfortschritt muss beschleunigt werden. Finanzmärkte brauchen den eingangs erwähnten Deichbau, um erneute Hochwasserschäden zu vermeiden (vgl. dazu ausführlich in Kapitel 4: »Wie verhindern wir Finanzkrisen künftig?«, S. 232ff.). Wissenschaft und Praxis müssen dafür noch enger zusammenarbeiten und dies auf internationaler Ebene, sind doch die Märkte global geworden.

Die skizzierten Probleme sollten nicht unser Vertrauen in die Marktwirtschaft erschüttern. Sie sollten aber daran erinnern – und das gilt insbesondere für die Fachleute –, dass Märkte zwar im Regelfall zu bestmöglichen, aber eben nicht zu idealen Ergebnissen führen. Ein kleiner Unterschied der Wortbedeutung, dessen Nichtbeachtung jedoch gravierende Folgen haben kann. Finanzmärkte liefern oft wertvolle Informationen über wirtschaftliche Abläufe. Sie liegen aber auch gelegentlich daneben, manchmal sogar erheblich. Entscheidungsträger in der Wirtschaft und in den Notenbanken müssen lernen, differenzierter mit den Preissignalen der Finanzmärkte umzugehen. Dies ist keine leichte Aufgabe, sie erfordert viel Erfahrung und Fingerspitzengefühl. Von der bequemen These, Blasen an den Finanzmärkten seien erst zu erkennen, wenn sie platzen, und deshalb sei präventiv nichts gegen sie zu unternehmen, sollte die Fachwelt jedoch abrücken. Ansonsten laufen wir Gefahr, dass wir nicht nur Beobachter platzender Blasen werden. Angesichts fehlender finanzieller Polster für die Beseitigung der Folgen neuer Finanzmarkt-Exzesse und sich auflösender Bereitschaft der Steuerzahler zu Rettungsaktionen könnte es zum finanziellen und wirtschaftlichen GAU kommen.

Von der Finanz- zur Schuldenkrise

»Die derzeitigen finanzpolitischen Regelungen in der Bundesrepublik Deutschland sind in wichtigen Bereichen nicht zukunftsfähig, und zwar in einem Sinne, der weit hinausgeht über diejenigen Fragen, die üblicherweise unter dem Stichwort des Konsolidierungsbedarfs öffentlicher Haushalte diskutiert werden. Der Hauptgrund dafür liegt – neben der immer noch hohen Staatsverschuldung – im Zusammenwirken der geltenden sozialstaatlichen Regelungen mit den sich abzeichnenden demographischen Veränderungen in Gestalt niedriger Geburtenziffern bei gleichzeitig steigender Lebenserwartung … Die Dramatik der insgesamt bevorstehenden Entwicklung ist einstweilen noch verdeckt, da derzeit geburtenstarke Jahrgänge im Arbeitsprozess stehen.

Mit voller Wucht dürfte sie erst nach Ablauf der nächsten zwanzig bis dreißig Jahre zu spüren sein, wenn die stark besetzten Jahrgänge das Rentenalter erreicht haben und zahlenmäßig wesentlich schwächere Jahrgänge nachrücken.«*

Die globale Finanz- und Wirtschaftskrise lag noch in weiter Ferne, als der Wissenschaftliche Beirat des Bundesfinanzministeriums im November 2001 mit dieser düsteren Einschätzung sein Gutachten zur Nachhaltigkeit der Finanzpolitik begann. Wenn man der Einschätzung überhaupt etwas Positives abgewinnen konnte, dann war es die zeitliche Perspektive: Immerhin sollte Deutschland noch mindestens bis zum Jahr 2020 Zeit haben, sein Steuer-, Abgaben- und Transfersystem so zu überarbeiten, dass es auch für eine älter werdende Gesellschaft finanzierbar bleibt. Wenn die dafür notwendigen Maßnahmen jedoch nicht rechtzeitig eingeleitet werden, würden ab dem Jahr 2020, spätestens aber ab 2030 dramatische Konsequenzen drohen.

Dass ein Staat, der seinen Bürgern dauerhaft mehr Leistungen gewährt, als er von ihnen in Form von Steuern und Abgaben erhält, über seine Verhältnisse und auf Kosten künftiger Generationen lebt, sollte zum ökonomischen Allgemeinwissen gehören. Aber was geschieht faktisch: Ein Staat, der eine schuldenfinanzierte Wirtschafts- und Sozialpolitik betreibt, verursacht bei seinen Bürgern eine gefährliche Illusion, eine Vermögensillusion. Da die Bürger das komplexe Geflecht aus offen ausgewiesenen Staatschulden und ungedeckten Leistungsversprechen im Regelfall kaum durchschauen, werden bei der persön-

---

* Wissenschaftlicher Beirat beim Bundesministerium für Finanzen (2001), Seite 1.

lichen Vermögensbilanz die künftigen Belastungen der Staatsverschuldung selten angemessen berücksichtigt. Der Einzelne fühlt sich reicher, als er tatsächlich ist.

Für die Politik bedeutet dieser Befund, dass sie die Bevölkerung mit wirtschaftspolitischen Reformen sukzessive desillusionieren muss. In Deutschland wurde mit der »Agenda 2010« ein erster größerer Schritt in diese Richtung gemacht. Dem Bürger wurde verdeutlicht, dass der Sozialstaat zu überarbeiten ist, damit er finanzierbar bleibt. Die Alternative zur kurzfristig durchaus schmerzhaften Reformpolitik wäre, die Vermögensillusion weiter zu nähren – bis sie platzt.

Das Platzen einer Illusion kann unterschiedliche politische Reaktionen erfordern. So können zur Sanierung der Staatsfinanzen die Steuern kurzfristig drastisch angehoben werden. Alternativ – im Regelfall aber begleitend – wären die Ausgaben des Staates deutlich zu kürzen. Beide Maßnahmen bedeuten für den Einzelnen einen Entzug von Kaufkraft, einen Verlust von Wohlstand. Selbst mit einer haushaltspolitischen Rosskur wäre aber keineswegs sichergestellt, dass der Staat sein Finanzierungsproblem kurzfristig in den Griff bekommt. Zur Finanzierung der öffentlichen Schulden ist der Staat auf das Vertrauen der – mittlerweile weltweit ansässigen – Investoren angewiesen, welche die Staatsanleihen kaufen sollen. Geht das Vertrauen der Investoren jedoch verloren, droht die Zahlungsunfähigkeit. Wir werden das Thema später erneut aufgreifen.

Wenn sich ein Staat also nicht frühzeitig um die Sanierung der Staatsfinanzen kümmert, ist eines Tages eine unangenehme Gemengelage aus hektischen Steuererhöhungen und Ausgabenkürzungen, Vertrauensentzug durch die Kapitalmärkte und schließlich einer (drohenden) Zahlungsunfähigkeit des Staates nahezu unausweichlich. All dieses wird unter Ökonomen üblicherweise in theoretischen Modellen analysiert. Die daraus abgeleiteten Schlüsse und Warnungen werden außerhalb der Fachwelt allerdings kaum zur Kenntnis genommen – sei es, weil die Implikationen unsympathisch sind, sei es, weil sie als theoretische Schwarzmalerei empfunden werden.

Dass es sich nicht um Schwarzmalerei von Theoretikern handelt, wurde im Jahr 2010 gleich in mehreren europäischen Ländern bewiesen. Allen voran lieferte Griechenland Anschauungsunterricht dafür, wie plötzlich die Stimmung an den Kapitalmärkten kippen kann und wie ein Land das Schuldenproblem trotz verzweifelter Anstrengungen nicht mehr ohne fremde Hilfe in den Griff bekommt.

Zweifellos wäre es im Jahr 2010 noch nicht zu einer derart tiefgreifenden internationalen Staatsschuldenkrise gekommen, wenn die betreffenden Länder zuvor nicht fiskalpolitische Opfer der Wirtschafts- und Finanzkrise geworden wären. Das umfangreiche finanzielle Engagement vieler Regierungen, mit dem sie Konjunktur und Finanzmärkte und Banken stabilisieren mussten, hat tiefe Löcher in die Haushalte der Staaten gerissen. In einigen Ländern, wie zum Beispiel Griechenland, wurde die sich ohnehin abzeichnende Krise der öffentlichen Finanzen dadurch drastisch beschleunigt. In anderen Ländern, zum Beispiel Spanien, wurde sie erst durch die Wirtschafts- und Finanzkrise ausgelöst. Und in Deutschland schließlich ist der finanzpolitische Handlungsbedarf verstärkt worden. Ohne entschlossene Konsolidierungspolitik könnte eine regelrechte Krise der öffentlichen Finanzen sonst vor dem eingangs erwähnten Zeitraum von 2020 bis 2030 auftreten.

Wie konnte es dazu kommen, dass eine Krise, die als prinzipiell begrenzte Krise des amerikanischen Subprime-Immobilienmarktes begann, ganze Staaten an den Rand des Abgrundes führte? Wohlgemerkt, im Gegensatz zu vorangegangenen Schuldenkrisen stehen nicht die ärmeren Entwicklungs- oder Schwellenländer, sondern insbesondere Industrienationen am Abgrund. Was war also passiert, dass die Weltwirtschaft dermaßen aus den Angeln gehoben wurde?

Die Gründe sind vielfältig. Nur durch das zeitliche Zusammentreffen und Zusammenwirken diverser Fehlentwicklungen konnten sich die resultierenden Probleme zu einer gewaltigen Finanz- und Wirtschaftskrise hochschaukeln. Die Entstehungsgeschichte ist vielfach und ausführlich dargelegt worden.* Wir werden deshalb die Ursachen und den Ablauf der Krise nur insoweit skizzieren, als die Kernelemente zum Verständnis der Krisenentstehung, insbesondere aber für den weiteren Fortgang der Schuldenkrise, elementar sind. Zudem ist eine grobe Skizze erforderlich, um die ökonomischen und die wirtschaftsethischen Fehlentwicklungen, die zur Krise führten, zu verstehen und um die richtigen Schlüsse aus der Krise zu ziehen. Die Beschreibung einer funktionierenden Marktwirtschaft in Kapitel 2 kann als Spiegel dafür genutzt werden.

Geldpolitik

»New Economy« – so lautete ab etwa 1995 das Zauberwort für eine neue Wirtschaftsepoche. Die Verbreitung des Internet sowie der Siegeszug des Mobiltelefons sorg-

---

* Vgl. beispielsweise die Jahresgutachten des Sachverständigenrates zur Begutachtung der gesamtwirtschaftlichen Entwicklung der Jahre 2008, 2009 und 2010.

ten für unzählige neue Geschäftsideen. Neue Unternehmen, sogenannte Start-ups, schossen wie Pilze aus dem Boden. Auch die etablierten Unternehmen mussten ihre Geschäftsprozesse auf den Prüfstand stellen. Neben dem Anpassungsdruck eröffneten sich den etablierten Unternehmen durch die Internet-Entwicklung aber auch neue Geschäftsmodelle mit hohen Gewinnchancen. An den Aktienmärkten ließ sich die Euphorie Tag für Tag beobachten. So stieg der Deutsche Aktienindex (DAX) von Oktober 1999 bis März 2000, also binnen eines halben Jahres, um mehr als 50 Prozent. Noch spektakulärer entwickelte sich der Neue Markt: Die Technologiewerte des Nemax konnten sich von Anfang 1998 bis März 2000 verzehnfachen. In den USA legte der Technologieindex NASDAQ Composite im gleichen Zeitraum um rund 330 Prozent zu.

In diesem Umfeld hatte die Wirtschaft massiv in die Informations- und Kommunikationstechnologie investiert. Als im März 2000 die sogenannte Dotcom-Blase an den Aktienbörsen platzte, wurden aus vielen aussichtsreichen Projekten quasi über Nacht Fehlinvestitionen. Unternehmen und Anleger verloren Geld in großem Stil. Die Volkswirtschaften diesseits und jenseits des Atlantiks rutschten in die Rezession.

Um die realwirtschaftlichen Folgen zu mildern, reagierte die Geldpolitik. Insbesondere die amerikanische Notenbank FED drehte entschlossen an der Zinsschraube: Von Ende 2000 bis Mitte 2003 senkte sie den Leitzins in mehreren Schritten von 6,5 % auf den bemerkenswert niedrigen Satz von 1,0 Prozent. Die Terroranschläge vom 11. September 2001 verschärften die konjunkturelle Situation und bestärkten die US-Notenbank in ihrer Politik des leichten Geldes.

Gleichzeitig gab die US-Inflationsrate keinen Anlass zur Sorge, sie lag im Zeitraum von 2000 bis 2004 bei durchschnittlich 2,5 %. Zum Vergleich: In den neunziger Jahren hatte die Inflationsrate in den USA im Schnitt noch bei 3 % gelegen, bei einem durchschnittlichen Leitzins von über 5 %. Niedrige Leitzinsen bei dauerhaft niedrigen Preisen – ein geldpolitisches Schlaraffenland? Eine Erklärung für dieses in sich eigentlich nicht stimmige Phänomen ließ nicht lange auf sich warten: Dank der Globalisierung profitierte die westliche Welt von Billigimporten aus den Schwellen- und Entwicklungsländern, die das Preisniveau senkten. Ermöglicht wurde dies durch die millionenfache Integration von zusätzlichen niedrig bezahlten Mitarbeitern in die internationale Arbeitsteilung. Gleichzeitig sorgte der Globalisierungsdruck für moderate Lohnforderungen in den Industrienationen. Inflationsdruck konnte vor einer solchen Kulisse kaum entstehen. Die sehr lockere Geldpolitik wurde deshalb bis Mitte 2004 fortgesetzt.

Heute weiß man, dass ein wichtiger Aspekt übersehen wurde. Die von der Geldpolitik verursachte Liquiditätsschwemme trieb zwar nicht die Verbraucherpreise, dafür aber die Vermögenspreise. Aufgabe der Notenbanken ist es, das Preisniveau stabil zu halten – die Referenzgröße dafür sind die Verbraucherpreise. Die Preise von Aktien oder Immobilien spielen oder spielten für Geldpolitiker keine Rolle. Viele Experten aus Theorie und Praxis meinten oder meinen noch immer, dass man eine Blase an den Finanzmärkten erst erkennt, wenn sie platzt. In diesem Urteil fehlt es der Geldpolitik an geeigneten diagnostischen Mitteln, um Fehlentwicklungen an den Kapital- und Immobilienmärkten frühzeitig zu korrigieren. Dahinter steht das bereits diskutierte Konzept informationseffizienter Finanzmärkte, wonach die Preise alle verfügbaren Informationen bestmöglich abbilden. Legt man die Theorie extrem aus, kann niemand – auch nicht die Notenbanken – besser wissen als der Markt, welche Preise für Aktien, Währungen, festverzinsliche Wertpapiere oder Immobilien angemessen sind. Demnach ist eine gegensteuernde Politik weder angezeigt noch möglich.

Offenkundig haben die Erfahrungen mit der Finanzkrise zu einem Umdenken geführt – zumindest bei der Europäischen Zentralbank. In ihrem Monatsbericht vom November 2010 veröffentlichte sie einen Aufsatz zum Thema »Vermögenspreise und Geldpolitik«. Darin verdeutlichte sie, dass sie die Chancen für die Früherkennung von Blasen aufgrund neuerer Forschungsergebnisse inzwischen höher einschätzt. Die EZB wird also Fehlentwicklungen der Vermögenspreise bei ihren geldpolitischen Entscheidungen künftig stärker berücksichtigen.[*]

Die schwedische Zentralbank ist sogar schon weiter. Sie hat in der zweiten Jahreshälfte 2010 den Leitzins in vier Schritten von 0,25 % auf 1,25 % angehoben, obwohl der Verbraucherpreisanstieg unter der vorgesehenen Obergrenze von 2 % lag. Da die gestiegenen Vermögenspreise, insbesondere die Immobilienpreise, Anlass zur Sorge gaben, ist die Zentralbank zu einer Politik des »Leaning-against-the-wind« übergegangen.

Hätte die amerikanische Notenbank im vergangenen Jahrzehnt bereits nach diesem Muster gehandelt, wäre der weit übertriebene Immobilienboom in den USA nicht möglich gewesen. So aber trieb das billige Geld Millionen von Amerikanern zum Immobilienerwerb. Dabei waren

---

[*] Vgl. zu den geldpolitischen Lehren aus der Finanzkrise auch Issing (2011).

die niedrigen Zinsen allerdings nicht mehr als der Grundstein für die Immobilienexzesse. Ohne das äußerst »kreative« amerikanische Verständnis vom Bankgeschäft hätte es zwar einen Immobilienboom gegeben, das Subprime-Desaster wäre der Welt jedoch erspart geblieben.

Kreditgeschäft – The American Way

In den USA wurden traditionelle Prinzipien des Kreditgeschäfts aufgegeben. Der Begriff »Subprime« sagt es schon – bei diesen Hypotheken ging es um Geschäfte mit Kreditnehmern minderer, zweitklassiger Bonität. Kreditverträge wurden abgeschlossen, die definitionsgemäß mit einem hohen Ausfallrisiko verbunden waren. Alles, was einen Kreditsachbearbeiter hierzulande hellhörig macht, wurde in den USA ignoriert. Unsichere Einkommensverhältnisse waren kein Hinderungsgrund. Zum Teil sollen die Angaben der Kreditnehmer gar nicht überprüft worden sein. Während der Krise machte der Begriff der »Ninja-Hypotheken« die Runde – die Abkürzung »Ninja« steht dabei für »No Income, No Jobs or Assets«. Kein Einkommen, kein Arbeitsplatz, keine Vermögenswerte. Trotzdem lautete in den USA das Motto »Hypotheken für alle«. Von der Politik wurde es mit einer aktiven Hausbauförderung unterstützt. Offensichtlich reichten die scheinbar unaufhörlich steigenden Immobilienpreise allen Beteiligten, einschließlich der Regulatoren, als Sicherheit. Wenn tatsächlich ein Schuldner ausfallen sollte, war ja immer noch die inzwischen im Wert gestiegene Immobilie als Sicherheit vorhanden.

Den Kreditnehmern wurde der Hausbau neben den niedrigen Zinsen mit ausgesprochen flexiblen Rückzahlungsmöglichkeiten zusätzlich schmackhaft gemacht. Zum Teil mussten in den ersten Jahren lediglich die niedrigen Zinsen bedient werden, die Tilgung des Kredits wurde vertagt. Insgesamt also Rahmenbedingungen, die es den Hausbau-Interessierten sehr schwermachten, sich gegen das Immobilienprojekt zu entscheiden. Als besonders verhängnisvoll erwiesen sich die Hypotheken mit variablem Zins, deren Zinssatz sich an der allgemeinen Zinsentwicklung orientierte. Während die Finanzierungsbedingungen in der Niedrigzinsphase äußerst attraktiv erschienen, schnitten die später steigenden Zinsen den Subprime-Schuldnern die Luft ab. Es bleibt zu resümieren, dass mit den Subprime-Krediten weder den Banken noch den Hausbauern ein Gefallen getan wurde.

Durch die Entlohnungssysteme im Bankensektor wurde das Problem noch verschärft. Die Bezahlung und vor allem die Bonifikation der Mitarbeiter wurden – nicht nur in den USA – üblicherweise an kurzfristigen Umsatz- oder Gewinngrößen orientiert. Im Regelfall wurden dabei die Ergebnisse eines Kalenderjahres zugrunde gelegt. Ob ein Kreditgeschäft für die Bank erfolgreich verläuft, entscheidet sich hingegen über einen deutlich längeren Zeitraum von zum Teil weit über zehn Jahren. Für den Einzelnen bestand also ein Anreiz, kurzfristig gewinnbringende Geschäfte zu tätigen, selbst wenn langfristig negative Folgen zu erwarten waren und gegebenenfalls sogar die Stabilität der Finanzmärkte gefährdet würde.

Die Stabilität des globalen Finanzsystems ist ein »öffentliches Gut«. Ökonomen sprechen von »öffentlichen Gütern« oder auch von Kollektivgütern, wenn niemand vom Konsum des betreffenden Gutes ausgeschlossen werden kann und zudem keine Rivalität im

Konsum besteht. Die Folge dieser Eigenschaften ist, dass »öffentliche Güter« über Märkte nicht im gewünschten Umfang bereitgestellt werden. Das Gegenteil sind »private Güter«, bei denen es Rivalität im Konsum gibt und bei denen Zahlungsunwillige vom Konsum ausgeschlossen werden können. »Private Güter« werden über den Marktmechanismus in dem von den Konsumenten gewünschten Umfang bereitgestellt.

Zwei Beispiele zum besseren Verständnis: Zu den »privaten Gütern« zählen etwa Lebensmittel. Wer ein Steak essen möchte, muss dafür bezahlen. Zahlungsunwillige gehen leer aus, weil der Verkäufer das Fleisch nicht verschenken wird. Es besteht also die Möglichkeit, Zahlungsunwillige vom Fleischverzehr auszuschließen. Gleichzeitig rivalisieren die Verbraucher um das Fleisch, denn ein Steak, das bereits von jemandem gegessen wurde, kann nicht mehr von jemand anderem verzehrt werden. So weit, so gut. Weniger trivial sind die Charakteristika der »öffentlichen Güter«, wozu als Lehrbuchbeispiel der Umweltschutz zählt. Hier ist es nicht möglich, denjenigen die gute Umweltqualität vorzuenthalten, die nicht bereit sind, sich an der Finanzierung von Umweltschutzmaßnahmen zu beteiligen. So ist die Luft zum Atmen für jeden Bürger gleichermaßen sauber, ob er sich an der Finanzierung von Maßnahmen zum Umweltschutz beteiligt hat oder nicht. Zudem gibt es keine Rivalität beim Konsum der Umweltqualität, denn saubere Luft kann von vielen Personen gleichzeitig genossen werden.

An diesem Beispiel ist aus ökonomischer Sicht bedeutsam, dass es für jeden Bürger individuell rational ist, sein Interesse am Umweltschutz zu leugnen, um sich der Finanzierung der besseren Umweltqualität zu entziehen.

Für jeden Einzelnen lohnt es sich also, eine Trittbrettfahrer-Option zu wählen und darauf zu vertrauen, dass sich alle anderen an der Finanzierung des Kollektivgutes beteiligen, so dass dieses überhaupt produziert wird. Die Rechnung geht allerdings nicht auf, wenn es viele Trittbrettfahrer gleichzeitig gibt. Dann würde das gesellschaftlich gewünschte Kollektivgut – in unserem Beispiel die hohe Umweltqualität – gar nicht erst erzeugt. Individuell rationales Verhalten kann also zu gesellschaftlich suboptimalen Ergebnissen führen. Da Kollektivgüter in einer sich selbst überlassenen Marktwirtschaft regelmäßig nicht in ausreichendem Umfang bereitgestellt werden, muss der Staat helfen.

Zurück zur Finanzkrise: Selbst wenn jeder einzelne Beschäftigte im Finanzwesen – vom Kreditberater bis zum Bankvorstand – erkannt hätte, dass die Geschäftspraxis mit Subprime-Krediten die Stabilität des Finanzsystems gefährdet, sprach aus wirtschaftstheoretischer Sicht viel dafür, dass sich trotzdem alle an den Geschäften beteiligen. Für den Einzelnen war es – ungeachtet der moralischen Komponente – durchaus rational, beim Subprime-Geschäft mitzumachen. Das eigene Handeln war gemessen an der Größe des Gesamtmarktes einfach zu unbedeutend, um irgendeinen fühlbaren Einfluss auf die (In-)Stabilität des Finanzsystems zu haben. Die Stabilität des Finanzsystems ist insofern ein »öffentliches Gut«. Hinzu kommt, dass im Hinterkopf mancher Beteiligter offenbar die Vermutung verankert war, im Ernstfall würde es zumindest für die großen Institute einen »Bailout«, also Hilfe durch den Staat, geben. Wir können festhalten, dass die Anreize im Finanzsektor in vielerlei Hinsicht falsch gesetzt waren. Der Ruf nach einer besseren staatlichen Regulierung ist deshalb berechtigt.

Kreditfinanzierter Konsum, globale Ungleichgewichte

Die konsumgeneigten Amerikaner fühlten sich bei niedrigen Zinsen, florierender Wirtschaft und dauerhaft steigenden Immobilienpreise wie im Paradies. Es gab keinen Grund, auf die Konsumfreude zu verzichten. Die Sparquote fiel in den USA zeitweilig auf unter 1 % des verfügbaren Einkommens. Die gestiegenen Immobilienpreise animierten dazu, sie als Sicherheiten für weitere Konsumkredite einzusetzen. So wurde der amerikanische Verbraucher endgültig zum Motor der Weltkonjunktur, waren doch die nachgefragten Güter oft preiswerter und besser, wenn sie im Ausland hergestellt wurden.

Während die US-Bürger ihrem Konsumrausch frönten, übten sich die Bürger anderer Volkswirtschaften in Bescheidenheit. Vor allem in China, aber auch in Deutschland wurde mehr gespart, als im Inland für Investitionen benötigt wurde. Sowohl die Chinesen als auch die Deutschen haben gute Gründe dafür: In China fehlt ein staatliches Sozialsystem, so dass die Bürger private Vorsorge treffen müssen. In Deutschland gibt es zwar einen umfassenden Sozialstaat, doch wegen der demographischen Entwicklung müssen auch hierzulande private Ersparnisse gebildet werden, um die absehbaren Versorgungslücken künftig zu schließen. Es war und ist durchaus vernünftig, Teile des Vorsorgekapitals in Ländern anzulegen, die über dynamischere Wachstumsperspektiven und eine günstigere Bevölkerungsentwicklung verfügen.

Mit hohem Wachstumspotenzial und einer relativ jungen Bevölkerung galten die USA als attraktives Zielland für ausländische Ersparnisse. Der amerikanische

Konsumrausch wurde also durch das Ausland mitfinanziert. Da dies nicht nur ein kurzfristiges Phänomen war, sondern sich die Konsum- und Sparstrukturen verfestigten, wurde von der Fachwelt der Begriff der »globalen Ungleichgewichte« geprägt. Dauerhaft können massive Ungleichgewichte selbstverständlich nicht fortbestehen. Irgendwann müssen sich die Vorzeichen ändern, weil sonst die Überschussländer (u. a. China, Deutschland) Teile ihrer Produktion verschenken und damit den exzessiven Konsum im Ausland (z. B. USA) dauerhaft ermöglichen würden. So müsste auch für die Amerikaner klar gewesen sein, dass man nur vorübergehend über seine Verhältnisse leben kann. Früher oder später müssen die Kredite zurückgezahlt werden.

Faktisch muss es jedoch gelungen sein, die Amerikaner vom Gegenteil zu überzeugen. Das Konsummodell – basierend auf niedrigen Zinsen, steigenden Immobilienpreisen und damit verbundener Hochkonjunktur – schien für viele US-Konsumenten mittlerweile so etwas wie ein Naturrecht geworden zu sein. Dennoch, nicht alle amerikanischen Bankmanager haben dem expansiven Prozess ein Fortdauern zugetraut. Ihnen war klar, dass zumindest das Geschäft mit Subprime-Krediten auf Sand gebaut war. Sobald die Zinsen oder die Arbeitslosenzahlen steigen würden, waren Kreditausfälle vorprogrammiert.

Kreditverbriefung

Die Banken konnten die Kredite also nicht in den eigenen Büchern belassen, wollten sie keine unüberschaubaren Risiken eingehen. Die Lösung des Problems hieß: Verbriefung. Aus einer Vielzahl von Krediten wurde ein handelbares, hypothekenbesichertes Wertpapier geschnürt. Damit konnte das Risiko einzelner Subprime-Kredite – zumindest vordergründig – reduziert werden. Durch den Weiterverkauf der Problemkredite wurde das eigene Kreditportfolio entlastet, und die Risiken konnten weltweit auf eine Vielzahl von Käufern, oftmals Kreditinstitute, verteilt werden. In Fachkreisen spricht man von CDOs (Collateralized Debt Obligations), also von verbrieften Schuldtiteln, die durch Vermögenswerte, wie zum Beispiel Kredite, gesichert sind.

Dabei gilt zu berücksichtigen: Der Handel mit Krediten wurde nicht erfunden, um das Subprime-Problem zu lösen. Schon vor dem Ausbruch der Subprime-Krise hatte sich der Verbriefungsmarkt zu einem etablierten Geschäftsfeld entwickelt und dabei wichtige bank- und volkswirtschaftliche Funktionen erfüllt.[*]

Risikostreuung ist ein bewährtes Instrument im Portfolio- und im Versicherungsmanagement. Werden unterschiedliche Risiken klug zusammengefasst, lassen sich Risiken absichern, die sonst im Schadenfall eine Einzelperson oder ein Unternehmen in den Ruin treiben würden. Aus der Versicherungstheorie und -praxis ist aber auch bekannt, dass die Vorsicht nachlässt, sobald Versicherungsschutz besteht. Mit anderen Worten: Wer die Folgen seines Handelns auf die Versicherungsgemeinschaft abwälzen kann, der wird weniger achtsam sein, den Schadenfall zu vermeiden. In der Fachsprache nennt man dieses Verhalten »Moral Hazard«, auf Deutsch: »Moralisches Risiko«. Wer versichert ist, verfällt dem moralischen Risiko, sein Verhalten zu Lasten der Allgemeinheit beziehungsweise der Versichertengemeinschaft

---

[*] Einen Überblick über den Handel mit Krediten gibt Fitschen (2007).

zu verändern. Mit Blick auf die Finanzkrise bedeutet dies, dass der Weiterverkauf von Kreditverbriefungen und die gängige Praxis, Kredite bei Kreditversicherern gegen den Zahlungsausfall zu versichern, zu einer übermäßigen Risikoneigung geführt haben.*

Versicherungsunternehmen reagieren auf das zu befürchtende »Moral Hazard«-Verhalten der Versicherten mit Selbstbeteiligungen. Eine Selbstbeteiligung reduziert die Wahrscheinlichkeit, dass ein Versicherter nachlässig wird oder den Schadenfall sogar bewusst herbeiführt. Für die verbrieften Kredite hätte dies bedeuten müssen, dass die Wertpapiere nicht hätten vollständig weiter verkauft werden dürfen, sondern ein Teil als Risiko-Selbstbehalt in den Bilanzen der emittierenden Banken hätte verbleiben müssen. Genau dies ist aber meist nicht geschehen, die Risikovorsorge wurde somit vernachlässigt.

Richtig entfalten konnte sich das Verbriefungsproblem aber erst durch die unangemessenen Gütesiegel der Ratingagenturen. Viele der späteren Schrottpapiere waren mit exzellenten Ratings ausgestattet worden. In einer amerikanischen Studie wird gezeigt, dass gut 70 % der CDOs ein AAA-Rating, also die höchste Bewertung, erhalten hatten, obwohl die zugrundeliegenden hypothekenbesicherten Wertpapiere nur über das weitaus schlechtere Rating B+ verfügt hatten.**

Investoren erwarten von Ratingagenturen objektive und professionelle Auskunft über die Bonität von Schuldnern. Es geht den Investoren darum, bestehende Informationsdefizite zu reduzieren, damit sie Entschei-

---

* Eine empirische Untersuchung zum Zusammenhang von Kreditverbriefungen und der Hauspreisentwicklung in den USA geben Mian und Sufi (2008).
** Vgl. Benmelech/Dlugosz (2009), S. 628.

dungen treffen können, die ihrem persönlichen Ertrags-Risikoprofil entsprechen. Tatsächlich haben die Agenturen keine Informationsdefizite beseitigt, sondern mit ihren verfehlten Ratings verheerende Falschinformationen gestreut.

Dass die konjunkturelle Entwicklung der USA großen Einfluss auf die Weltkonjunktur hat, ist eine seit langem bekannte Tatsache. Bei einem Anteil von rund 25 % an der globalen Wirtschaftsleistung sind die Vereinigten Staaten immer noch der weltweit wichtigste wirtschaftliche Akteur. Mit den Kreditverbriefungen haben die USA vor der Finanzkrise – bewusst oder unbewusst – einen zweiten Weg gefunden, ihr wirtschaftliches Schicksal mit dem Rest der Welt zu verknüpfen. Freilich war dies nichts Zwanghaftes: Es war die Entscheidung von Vollkaufleuten in der Schweiz, Deutschland oder anderswo, solche Papiere zu kaufen und damit von US-Ereignissen abhängig zu sein. Im Gegensatz zu Ländern wie Spanien, Großbritannien oder Irland hatte Deutschland vor der Finanzkrise keine Übertreibungen am Immobilienmarkt erlebt. Lediglich durch den Kauf der verbrieften Problemkredite war Deutschland als Anleger betroffen. Später sollte die deutsche Exportwirtschaft durch den globalen Konjunkturabsturz noch einen schweren Schlag bekommen. Deutschland ist also auf zwei indirekten Transmissionswegen in den Strudel der amerikanischen Immobilienkrise geraten.

Das kapitalistische System wankt

Die ökonomischen Daten in den Jahren vor der Krise waren beeindruckend: Von Ende 2002 bis Mitte 2007 lag das globale Wachstum bei gut 5 % pro Jahr. Im gleichen

Case-Shiller Hauspreisindex

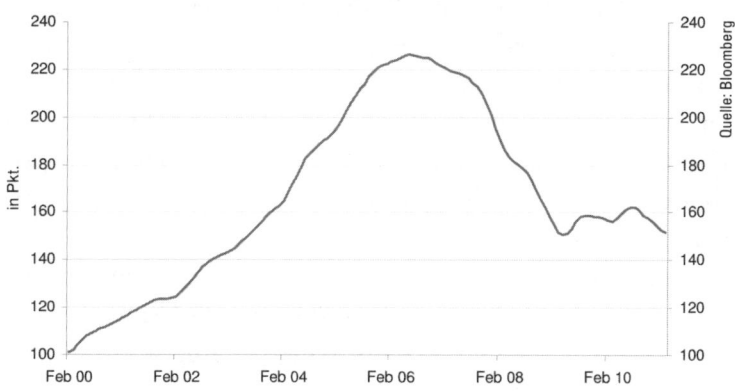

Quelle: Bloomberg

Zeitraum konnten die Aktienkurse kräftig zulegen. Der amerikanische Dow-Jones-Index hatte sich auf 14 000 Punkte nahezu verdoppelt. In Deutschland waren endlich die Kursverluste, die das Platzen der IT-Blase verursacht hatte, überwunden. Von seinem Tiefstand im März 2003 hatte sich der Wert des DAX bis Juli 2007 fast vervierfacht. In mehreren Ländern wie Spanien, Großbritannien oder Irland, insbesondere aber in den USA schienen Teile der Bevölkerung immer reicher zu werden, ohne arbeiten zu müssen. Die kräftig steigenden Immobilienpreise gaben den Hausbesitzern das Gefühl, Reichtum würde vom Himmel fallen. In den USA war der Case-Shiller-Hauspreisindex für Metropolregionen von Anfang 2000 bis Juli 2007 um mehr als 100 % gestiegen.

Es zeichnete sich allerdings immer mehr ab, dass der Weltwirtschaft nach dem Jahr 2007 ein Rückschlag drohen würde. Die Übertreibungen an den Immobilienmärkten und die globalen Leistungsbilanz-Ungleichgewichte waren zu groß geworden. Zudem bewegte sich die Weltkonjunktur auf einen zyklischen Abschwung zu. Als die Probleme des privaten Hausbausektors in den USA endgültig nicht mehr zu leugnen waren, nahm die größte Wirtschaftskrise seit der großen Depression im vergangenen Jahrhundert ihren Lauf. Die Situation am Immobilienmarkt und bei den kreditgebenden Banken eskalierte. Der Markt für verbriefte Hypothekenkredite an Schuldner minderer Bonität (Subprime) brach zusammen.

Die unmittelbare Folge war eine allgemeine Kreditklemme, die unter anderem zu deutlich höheren Risikoaufschlägen in nahezu allen Anleihekategorien führte. Energiepreise auf Rekordniveaus und eine beschleunigte Dollarschwäche erhöhten den Vertrauensschwund bei Verbrauchern und Unternehmenslenkern.

Nachdem bereits mehrere Hedgefonds der Investmentbank Bear Stearns Insolvenz anmelden mussten, löste der Konkurs des größten US-Subprime-Ausleihers American Home Mortgage Anfang Juli weltweit Schockwellen aus. Plötzlich merkte man auch in Deutschland (zum Beispiel bei der IKB) oder in Großbritannien (Northern Rock): Die US-Immobilienkrise ist kein nationales, sondern ein globales Ereignis.

Im Rückblick waren die Ereignisse des Jahres 2007 lediglich Vorbeben. Das Hauptbeben sollte noch kommen. Jedoch keimte zwischenzeitlich immer wieder Hoffnung auf ein Ende beziehungsweise auf einen kontrollierten Verlauf der Finanzkrise auf. Insbesondere die Rettung des US-Instituts Bear Stearns nährte diese Hoffnung. Bear Stearns wurde Mitte März 2008 in letzter Minute – unter Mithilfe der US-Notenbank – durch den Konkurrenten JP Morgan übernommen. Aus Sicht der Marktteilnehmer schien dies das Signal zu sein, dass große Banken die Kreditkrise mit Hilfe der Konkurrenz – und notfalls durch öffentliche Hilfe – überstehen werden. Die Gefahr einer systemischen Bankenkrise schien damit gebannt. Auch das finanzielle Engagement von Staatsfonds bei schwachen Finanzinstituten machte Mut.* Konnte die Situation im Finanzsektor so schlimm sein, wenn Staatsfonds attraktive Anlageoptionen in ihm sahen?

Doch spätestens im September 2008 zerschlugen sich die Hoffnungen auf eine weiche Landung der Weltkonjunktur und auf ein baldiges Ende der Finanzkrise. Nach dem Konkurs des Hypothekenfinanzierers IndyMac und der notwendig gewordenen Verstaatlichung der Hypothekenfinanzierer Fannie Mae und Freddie Mac gerieten die Kapitalmärkte mit der Insolvenz der amerikanischen Investmentbank Lehman Brothers in schwerste Turbulenzen. Die Finanzkrise eskalierte und zog in rasantem Tempo immer weitere Kreise. Die Insolvenz von Lehman Brothers pulverisierte ein ungeschriebenes Gesetz: Es gibt Banken, die »too big to fail«, also zu groß zum Scheitern sind. Bis dahin gehörte es zu den Gewissheiten des internationalen Bankgeschäfts, dass sehr großen Banken – sie bekamen im weiteren Verlauf der Finanzkrise das Attribut »systemrelevant« – in existenzieller Not Hilfe vom Staat bekommen würden. Bis zur Lehman-Insolvenz sprach tatsächlich viel dafür, dass der Staat als Retter in der Not bereitstehen würde.

Offenkundig war die amerikanische Regierung im September 2008 trotzdem der Meinung, dass es an der Zeit war, ein Zeichen zu setzen. Denn Manager von Großbanken, die sich bei gravierendem Misserfolg oder bei Fehlspekulationen auf staatliche Hilfe verlassen können, laufen Gefahr, übermäßig risikofreudig zu agieren.

---

* Zur Rolle der Staatsfonds vgl. Kern (2009).

»Too big to fail« kann zu einer Mentalität führen, bei der Gewinne zwar ganz selbstverständlich privatisiert, Verluste aber sozialisiert werden – ein Zustand, der für Marktwirtschaftler generell, aber besonders im Mutterland des Kapitalismus unerträglich ist. Die amerikanische Regierung wollte also mit dem Verweigern der Hilfe für Lehman wohl das Signal geben, dass Banken und deren Manager künftig für ihr Handeln geradestehen müssen. Dabei war sie irrtümlich davon ausgegangen, dass die Lehman Bank inzwischen ausreichend vom globalen Banksystem isoliert gewesen sei. Die Vorstellung muss gewesen sein, dass Lehman im September 2008 weder »too big to fail« noch »too interconnected to fail« war – also mit dem übrigen Banksystem nicht mehr in kritischem Maß vernetzt –, um dem internationalen Finanzsystem im Falle seiner Insolvenz ernsthaften Schaden zufügen zu können.

Die Regierung irrte. Was niemand für möglich gehalten hatte, war nun Realität. Über Nacht wurde die Immobilien- und Finanzkrise zu einer umfassenden Vertrauenskrise. Vertrauen ist ein oft sträflich unterschätzter Wert in Wirtschaft, Gesellschaft und im zwischenmenschlichen Bereich. Nun wurde binnen weniger Tage jedem vor Augen geführt, welch unverzichtbare Bedeutung das Vertrauen für unser Wirtschaftssystem hat (ausführlich dazu Kapitel 4, S. 266 ff.). Der Interbankenmarkt, auf dem sich Banken üblicherweise untereinander Geld leihen, trocknete aus. Die Banken trauten sich gegenseitig nicht mehr. Überschüssige Liquidität parkten sie deshalb lieber bei den sicheren Notenbanken. Diese wiederum mussten den Instituten, die einen Liquiditätsbedarf hatten, mit Geldspritzen aushelfen. Der normale Blutkreislauf des Finanzmarktes funktionierte nicht mehr und musste von den Notenbanken durch Notfall-maßnahmen quasi ersetzt werden.

Unterdessen fegte der Sturm weiterhin über alle Bereiche des amerikanischen Finanzsektors. Das gesamte Geschäftsmodell der Investmentbanken wurde für nicht mehr tragfähig befunden. Binnen weniger Tage wurde Merrill Lynch von der Bank of America übernommen, und die zwei verbliebenen Investmentbanken, Morgan Stanley und Goldman Sachs, verloren ihren Sonderstatus. Beide Unternehmen, die noch kurz zuvor zu den strahlenden Sternen des Bankenuniversums gezählt hatten, waren nun notgedrungen normale Geschäftsbanken.

Daneben gerieten eine Vielzahl weiterer Unternehmen in den USA – u. a. der Versicherungsgigant AIG und die Sparkasse Washington Mutual – und nun auch massiv Finanzinstitute in anderen Teilen der Welt in den Strudel der Krise. In Deutschland musste ein Bankenkonsortium in Kooperation mit dem Staat die angeschlagene Hypo Real Estate stützen. Die Finanzkrise entwickelte sich auch hierzulande zu einer Vertrauenskrise, weshalb sich die Bundesregierung gezwungen sah, sämtliche Ersparnisse der Deutschen zu garantieren. In einer inzwischen legendären Pressekonferenz erklärten Bundeskanzlerin Merkel und Bundesfinanzminister Steinbrück, dass die Bundesrepublik die Ersparnisse seiner Bürger garantiere und kein Anleger um seine Ersparnisse fürchten müsse und deshalb sein Geld nicht vorauseilend von den Bankkonten abheben müsse.

Die Bilder aus England, wo besorgte Kunden vor den Banken Schlange standen, waren zu frisch, um politisch untätig bleiben zu können. Auch in Deutschland war ein solcher »Bankrun«, also der Ansturm der Sparer auf die Kreditinstitute, befürchtet worden. Bankruns bergen die

Gefahr, dass Befürchtungen einer Bankenschieflage zu einer sich selbst erfüllenden Prophezeiung werden. Schon die Vermutung, ein Institut könne in die Zahlungsunfähigkeit abrutschen, kann ausreichen, dass die Sparer ihre Einlagen abheben. Ab einem gewissen Punkt spielt es keine Rolle mehr, ob es anfangs überhaupt eine Schieflage des Institutes gegeben hatte. Wenn alle Sparer gleichzeitig ihre Einlagen zurückfordern, trocknet die Bank von innen aus – die Prophezeiung hätte sich schließlich selbst erfüllt. Diesen Finanz-GAU galt es zu verhindern. Tatsächlich ist die Strategie der Bundesregierung aufgegangen, denn die deutschen Sparer behielten die Nerven.

Unterdessen stellten die Notenbanken dem Geldmarkt umfangreiche Liquidität zur Verfügung, und die US-Regierung beschloss ein Maßnahmenpaket mit einem Volumen von US-$ 700 Milliarden, um das Vertrauen der Marktteilnehmer zu stabilisieren. Wichtigster Bestandteil des Paketes war die Absicht, dass der amerikanische Staat den Banken die Anleihen, für die keine fairen Marktpreise vorhanden waren, abkauft. Zwar wurde der Verwendungszweck für die Mittel aus dem sogenannten »Rettungspaket« später noch modifiziert, doch war das Vorgehen der US-Regierung der Startschuss für eine Reihe weiterer »Rettungspakete« in anderen Ländern. Auch in Deutschland wurde ein »Rettungsschirm für Banken« aufgespannt, der die Finanzkrise begrenzen sollte.

Tägliche Hiobsbotschaften aus dem Finanzsektor hatten Staatsgarantien und Finanzhilfen zur Rekapitalisierung der Banken notwendig gemacht. Flankiert wurde das Vorgehen der Regierungen durch eine konzertierte Zinssenkungsaktion der großen Notenbanken. Die Maßnahmen waren insofern wirksam, als der Systemkollaps mit ihrer Hilfe abgewendet werden konnte. Allerdings zeigte sich schnell, dass der bereits entstandene (Vertrauens-) Schaden tiefe Spuren in der Realwirtschaft hinterlassen hatte.

Die Finanzkrise hat auf verschiedene Weise große Löcher in die öffentlichen Kassen gerissen. Zunächst waren es die Maßnahmen, die den Bankenmarkt stabilisieren sollten. Problembelastete Vermögenswerte (faule Kredite) wurden aus den Büchern der Banken herausgenommen und in die Bücher der Zentralbanken und der Staaten verschoben. Zudem mussten die Banken rekapitalisiert werden. Hinzu kamen Einnahmeausfälle und steigende Ausgaben, weil die Konjunktur abstürzte. Dies sind zunächst einmal die Kosten der sogenannten »automatischen Stabilisatoren«. Darüber hinaus wurden Konjunkturpakete geschnürt, um den Absturz der Weltkonjunktur zu stoppen. Was als Subprime-Krise begonnen hatte, fraß sich also auf verschiedenen Wegen durch die Weltwirtschaft und riss tiefe, schwarze Löcher in die Kassen der öffentlichen Hand.

War das Eingreifen des Staates angemessen?

Die globale Finanzkrise hat die Politik in ganz besonderer Weise gefordert. Im September und Oktober 2008 war nicht nur extreme Reaktionsschnelligkeit vonnöten. In vielen Ländern musste binnen kürzester Zeit über Finanzpakete entschieden werden, deren Volumen bis dahin unbekannte Ausmaße annahmen. Die USA stellten 700 Milliarden US-Dollar zur Verfügung, unter anderem um die Banken von faulen Krediten zu befreien und um die Kapitalbasis der Banken zu stärken. In Deutschland wurde ein sogenannter »Rettungsschirm« für Banken aufgespannt, der Garantien für Banken mit einem Volumen von EUR 400 Milliarden sowie EUR 80 Milliarden für Beteiligungen an Finanzinstituten beinhaltete.* Das primäre Ziel des »Rettungsschirms« war, ein Signal der Sicherheit zu geben und damit das Vertrauen der Marktteilnehmer untereinander wiederherzustellen. An dem »Rettungsschirm« sollten mögliche weitere Belastungen für Banken abprallen und damit gar nicht erst zu finanziellen Schäden führen. Insofern war das zur Verfügung gestellte Gesamtvolumen von EUR 480 Milliarden nicht als tatsächliche Belastung für die öffentlichen Haushalte zu verstehen. Dennoch war die Zahl groß genug, um eine Diskussion darüber auszulösen, ob das staatliche Vorgehen angemessen war.

Während die handelnden Politiker angesichts der sich dramatisch zuspitzenden Ereignisse keine Zeit für ordnungspolitische Grundsatzdiskussionen hatten, sondern schnellstmöglich eine pragmatische Lösung herbeiführen mussten, formierte sich die öffentliche Debatte. Sind Hilfsmaßnahmen für Banken zu rechtfertigen, wenn damit die Verluste sozialisiert werden, nachdem zuvor die Gewinne privatisiert worden waren? Widerspricht es nicht der marktwirtschaftlichen Grundordnung und der ökonomischen Theorie, wenn der Staat Banken subventioniert, die am freien Markt nicht mehr überlebensfähig sind? Besonders pikant waren diese Fragen, weil Banken zuvor regelmäßig weniger Einmischung des Staates in die Wirtschaft gefordert hatten und nun staatliche Unterstützung einforderten. Wenn Banken mit Milliardenbeträgen unterstützt und gleichzeitig Sozialleistungen

---

* Ein umfassender Überblick über den Verlauf der Finanzkrise und die internationalen staatlichen Rettungsmaßnahmen findet sich bei: Bundesministerium der Finanzen (2009).

(Hartz IV) in Frage gestellt werden, kommen naturgemäß auch Fragen nach der politischen Gerechtigkeit auf. Tatsächlich sind viele Fragen berechtigt. Eine für alle Beteiligten zufriedenstellende Lösung konnte es kaum geben. Doch dies darf nicht darüber hinwegtäuschen, dass die Staaten in der Krise im Großen und Ganzen eine gute Politik betrieben haben und auch die notwendige Kooperation zustande brachten. Die Zuspitzung der Finanzkrise zu einer Vertrauenskrise im Herbst 2008 ist ein Paradebeispiel dafür, wie Märkte versagen können, wenn auf den Märkten Informationsdefizite vorliegen. Im Jahr 2001 erhielten die US-Ökonomen George Akerlof, Michael Spence und Joseph Stiglitz den Nobelpreis für ihre Analyse von Märkten mit asymmetrischer Informationsverteilung. George Akerlof hatte bereits im Jahr 1970 in seinem Aufsatz »The Market for Lemons« am Beispiel des Gebrauchtwagenmarktes gezeigt, dass Märkte ihre Funktionsfähigkeit verlieren und im schlimmsten Fall zusammenbrechen können, wenn bei den Marktteilnehmern nennenswerte Informationsdefizite vorliegen.* Michael Spence und

---

* Vereinfacht lässt sich das Beispiel wie folgt darstellen: Auf dem Gebrauchtwagenmarkt werden Gebrauchtwagen unterschiedlicher Qualität angeboten. Die tatsächliche Qualität des jeweiligen Wagens ist lediglich dem Verkäufer bekannt, weil nur er weiß, ob es sich bei dem Fahrzeug um einen »Montagswagen«, also um eine »Zitrone«, handelt. Für den Käufer ist die tatsächliche Qualität des Fahrzeugs nicht ersichtlich, die Informationen über den Zustand des Wagens sind zwischen Verkäufer und potenziellem Käufer asymmetrisch verteilt. Bei einem einheitlichen Marktpreis, der der durchschnittlichen Qualität aller angebotenen Fahrzeuge entspricht, werden die Anbieter der Fahrzeuge mit überdurchschnittlicher Qualität den Markt verlassen, weil sie keinen fairen Preis für ihren Wagen erzielen können. Dadurch sinken die durchschnittliche Qualität der angebotenen Gebrauchtwagen und der Preis weiter. Diese Entwicklung dauert so lange, bis nur noch die Zitronen angeboten werden (»Negativauslese«), die niemand haben möchte – der Markt bricht zusammen.

Joseph Stiglitz haben später aufgezeigt, welche Maßnahmen ergriffen werden können – u. a. gehören dazu Garantien –, um auch Märkte mit Informationsdefiziten funktionsfähig zu gestalten. Wenn auch diese Maßnahmen nicht greifen, spricht man von einem allokativen Marktversagen, was aus ökonomischer Sicht in einem marktwirtschaftlichen System die notwendige Bedingung für ein Eingreifen des Staates ist.

Informationsdefizite sind in der wirtschaftlichen Praxis allgegenwärtig. Auch auf den Finanzmärkten gibt es kaum die Idealbedingung vollständiger Information. Haben die angebotenen Produkte tatsächlich die versprochene Qualität? Ist das Geld bei der Hausbank sicher angelegt? Da kaum jemand diese Fragen ohne unangemessen hohen Kontrollaufwand abschließend beantworten kann, hat die Finanzindustrie verschiedene Mechanismen und Instrumente entwickelt, die den Kunden den Umgang mit Ungewissheit erleichtern und die Vertrauen schaffen. So hatte sich in Deutschland vor der Krise über viele Jahre das System der Einlagensicherung bewährt. Über den Einlagensicherungsfonds der privaten Banken sind unter anderem die Spareinlagen der Kunden aller angeschlossenen Institute nahezu vollständig gesichert. Dadurch werden die Sparer von der Sorge befreit, im Falle eines Zusammenbruchs der Hausbank ihr Geld zu verlieren. Ohne diese Sicherheit würden – wie bereits skizziert – schon Gerüchte über finanzielle Schwierigkeiten einer Bank ausreichen, einen »Run« auf die Bank auszulösen, bei dem die Kunden ihre Spareinlagen abziehen würden. Das Gerücht über die finanzielle Schieflage einer Bank könnte damit zu einer sich selbst erfüllenden Prophezeiung werden.

Allerdings funktioniert die Einlagensicherung so ähnlich wie eine Krankenversicherung: Viele Gesunde finanzieren wenige Kranke. Sollten aber alle Versicherten gleichzeitig krank werden – ein zugegebenermaßen recht unwahrscheinlicher Fall –, könnte auch die beste Krankenversicherung ihre Aufgaben nicht mehr erfüllen. Genauso ist die Einlagensicherung nicht für systemische Krisen gemacht, sondern lediglich für das Auffangen einzelner Problemfälle.

Als sich die Finanzkrise im September zuspitzte und mit der amerikanischen Investmentbank Lehman Brothers eine Großbank in Konkurs ging, schwand das Vertrauen endgültig, dass die Finanzindustrie diese Krise noch aus eigener Kraft bewältigen könnte. Schuld an der Vertrauenskrise waren auch diejenigen Banken, die bis dahin Risiken verschleiert hatten und welche die Wahrheit über bestehende Bilanzrisiken nur scheibchenweise preisgaben. Fortan ging es nicht mehr nur darum, welche Bank noch in finanzielle Schieflage geraten könnte. Nun wurde die Stabilität des gesamten globalen Finanzsystems in Frage gestellt. Garantien von Banken und Bankverbänden verloren ihre bis dahin bewährte Wirkung. Banken vertrauten untereinander nicht mehr, und die Bankkunden begannen, ihren Hausbanken das Vertrauen zu entziehen.

Dass in einer solchen Situation, in der das Finanzsystem zu kollabieren droht und die marktwirtschaftlichen Regelungsmechanismen nicht mehr funktionieren, die Staaten eingreifen müssen, ist unzweifelhaft – wenngleich kaum jemand eine solche Eskalation der Krise für wahrscheinlich gehalten hatte. Dass staatliches Handeln notwendig war, gilt auch deshalb, weil ein Kollaps des Finanzsystems verheerende Auswirkungen für andere, eigentlich unbeteiligte Bereiche der Wirtschaft und damit für alle Bürger gehabt hätte. Wirtschaftstheoretisch spricht man von negativen externen Effekten, die – genau wie die oben skizzierten Informationsasymmetrien – staatliches Handeln legitimieren. Es war sicher nicht die Absicht der handelnden Politiker, Banken und Bankmanager zu retten. Die Bankenrettung war Mittel zum Zweck: Die gesamtwirtschaftlichen Folgen sollten eingedämmt werden.

Das schnelle und massive Eingreifen des Staates zur Begrenzung der Finanz- und Vertrauenskrise war deshalb kein ordnungspolitischer Sündenfall und kein Verstoß gegen wirtschaftsliberale Prinzipien, wie manche Beobachter zu erkennen glaubten. Der Staat ist immer dort gefragt, wo er bessere Ergebnisse liefert als der Markt. Dass nur noch der Staat bzw. die Staaten zur Begrenzung und Lösung der akuten Vertrauenskrise beitragen konnten und damit eine wichtige allokationspolitische Aufgabe wahrgenommen haben, war offensichtlich. Künftig wird es darum gehen müssen, auch im Finanzsektor zu einer besseren Aufgabenteilung zwischen Markt und Staat zu finden, um mit einer besseren Regulierung eine Wiederholung der Ereignisse zu verhindern.

Die insgesamt positive Einschätzung der Wirtschaftspolitik erfordert dennoch eine gesonderte Bewertung des Vorgehens der US-Regierung im Fall Lehman Brothers. Das Ziel der Politik, mit einem deutlichen Signal die Risikobereitschaft im Bankensektor wieder auf ein gesundes Maß zurechtzustutzen, ist im Grundsatz durchaus nachvollziehbar. Tatsächlich widerspricht es jeder marktwirtschaftlichen Logik, mit riskanten Geschäften hohe Renditen erwirtschaften zu können und gleichzeitig die Risiken des Misserfolgs auf die Gesellschaft abzuwälzen. Wirtschaftliche Akteure müssen Verantwortung für ihr Handeln übernehmen, auch im Fall des Misserfolgs. Wer sich nur die Rosinen herauspickt, stellt die Prinzipien marktwirtschaftlicher Verteilungsgerechtigkeit auf den Kopf.

Wenn es im Fall des Lehman-Konkurses Ziel der amerikanischen Regierung war, elementare Haftungsprinzipien wiederherzustellen und das Risikobewusstsein zu schärfen, so war diese Absicht unterstützungswürdig. Allerdings wählte sie das falsche Mittel. Es hätte der Regierung klar sein müssen, dass nicht Banken, sondern Banker zu bestrafen waren. Eine systemrelevante Bank in die Insolvenz zu schicken, führt im schlimmsten Fall zu unkontrollierbaren Verwerfungen im Finanzsystem. Dies im Falle Lehman nicht richtig eingeschätzt zu haben, war ein Fehler mit erheblichen materiellen Folgen. Richtig wäre es gewesen, den handelnden Personen deutlich zu machen, dass mangelnde Risikovorsorge und blindes Gewinnstreben notfalls hart bestraft wird – sei es durch die rückwirkende Abschöpfung von Gehalts- und Bonuszahlungen, sei es durch Amtsenthebung und den damit verbundenen Reputationsverlust. Wie sehr sich die amerikanische Regierung geirrt hat, zeigt sich auch daran, dass als Folge der Panik, die von der Lehman-Pleite ausgelöst worden war, eine umfassende Bestandsgarantie für praktisch alle systemrelevanten Banken weltweit ausgesprochen werden musste. Damit wurde exakt das Gegenteil von dem erreicht, was mit der Lehman-Insolvenz angestrebt worden war. »Too big to fail« wurde global bestätigt und erfordert nun eine prinzipielle Korrektur.

Der lange Weg in die Schuldenkrise

Vor der Wirtschaftskrise war Staatsverschuldung allenfalls ein Thema für konservative Politiker und Ökonomen. Wer in wirtschaftlich besseren Zeiten auf die Notwendigkeit haushaltspolitischer Disziplin hingewiesen und auf die Einhaltung des europäischen Stabilitäts- und Wachstumspaktes gedrängt hatte, erntete im besten Fall Achselzucken; im ungünstigsten Fall galt er als Miesepeter.

Offenbar hatte sich die Öffentlichkeit im Laufe der vergangenen Jahrzehnte an steigende Staatsschulden gewöhnt. Und da sich die Schulden scheinbar ungestraft weiter in die Höhe treiben ließen, wurden die Bundesfinanzminister – ob Waigel, Eichel oder Steinbrück – zu Einzelkämpfern in Sachen Haushaltssanierung. Wenn es einen positiven Aspekt der Finanz- und Wirtschaftskrise und der mit ihr kräftig gestiegenen Staatsschulden gibt, dann ist es das sprunghaft gewachsene Interesse der Öffentlichkeit. Unverständlich ist also nicht das derzeit hohe Interesse an der Schuldenproblematik, unverständlich war das langjährige Ignorieren chronischer Haushaltsdefizite.

Hilfreich für die in Deutschland eingetretene Bewusstseinsschärfung war die deutlich dramatischere Entwicklung der Staatshaushalte im Ausland. In einigen Ländern sind die nun erreichten Gesamtschuldenstände atemberaubend. So quält sich Japan mit einer Verschuldung, die mehr als zweimal so hoch ist, wie Japans jährliche Wirtschaftsleistung. In anderen Ländern schockiert vor allem der Anstieg. Bei einzelnen Ländern hat sich der Schuldenstand gemessen am BIP binnen kurzer Zeit fast verdoppelt. So betrug die öffentliche Verschuldung in Großbritannien vor Ausbruch der Krise gerade einmal

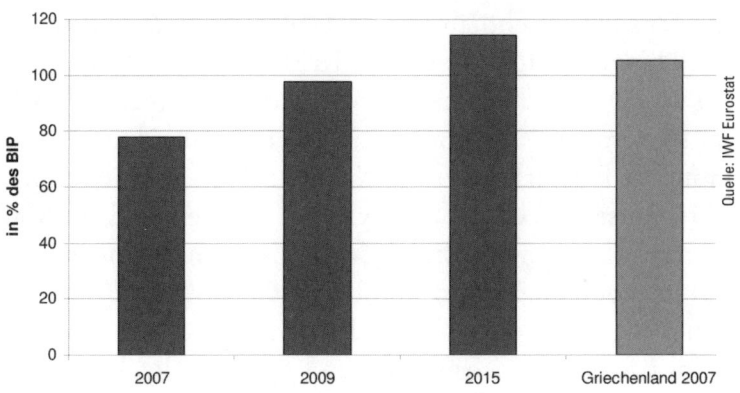

Schuldenstand: Sprunghafter Anstieg durch Wirtschaftskrise
Hochentwickelte G20-Länder

44 Prozent des BIP. Nach Berechnungen des Internationalen Währungsfonds (IWF) wird der Schuldenstand im Jahr 2011 auf 83 Prozent steigen.

In der Eurozone stieg der Schuldenstand zwischen 2007 und 2009 von durchschnittlich 66 auf 79 Prozent. Im gleichen Zeitraum legte die öffentliche Verschuldung in den hoch entwickelten Ländern der G-20-Gruppe gemäß IWF-Angaben um durchschnittlich 19 Prozentpunkte auf 97 Prozent zu. Bis 2015 wird ein weiterer Anstieg auf dann 115 Prozent des BIP erwartet. Den G-20-Ländern drohen damit – gemessen an den Zahlen – griechische Verhältnisse.

Griechenland ist überall!

Man könnte Griechenland beinahe dankbar dafür sein, den anderen Ländern Anschauungsunterricht gegeben zu haben, was die Konsequenzen allzu sorgloser Finanz- und Wirtschaftspolitik sind. Wenn das Vertrauen der

145

Finanzmärkte verlorengeht, ist es nur noch ein kleiner Schritt bis zum Staatsbankrott. In Griechenland stiegen die Zinsen für zehnjährige Staatsanleihen von Dezember 2009 bis zum Höhepunkt der Krise im Mai 2010 um fast 8 Punkte auf 12,5 Prozent. Mit anderen Worten: Noch im Dezember 2009 konnte sich Griechenland am Kapitalmarkt langfristig für 4,8 % refinanzieren, Ende April 2010 mussten bereits 10 % gezahlt werden und im Mai waren es in der Spitze 12,5 %. Bis zum Frühsommer 2011 stiegen die Zinsen auf über 15 %. Bis Juni 2011 stiegen die Zinsen sogar auf rund 16 %. Die Relationen sind keineswegs linear. Entsprechend können die Vorwarnzeiten in einer sich zuspitzenden Krise sehr kurz sein. Gerade deswegen kann und sollte die Welt aus der Griechenland-Krise viel lernen.

Deutschland:
Mehrere Verschuldungsschübe

Ein Blick auf die Entwicklung der Staatsverschuldung in der Nachkriegszeit zeigt einen Anstieg in mehreren Schüben, von denen die jüngste Finanz- und Wirtschaftskrise lediglich den (vorläufigen?) Endpunkt darstellt. Von 1950 bis Anfang der siebziger Jahre lag der Schuldenstand der Bundesrepublik – trotz leichter Schwankungen – recht konstant bei 20 Prozent des Bruttoinlandsproduktes. Mit anderen Worten betrug in diesem Zeitraum die gemeinsame Verschuldung von Bund, Ländern und Gemeinden ein Fünftel der jährlichen Wirtschaftsleistung. Ein Wert, mit dem ein Land, zudem ein kräftig wachsendes, sehr gut leben kann und von dem die

Deutschland: Schuldenstand

in % des BIP

Quelle: BMF Eurostat

etablierten Industrienationen heute nur noch träumen können. In Westeuropa verfügt nur noch Luxemburg (Schuldenstand: 19 Prozent) über solide Staatsfinanzen. Die meisten Länder müssen mit einem Vielfachen an Staatsverschuldung leben – so liegt die deutsche Staatsverschuldung inzwischen bei vier Fünfteln der jährlichen Wirtschaftsleistung. Wie ist es zu diesem kräftigen Schuldenanstieg gekommen?

Erster Schub: Aufbau des Wohlfahrtsstaates und nachfrageorientierte Wirtschaftspolitik

Die erste Phase fiel in die siebziger Jahre. In dieser Zeit wurde der deutsche Wohlfahrtsstaat auf- beziehungsweise ausgebaut. Die Nachkriegsjahre hatten noch im Geiste der Wohlstandsmehrung durch Arbeit und Leistung gestanden. Diese Leistungsorientierung war die Basis für das deutsche Wirtschaftswunder. Ende der sechziger Jahre begann die Ära der Verteilungs- und So-

147

zialpolitik. Im Rahmen der Sozialen Marktwirtschaft wurden die Gewichte verschoben – von der Marktwirtschaft hin zum Sozialen. Zunehmend wurde von der Politik versucht, »Wohlstand für alle« durch mehr Umverteilung zu erreichen. Dies war ein glatter Bruch mit der Wirtschaftspolitik Ludwig Erhards. In seinem Buch-Klassiker »Wohlstand für alle« hatte Erhard das 12. Kapitel unter den Titel »Versorgungsstaat – Der moderne Wahn« gestellt. Darin erteilte er einem überbordenden Sozialstaat – weil dauerhaft kaum finanzierbar – eine klare Absage:

»Eine freiheitliche Wirtschaftsordnung kann auf die Dauer nur dann bestehen, wenn und solange auch im sozialen Leben der Nation ein Höchstmaß an Freiheit, an privater Initiative und Selbstvorsorge gewährleistet ist. Wenn dagegen die Bemühungen der Sozialpolitik darauf abzielen, dem Menschen schon von der Stunde seiner Geburt an volle Sicherheit gegen alle Widrigkeiten des Lebens zu gewährleisten, d.h. ihn in einer absoluten Weise gegen die Wechselfälle des Lebens abschirmen zu wollen, dann kann man von solchen Menschen einfach nicht mehr verlangen, daß sie das Maß an Kraft, Leistung, Initiative und anderen menschlichen Werten entfalten, das für das Leben und die Zukunft der Nation schicksalhaft ist und darüber hinaus die Voraussetzung einer auf die Initiative der Persönlichkeit begründeten ›Sozialen Marktwirtschaft‹ bietet.«*

Die Abkehr von der Erhardschen Wirtschaftspolitik blieb nicht ohne Folgen für die öffentlichen Finanzen. So trieb der Ausbau des Wohlfahrtsstaates die Sozialleistungsquote, also den Anteil der staatlichen Sozialleistun-

---

* Erhard, Ludwig (1957), S. 246.

gen am Bruttoinlandsprodukt, in die Höhe: Zwischen 1965 und 1975 stieg die Quote von 22,5 auf 30,5 Prozent. Dabei handelte es sich um eine einmalige Niveauverschiebung. Die Sozialleistungen wachsen seither ungefähr mit dem gleichen Tempo wie die Wirtschaftsleistung, die Sozialleistungsquote pendelt also seit Mitte der siebziger Jahre um die 30 Prozent.

Auch auf der Einnahmeseite des Staates machte sich die wirtschaftspolitische Neuausrichtung bemerkbar: Die Steuer- und Abgabenquote stieg in den siebziger Jahren von 34,8 auf 39,6 Prozent des Bruttoinlandsproduktes. Dieser Anstieg bringt zum Ausdruck, dass ein größerer Teil der privaten Einkommen benötigt wurde, um die neuen Wohltaten des Staates zu finanzieren. Bemerkenswert ist, dass die Steuerquote im gleichen Zeitraum nahezu stabil blieb. Die Finanzierung des Wohlfahrtsstaates erfolgte also hauptsächlich über eine Anhebung der Sozialabgaben. Bis heute ist es nicht gelungen, die Niveauverschiebung der Abgabenbelastung rückgängig zu machen. Die damit verbundenen hohen Lohnnebenkosten gehören seither zu den wichtigsten strukturellen Problemen am deutschen Arbeitsmarkt. Hohe Lohnnebenkosten verhindern Beschäftigung – zumindest in der offiziellen Wirtschaft, die Schattenwirtschaft blüht hingegen.

Doch damit nicht genug: Die Anhebung der Sozialabgaben reichte nicht aus, um das gestiegene Ausgabenvolumen des Staates zu finanzieren. Die Staatsquote, also der Anteil der Staatsausgaben an der gesamten Wirtschaftsleistung der Bundesrepublik, stieg in der Zeit von 1970 bis 1980 um 8,5 Punkte auf 46,9 Prozent. Ein erheblicher Teil der Staatsausgaben musste über Kredite finanziert werden. Entsprechend stieg die öffentliche Verschuldung in den siebziger Jahren von 17,5 auf gut 30 Prozent des BIP. Ein Teil des Anstiegs hatte auch mit den hohen Kosten der Finanzierung zu tun. So stiegen in diesem Zeitraum die Zinsen, die der Staat für seine Schulden zu zahlen hatte, beträchtlich an. Der Schuldenanstieg bringt zum Ausdruck, dass der Staat seinen Bürgern zwar Wohltaten hat zukommen lassen, dass er die dafür fälligen Kosten aber in die Zukunft verschoben hat. Die wahre finanzielle Last wurde somit verschleiert.

Neben den sozialpolitischen Ambitionen der sozialliberalen Koalition wurden die Staatsfinanzen aber auch von deren konjunkturpolitischem Dogma belastet. Die damalige Regierung glaubte, konjunktur- und wachstumspolitische Probleme durch staatliche Ausgabenprogramme heilen zu können. Die zugehörige wirtschaftstheoretische Fundierung glaubte man bei John Maynard Keynes gefunden zu haben. Keynes hatte zur Erklärung der Weltwirtschaftskrise der dreißiger Jahre anhand makroökonomischer Modelle die Annahmen und Implikationen der klassischen Volkswirtschaftslehre in Zweifel gezogen. Tatsächlich konnte Keynes zeigen, dass eine Volkswirtschaft in bestimmten konjunkturellen Situationen nicht ohne staatliche Hilfe auskommt. Mit anderen Worten: Wenn der Staat nicht mit Ausgabenprogrammen eingreift, bleibt die Wirtschaft in der Rezession gefangen, und die Arbeitslosenquote bleibt auf hohem Niveau oder steigt sogar noch weiter an.

Keynes nannte zwei Gründe, die zu derartigen Situationen führen können: pessimistische Zukunftserwartungen und unflexible Preise (insbesondere starre Löhne). Warum führen pessimistische Zukunftserwartungen zu Rezessionen? Kurz gesagt: Es wird zu viel gespart und zu wenig investiert. Dazu ein Beispiel: Wenn Unternehmen negative Absatzerwartungen haben, werden sie ihre Investitionen zurückfahren – und zwar unabhängig vom Zinsniveau. Die gängige Annahme, dass sinkende Zinsen zu einer steigenden Investitionsnachfrage führen, ist außer Kraft gesetzt. Der Zinsmechanismus ist es jedoch, der normalerweise Ersparnis und Investition zur Übereinstimmung bringt.

Im Normalfall stellt Ersparnisbildung kein Problem dar. Gesamtwirtschaftlich führt Sparen nicht zum oft gefürchteten Nachfrageausfall, sondern sie ermöglicht Investitionsnachfrage – und bildet damit erst die Basis für Wirtschaftswachstum. Im von Keynes skizzierten Fall der pessimistischen Erwartungen gilt dieser Zusammenhang jedoch nicht: Es wird gespart, doch die Unternehmen investieren nicht. Damit kommt es zu einer Nachfragelücke, die – gemäß der Lehre von Keynes – durch staatliche Ausgaben zu schließen ist.

Basierend auf diesen wirtschaftstheoretischen Erkenntnissen verfolgte die sozial-liberale Koalition eine sogenannte nachfrageorientierte Wirtschaftspolitik. In zweierlei Hinsicht war dies jedoch ein Holzweg. Erstens ist eine Politik, welche die Nachfrageseite der Volkswirtschaft stärkt, nur dann sachgerecht, wenn die Probleme auch tatsächlich vom Nachfrageausfall ausgelöst sind. Oft liegen die Probleme allerdings auf der Angebotsseite, zum Beispiel weil bestimmte Produkte von den Verbrauchern schlichtweg nicht mehr nachgefragt werden. Im Klartext heißt das: Es werden Güter produziert, die niemand mehr braucht. Die sachgerechte Antwort auf ein solches Problem lautet: Strukturwandel. Die Wirtschaft muss ihre Produktionsstruktur an die neuen Bedürfnisse der Verbraucher anpassen. Dauerhaft kann in solchen Fällen keine staatliche Nachfragepolitik helfen.

Im Regelfall schafft sie sogar neue Probleme. Wenn der Strukturwandel etwa durch die Zahlung von Subventionen behindert oder gar verhindert wird, handelt es sich um lebensverlängernde Maßnahmen für eine sterbende Industrie, deren Erfolgsaussichten nahe null liegen, aber viel Geld verschlingen. Gut gemeint, aber nicht gut gemacht.

Halten wir fest: Situationen, wie sie von John Maynard Keynes dargelegt wurden, sind in der Praxis eher selten zu finden. Das Auf und Ab der Wirtschaft hängt mit einer Vielzahl von Faktoren zusammen. Aber nur ausnahmsweise sind es die von Keynes skizzierten Umstände, die wirtschaftliche Expansion verhindern. Dies hat die verantwortlichen Politiker in der Vergangenheit allerdings selten davon abgehalten, höhere Ausgaben mit keynesianischem Gedankengut zu legitimieren.

Nun zum zweiten Grund, der das Nachfragekonzept scheitern ließ. Politiker haben ganz offensichtlich nur einen Teil des keynesianischen Konzeptes studiert: den der expansiven Politik, also die Nachfragestimulierung. Tatsächlich hat Keynes aus seinen theoretischen Erkenntnissen jedoch die Forderung nach einer antizyklischen Fiskalpolitik abgeleitet. Der Staat soll durch kreditfinanzierte Ausgabenprogramme (»deficit spending«) die Rezession bekämpfen, im Boom soll er aber Überschüsse erzielen und damit die während der Rezession aufgehäuften Schulden wieder abbauen. In der Praxis ist dies in Deutschland, aber auch in fast allen anderen Ländern, nie gelungen. Bei der antizyklischen Fiskalpolitik wurde lediglich die expansive, die Schulden treibende Seite umgesetzt.

Mit Blick auf die vier Phasen eines Konjunkturzyklus – Rezession, Aufschwung, Boom, Abschwung –

verläuft das typische Argumentationsmuster vieler Politiker etwa so:

1. In der Rezession darf nicht gespart werden, weil die Rezession dadurch noch verschärft würde.

2. Während des Aufschwungs darf nicht gespart werden, weil sonst der Aufschwung kaputt gespart würde – im ungünstigsten Fall fiele die Wirtschaft umgehend zurück in die Rezession.

3. Während der Boomphase darf selbstverständlich auch nicht gespart werden, weil man sich noch in der Aufschwungphase wähnt, die ja nicht kaputt gespart werden darf.

4. Im Abschwung darf natürlich schon gar nicht gespart werden, weil damit doch der Abschwung verstärkt würde und die Rezession umso tiefer ausfiele.

Nach Ansicht vieler Politiker gibt es offenkundig nie den richtigen Zeitpunkt, die Staatsausgaben substanziell zurückzuführen. Dies galt insbesondere in den sechziger und siebziger Jahren, doch bis heute sind derartige Argumentationsmuster immer wieder zu hören. Im Ergebnis ist es eine Mischung aus falschem Theorieverständnis und einer schlechten Umsetzung der wirtschaftspolitischen Empfehlungen John Maynard Keynes', die den Schuldenstand des Staates von Konjunkturzyklus zu Konjunkturzyklus weiter in die Höhe getrieben hat.

Zweiter Schub: Deutsche Einigung
beendet Konsolidierungspolitik

Die Umverteilungspolitik und die keynesianischen Experimente hinterließen ihre Spuren: Bis zum Regierungswechsel 1982 war die Staatsverschuldung auf über 36 Prozent des Bruttoinlandsproduktes gestiegen. Damit hatte sich der Schuldenstand gemessen an der Wirtschaftsleistung binnen zehn Jahren verdoppelt. Die Schuldenorgie wirkte noch zwei Jahre nach: Bis 1984 stieg der Schuldenstand auf 39 Prozent des BIP. Danach machten sich die Auswirkungen der wirtschaftspolitischen Neuorientierung bemerkbar, und die Bemühungen der schwarz-gelben Regierungskoalition, den Anstieg der Verschuldung zu stoppen, zeigten Wirkung. Zwischen 1984 und 1990 pendelte sich die Schuldenquote zwischen 39 und 41 Prozent ein, der Trend zu steigender Verschuldung war gebrochen.

Die neue Regierung stand auch für ein neues Wertegerüst. Eigenverantwortung und Leistungsbereitschaft wurden zum Leitbild erklärt, staatliche Rundumversorgung sollte nach dem Willen der Kohl/Lambsdorff/Stoltenberg-Regierung zum Relikt der Siebziger werden. Das Ergebnis konnte sich auch abseits der Schuldenstatistik sehen lassen. Das Wirtschaftswachstum sprang wieder an, die Inflationsraten sanken spürbar, und die Staatsausgabenquote wurde von 1982 bis 1990 um rund vier Prozentpunkte auf 43,6 Prozent zurückgeführt.

Ende der achtziger Jahre wirbelten historische Ereignisse die deutsche Wirtschaftspolitik – und später auch die Staatsfinanzen – gehörig durcheinander. Politisch ein Glücksfall, stellte die Wiedervereinigung im Jahr 1990 die Wirtschaftspolitik vor ungeahnte Herausforderungen.

Als in der DDR das Ende des Sozialismus quasi über Nacht Realität wurde, stand Deutschland ohne ernstzunehmendes Rezeptbuch da.* Wie führt man ein prosperierendes marktwirtschaftliches System mit einem abgewirtschafteten sozialistischen System zusammen? Die Politik wurde, zumindest was die ökonomische Systemtransformation angeht, völlig unvorbereitet getroffen. Besonders der enorme Zeitdruck machte der Politik zu schaffen. Wo Kapital und Menschen nicht mehr durch den »Eisernen Vorhang« getrennt waren, drohte bei politischen Fehlentscheidungen die Abstimmung mit den Füßen. »Kommt die D-Mark nicht zu uns, gehen wir zu ihr«, lautete ein vielzitierter Spruch der ostdeutschen Bürger.

So wie Deutschland die Wiedervereinigung organisierte, musste sie teuer, ja sehr teuer werden. Sie bedeutete das abrupte Ende der fiskalischen Konsolidierungsphase. Es reichte bei weitem nicht aus, bei den öffentlichen Ausgaben andere Schwerpunkte zu setzen. Es reichte auch nicht aus, die Steuern zu erhöhen. Der Solidaritätszuschlag ist der bis heute sichtbare Ausweis, dass für die Einigung auch unkonventionelle Schritte nötig waren. Neben dem Solidaritätszuschlag und neben dem erneuten, deutlichen Anstieg der Abgabenquote stieg die Staatsverschuldung abermals kräftig an: Binnen fünf Jahren betrug der Zuwachs gut 15 Prozentpunkte (auf 55 % des BIP). Weitere fünf Jahre später lag die Verschuldung bereits fast bei der 60-Prozent-Marke. Damit näherte sich der deutsche Schuldenstand erstmalig der Marke, die gemäß dem Europäischen Stabilitäts- und Wachstumspakt für die Euro-Teilnehmerländer das Schulden-Limit darstellt.

---

* Vgl. Walter/Quitzau (2005), S. 160 ff.

Die finanzielle Abhängigkeit der neuen Bundesländer war und ist enorm. Im Zeitraum von 1991 bis 1999 erhielten die ostdeutschen Länder Nettotransfers von über 600 Mrd. Euro, also durchschnittlich rund 70 Mrd. Euro pro Jahr. Offiziell werden die West-Ost-Transfers zwar nicht mehr berechnet, die jährlichen Transferzahlungen dürften allerdings auch heute noch deutlich über die Mittel des Solidarpaktes II und des Länderfinanzausgleichs hinausgehen.

Die Wiedervereinigung ist der wichtigste Grund für die Sonderentwicklung Deutschlands bei der Staatsverschuldung innerhalb der Europäischen Währungsunion (EWU). Während die meisten EWU-Teilnehmerländer ihre öffentliche Verschuldung gemessen am BIP in den neunziger Jahren zum Teil deutlich zurückführen konnten, stieg die Schuldenlast in Deutschland quasi ohne Unterbrechung an.

Die Wiedervereinigung kann allerdings keine Entschuldigung dafür sein, dass die Verschuldung – abgesehen von kurzen Unterbrechungen während der Konjunkturaufschwünge 2000/2001 und 2006/2007 – auch im vergangenen Jahrzehnt weiter in die Höhe geschossen ist. Spätestens im neuen Jahrtausend rächten sich die reformpolitischen Versäumnisse der Vorjahre. Nach der Wiedervereinigung verfestigte sich ein lähmender Reformstau. Wenn sich in den neunziger Jahren überhaupt Reformbereitschaft entfaltete, wurde sie spätestens von der Opposition über den Bundesrat zunichtegemacht. Auch nach dem Regierungswechsel 1998 sollte sich nichts ändern. Zunächst wurde sogar versucht, mit rückwärtsgewandter Politik zum Erfolg zu kommen. Die Globalisierung und der damit verbundene globale Konkurrenzdruck waren in wichtigen Teilen der Politik of-

fenkundig noch nicht angekommen. Erst die Reform-
maßnahmen der von Bundeskanzler Schröder im März
2003 verkündeten »Agenda 2010« konnten wesentliche
Fehlentwicklungen korrigieren.

Doch während nach Mitte der neunziger Jahre die
Welt in Champagnerlaune auf die Globalisierung anstieß
und rekordhohe Wachstumsraten verbuchte, blieb es in
Deutschland beim Miniwachstum. Schlechte Nachrich-
ten für den Finanzminister – angesichts des schwachen
Wachstums stiegen die Budgetdefizite in die Höhe, und
zwar weiter als durch den Stabilitäts- und Wachstumspakt zulässig. Die fällige Abmahnung und der Empfang
des blauen Briefes wusste die Schröder/Eichel-Regie-
rung abzuwenden. Am Ende dieses Vorgangs stand die
schmerzhafte Amputation des Stabilitäts- und Wachstumspaktes. Dies ist ein Armutszeugnis für Deutschland
und für Europa eine unerträgliche Schwächung des Sta-
bilitätsgedankens. Dazu später mehr.

Dritter Schub: Finanz- und Wirtschaftskrise

Witterten linksorientierte Politiker und Ökonomen in
der Vergangenheit um jede Hausecke eine Nachfragelücke, die mit Konjunkturprogrammen zu schließen sei,
sollte in der Weltwirtschaftskrise 2008/09 tatsächlich
die große Stunde keynesianischer Politik schlagen. Der
Einbruch der Weltwirtschaft war eine keynesianische
Situation wie aus dem Lehrbuch. Verbraucher und Unternehmen befanden sich gleichermaßen in einer Art
Schockstarre. Die extrem ungewissen Zukunftsaussich-
ten hielten die Verbraucher vom Einkauf ab, Vorsorge-
sparen lag allen nahe. Gleichzeitig investierten die Unternehmen nicht, weil sich durch die Kaufzurückhaltung

der Verbraucher die Absatzchancen massiv eingetrübt hatten. Wenn Konsumenten und Unternehmen gleichzeitig auf den Weltuntergang setzen und sich auch von sinkenden Zinsen nicht aufmuntern lassen, wer kann den konjunkturellen Absturz dann noch stoppen? In einer solchen Situation bleibt nur die Finanzpolitik. Und die Regierungen haben weltweit gute Arbeit geleistet, als sie mit Konjunkturprogrammen von insgesamt über 1,5 Billionen US-Dollar den globalen Absturz stoppten und die spiralförmige Verstärkung der Krise verhinderten.

Was in der Krise gut war, kann allerdings nach der Krise kein Erfolgsrezept mehr sein. Dies gilt besonders für die USA. Wer die nach wie vor offensichtlichen Strukturprobleme mit weiteren Konjunkturprogrammen zu beheben versucht, wird erfolglos bleiben. Ein Motor kann versagen, weil kein Benzin mehr im Tank ist. Er kann aber auch versagen, weil der Motor defekt ist. Im ersten Fall hilft tanken, im zweiten Fall nur die Werkstatt. Der amerikanische Wagen ist mit Konjunkturprogrammen randvoll aufgetankt, jetzt müssen die Mechaniker ans Werk und den Wagen wieder flottmachen.

Um im Bild zu bleiben: Das Auftanken hat auch in Deutschland viel Geld gekostet. Die Krise und die Bekämpfungsmaßnahmen haben die öffentliche Verschuldung zwischen Ende 2007 und Ende 2009 um 182 Milliarden Euro erhöht. Bezogen auf das Bruttoinlandsprodukt von 2007 ist dies ein Anstieg um gut 7 Prozentpunkte. Im gleichen Zeitraum ist das BIP jedoch rezessionsbedingt geschrumpft; das heißt, die Bezugsgröße für den Schuldenstand ist gesunken. Die Verschuldungsquote lag Ende 2009 deshalb nicht nur um die rechnerischen 7, sondern sogar um 8,5 Prozentpunkte höher.

Mehrere Faktoren waren für den Schuldenanstieg von 182 Milliarden Euro verantwortlich: Erstens führt eine Rezession zu Einnahmeausfällen bei den Gebietskörperschaften und Sozialversicherungen. Da die Politik im Regelfall nicht in den Abschwung hineinspart, führen die Einnahmeausfälle mindestens vorübergehend zu steigenden Haushaltsdefiziten.

Zweitens wirken in jedem konjunkturellen Abschwung die sogenannten automatischen Stabilisatoren. »Automatisch« deshalb, weil die Stabilisatoren zum Einsatz kommen, ohne dass die Politik aktiv werden muss: Steigt die Arbeitslosigkeit, dann steigen automatisch die Leistungen der Arbeitslosenversicherung. Mit anderen Worten: Ein Teil des potenziellen Nachfragerückgangs wird dadurch aufgefangen, dass diejenigen, die in einer Rezession ihren Arbeitsplatz verlieren, Lohnersatzleistungen erhalten. Die automatische Konjunkturstabilisierung ist also das Ergebnis des Steuer- und Transfersystems. Da der deutsche Sozialstaat im internationalen Vergleich üppig ausgebaut ist, war der Bedarf an zusätzlichen Konjunkturprogrammen während der Krise in Deutschland relativ gering. Nach Angaben der Bundesbank war der Anstieg des Budgetdefizits im Jahr 2009 zu rund 40 Milliarden Euro oder 1,5 Prozent des Bruttoinlandsproduktes auf das Wirken der automatischen Stabilisatoren zurückzuführen.

Drittens: Ganz ohne Konjunkturpakete ging es dennoch nicht. Denn gerade als Exportnation konnte es sich Deutschland nicht erlauben, im Ausland den Eindruck zu erwecken, man wolle als »Trittbrettfahrer« allein von den im Ausland geschnürten Konjunkturprogrammen profitieren. Die Konjunkturpakete I (vom 5. November 2008) und II (vom 14. Januar 2009) umfassten ein Gesamtvolumen von knapp 80 Milliarden Euro, verteilt auf die Jahre 2008 und 2009. Sowohl die Privatbürger als auch die Unternehmen konnten sich über Entlastungen freuen.* Zum Kassenschlager wurde dabei die sogenannte »Abwrackprämie« für alte Kraftfahrzeuge. Sie bescherte der Automobilindustrie eine gewaltige Sonderkonjunktur. Während die Abwrackprämie zeitlich befristet war, beinhaltete das Konjunkturpaket II auch Elemente – wie zum Beispiel die Senkung des Eingangssteuersatzes bei der Einkommensteuer –, die über die Krisenzeit hinaus gelten. Insgesamt wird nur knapp die Hälfte der defizitwirksamen Maßnahmen vorübergehender Natur sein.

In den zuvor genannten Zahlen sind die Schulden der sogenannten »Sondervermögen« des Bundes nur zum Teil berücksichtigt. Mit Blick auf die Finanz- und Wirtschaftskrise interessiert vor allem der Sonderfonds Finanzmarktstabilisierung (SoFFin). Der Fonds wurde mit einem Volumen von 480 Milliarden Euro ins Leben gerufen, um einen »Rettungsschirm« über der deutsche Bankenlandschaft aufzuspannen. Die unvorstellbar hohe Summe von 480 Milliarden Euro – rund 20 Prozent des deutschen Bruttoinlandsproduktes – hatte eine erwünschte Wirkung und eine unerwünschte Nebenwirkung: Erwünscht war, das Vertrauen in das Finanzsystem wiederherzustellen. Die Zweifel, ob einzelne Banken und das Bankensystem als Ganzes noch solvent und damit vertrauenswürdig waren, konnten zerstreut werden. Die Rechnung der Bundesregierung war aufgegangen: Sie

---

* Einen Überblick über die Einzelmaßnahmen der Konjunkturpakete gibt das Bundesministerium für Wirtschaft und Technologie (2010), Internet-Link: http://www.bmwi.de/BMWi/Navigation/Wirtschaft/Konjunktur/konjunkturpakete-1-und-2.html

hatte die Muskeln spielen lassen und damit die Marktteilnehmer und Regulatoren in anderen Ländern beeindruckt. Die schiere Masse des Rettungspaketes signalisierte, dass die Bundesrepublik mit ihrer Wirtschaftskraft den Banken im Ernstfall beiseitestehen würde.

Als unerwünschte Nebenwirkung war – nicht nur in Deutschland – zu verbuchen, dass nun die Solvenz der Staaten in den Fokus rückte. Was angesichts der gigantischen Summen oft nicht berücksichtigt wird: Die Mittel des Rettungsschirms stellen keine tatsächlichen Ausgaben des Bundes dar, sondern geben lediglich einen Rahmen vor, der zu einem großen Teil aus Garantien (bis zu 400 Milliarden Euro) und nicht aus kassenwirksamen Zahlungen an den Bankensektor besteht. Noch lässt sich nicht sagen, wie hoch die tatsächlichen Belastungen sein werden. Neuere Berechnungen lassen jedoch vermuten, dass die direkten Kosten der Krise – also die Hilfsleistungen für den Bankensektor – weit unter den zunächst befürchteten Größenordnungen liegen dürften. Für Deutschland wird inzwischen erwartet, dass die Belastungen unter einem Prozent des BIP liegen werden.*

---

* Vgl. Schildbach (2010).

Schulden verbieten?

Sind Defizite und Schulden immer von Übel? Sollte man es Regierungen per Gesetz grundsätzlich verbieten, Schulden zu machen? Die Antwort ist auch in Zeiten der internationalen Schuldenkrise ein klares »Nein«! Es gibt drei gute Gründe, staatliche Schulden zuzulassen:

1. **Konjunkturglättung:** Im konjunkturellen Abschwung sinken die Steuereinnahmen, und die Sozialausgaben steigen. Wer in diesem Umfeld einen ausgeglichenen Haushalt erreichen möchte, muss in den Abschwung hinein sparen – und würde ihn dadurch wohl verschärfen. Besser ist es, die automatischen Stabilisatoren wirken zu lassen und die damit verbundenen Defizite zu akzeptieren. Dafür steigen im nächsten Aufschwung die Steuereinnahmen, und der Staat muss weniger Geld für Arbeitslosigkeit ausgeben. Über einen Konjunkturzyklus gleichen sich Defizite und Überschüsse aus, Schulden sind also nur ein vorübergehendes Phänomen.

2. **Flexibilität bei unvorhergesehenen Ausgaben:** Was soll ein Land tun, das von einer schweren Naturkatastrophe heimgesucht wird? Wie soll etwa Japan finanzpolitisch auf die jüngste Erdbebentragödie reagieren? Für den Wiederaufbau werden umfangreiche Mittel benötigt, die sich nicht aus dem laufenden Haushalt finanzieren lassen. Wollte eine Regierung in so einer Situation ohne Schulden auskommen, müsste sie die Steuer- und Abgabensätze massiv anheben und würde damit die Steuerzahler überfordern. Sinnvoller ist es, solch unerwartete Ausgabenschübe, deren Ursache zudem nicht von der Regierung zu verantworten ist, über

Kredite zu finanzieren. Die Lasten können auf diese Weise über einen längeren Zeitraum gestreckt werden.

3. **Gerechte Lastenverteilung:** Der Staat muss immer wieder Projekte finanzieren, deren Nutzen nicht allein dem heute lebenden Steuerzahler, sondern auch künftigen Generationen zugutekommt. Dazu gehört die Verkehrsinfrastruktur wie Autobahnen oder Seehäfen. Sollen auch künftige Nutzer an den Kosten beteiligt werden, bietet es sich an, das Projekt teilweise über Kredite zu finanzieren. Ohne den Rückgriff auf Kredite würden die heutigen Steuerzahler überfordert, und gegebenenfalls würden dringend benötigte Investitionen nicht durchgeführt.

Schuldenfinanzierung hat also eine wichtige Funktion. Ohne die Möglichkeit, in begründeten Fällen Lasten vorübergehend in die Zukunft zu verlagern, würden Wohlfahrtspotenziale verschenkt. Wird das Instrument hingegen überstrapaziert, dann werden Schulden zur Last, und über kurz oder lang werden die politischen Handlungsspielräume eingeengt. Am Ende können sogar in den oben genannten drei Fällen keine Kredite mehr aufgenommen werden, weil das Land seine Kreditwürdigkeit verliert und niemand mehr bereit ist, der Regierung Geld zu leihen.

Das Fass läuft über:
Der Euro in der Krise

Trotz des abermaligen Verschuldungsanstiegs stand die Zahlungsfähigkeit Deutschlands nicht in Frage. Im Gegenteil, deutsche Staatsanleihen galten auch während der sich zuspitzenden internationalen Verschuldungskrise als bombensicher, als »sicherer Hafen« in stürmischen Zeiten. So schnell kann es gehen: vom kranken Mann zum Retter Europas.

Ab Ende 2009 sollten sich in Europa Spreu und Weizen trennen. Auslöser der Euro-Krise war die Herabstufung der Kreditwürdigkeit Griechenlands durch die Ratingagenturen, nachdem die neugewählte griechische Regierung Ende 2009 massiv höhere Haushaltsdefizite zugegeben hatte, als bis dato bekannt gewesen. Angesichts des hohen Refinanzierungsbedarfs sowie der negativen wirtschaftlichen Aussichten wurde die Kreditwürdigkeit Griechenlands durch die Marktteilnehmer sehr schnell in Zweifel gezogen. Anfang Mai stiegen die Zinsen auf über 12 %, Griechenland musste damit zeitweilig bis zu 10 Prozentpunkte höhere Zinsen als Deutschland aufbringen – die Zahlungsunfähigkeit Griechenlands drohte. Daneben wurden zunehmend auch andere Länder wie Portugal und Spanien kritisch betrachtet. Die Erfolge der fiskalischen Konsolidierung, die zuvor in der Eurozone verzeichnet wurden, waren nur noch Makulatur.

Die Gemeinschaftswährung stand vor einer Zerreißprobe. Die Europäische Union geriet unter erheblichen Druck, der Schuldenkrise mit politischen Maßnahmen zu begegnen. Wie konnte es überhaupt zu der dramatischen Entwicklung kommen? War der Euro doch bis zum Ausbruch der Griechenland-Krise eine ausgesprochene Erfolgsgeschichte: Die Inflationsraten waren so niedrig, dass sie sogar unter dem langjährigen Inflationsdurchschnitt zu D-Mark-Zeiten lagen.

Auch der Außenwert des Euro, also sein Wechselkurs, hatte sich nach Startschwierigkeiten von 2003 bis zur Zuspitzung der Finanzkrise im Sommer 2008 erfreulich entwickelt. Zu Beginn der Griechenland-Krise Anfang Dezember 2009 notierte der Eurokurs zum US-Dollar bei 1,50. Damit war der Euro im Verhältnis zum Dollar etwa 25 Prozent mehr wert als bei seiner Einführung im Jahr 1999. Damals hätte man für einen Euro nur 1,18 US-Dollar erhalten. Die Kaufkraft war also hoch – im Inland wie im Ausland. Dass sich der Euro auf internationaler Bühne zu einer angesehenen Währung entwickelt hatte, belegt auch seine Rolle als Reservewährung: Von 1999 bis 2007 stieg sein Anteil an den globalen Devisenreserven von 18 auf 26,5 Prozent.[*]

Die Erfolgsgeschichte war vor allem der Geldpolitik der Europäischen Zentralbank zu verdanken. Im Vorfeld der Euro-Einführung hatte es nicht nur bei den Bürgern, sondern auch unter Ökonomen vielfach Befürchtungen gegeben, das neue Geld könnte eine Weichwährung werden. Aber die Europäische Zentralbank agierte in bester Tradition der Bundesbank und konnte alle Befürchtungen zerstreuen. Erst als die Schuldenkrise in Europa eskalierte, traten alte Befürchtungen wieder zutage, die bereits vor der Euro-Einführung für intensive Diskussionen und Streitigkeiten gesorgt hatten.

Schon damals war klar, dass die angestrebte Eurozone nicht den Kriterien eines »optimalen Währungsraums« entsprach. Gemäß dem Wirtschaftsnobelpreisträger

---

[*] Vgl. Becker (2008).

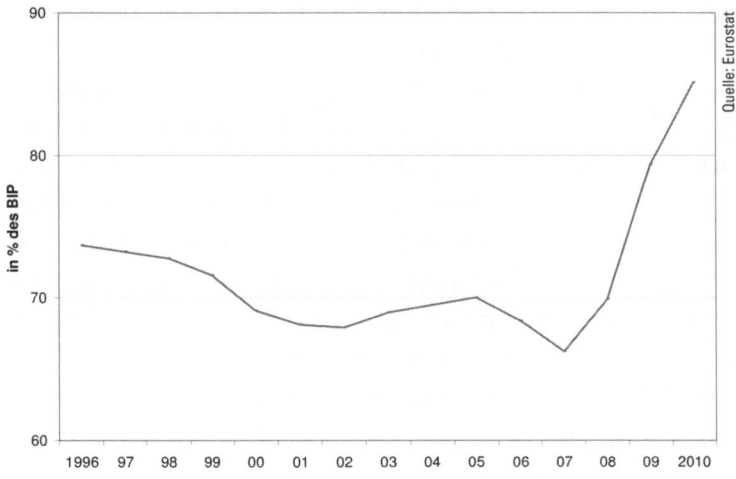

Robert Mundell ist das elementare Kennzeichen eines optimalen Währungsraums eine hohe Faktormobilität. Konkret bedeutet dies, dass der Arbeitsmarkt im Währungsgebiet flexibel und offen sein muss. Wirtschaftliche Schocks, die verschiedene Regionen des Währungsraums unterschiedlich stark treffen, müssen durch eine hohe Mobilität der Arbeitskräfte abgefedert werden können.* Ergänzend können Schocks auch über eine hohe Mobilität der Faktorpreise abgefedert werden. Konkret heißt dies, dass zum Beispiel die Arbeitslöhne sehr flexibel sein müssen. In einer Krise wären also sinkende Löhne angezeigt.

Die europäische Realität sah und sieht jedoch anders aus. Die grenzüberschreitende Mobilität der Arbeitskräfte ist im Euroraum nicht eben hoch. Neben unterschiedlichen Mentalitäten und einer relativ geringen Be-

---

* Es gibt noch eine Reihe weiterer Faktoren, die in der Literatur als charakteristisch für einen optimalen Währungsraum gesehen werden. Am wichtigsten ist jedoch die Faktormobilität.

reitschaft, auch im Ausland nach einem Arbeitsplatz zu suchen, spielen Sprachbarrieren eine große Rolle. Dies ist ein gravierender Unterschied zu den Vereinigten Staaten, wo landesweit die gleiche Sprache gesprochen wird und auch deshalb die Mobilität der Arbeitnehmer wesentlich höher ist als in Europa. Wäre die Eurozone ein optimaler Währungsraum, dann hätte man in der Wirtschaftskrise in größerem Umfang Wanderungsbewegungen von Griechenland und Spanien nach Deutschland registrieren müssen. Während die Krise in den Mittelmeerländern andauerte und die Arbeitslosigkeit auf sehr hohem Niveau verharrte, kam Deutschland mit hohem Tempo und einer überaus positiven Arbeitsmarktentwicklung aus der Rezession.

Trotz dieser ungleichen Entwicklung innerhalb der Eurozone blieben größere Wanderungen aus. Auch die Löhne wurden in den betroffenen Ländern nicht in der erforderlichen Höhe gekürzt, unter anderem aus Angst vor einer deflationären Abwärtsspirale. Die Einschätzung, dass es sich um keinen optimalen Währungsraum im theoretischen Sinne handelt, wurde also in der Praxis bestätigt. Doch damit nicht genug. Schon vor der Geburtsstunde des Euro war klar, dass es innerhalb Europas erhebliche Mentalitätsunterschiede gibt: Mentalitätsunterschiede hinsichtlich Leistungsbereitschaft und Arbeitseinstellung, aber auch hinsichtlich der Bereitschaft der Regierungen, sich zu verschulden und damit auf Kosten der Zukunft zu leben. Aus diesem Blickwinkel betrachtet, sprach zunächst wenig dafür, so viele unterschiedliche Länder in dem einheitlichen Währungsraum zu integrieren.

Doch die Zeiten hatten sich geändert. Wollte Europa auch im Zuge der Globalisierung sein politisches und wirtschaftliches Gewicht behalten, konnte es sich keine währungspolitische Kleinstaaterei mehr erlauben. Die wirtschaftliche Verflechtung innerhalb Europas war durch die Implementierung des freien Verkehrs für Personen, Kapital sowie Güter und Dienstleistungen enorm gestiegen. Wollte man die europäische Integration durch Wechselkursturbulenzen dauerhaft belasten? Wollte man die Unternehmen bei Geschäften innerhalb der Europäischen Union dem Wechselkursrisiko aussetzen, ihnen hohe Transaktions- und Kurssicherungskosten zumuten? Wollte man sich damit im Wettbewerb mit den anderen großen Wirtschaftsräumen (Japan, USA) unnötigen Sand ins Getriebe streuen? Wohl kaum! Vielmehr sollte mit der Währungsunion der krönende Abschluss des europäischen Binnenmarktes gefeiert werden. Mit der Währungsunion sollte auch die Vergleichbarkeit der Preise und damit die Wettbewerbsintensität erhöht werden. Schließlich gab es auch politische Gründe: So war in Europa nach der Wiedervereinigung offensichtlich der Wunsch gewachsen, Deutschland und die deutsche Geldpolitik zu »europäisieren«.*

Europa stand also vor einem Dilemma: Während die Liberalisierung der Kapitalmärkte, die Globalisierung der Wirtschaft und die politische Entwicklung gute und drängende Gründe für die Einführung einer europäischen Gemeinschaftswährung lieferten, standen die oben skizzierten Bedenken hinsichtlich der mangelnden Homogenität des angestrebten Währungsgebietes im Raum. Wie könnte es gelingen, die wirtschaftspolitischen Erfordernisse mit diesen grundsätzlichen Bedenken zu vereinbaren?

---

* Zu den für eine Währungsunion sprechenden Argumenten vgl. ausführlich Hanke/Walter (1997).

Ohne intensive Vorarbeiten hätte die Währungsunion von Beginn an kaum funktionieren können. Da die Eurozone offensichtlich kein optimaler Währungsraum war, wurden die potenziellen Teilnehmerländer vorab gemeinsam ins Trainingslager geschickt. Trainiert wurden die Disziplinen: (a) Fiskalische Solidität, (b) Inflationsbekämpfung und (c) Wechselkursstabilität. Die Qualifikation zur Währungsunion führte über die Maastrichter Konvergenzkriterien. Durch sie sollte gewährleistet werden, dass sich die Euro-Teilnehmerländer makroökonomisch annähern und dass die Währungsunion später nicht durch die unsolide Finanzpolitik einzelner Länder gefährdet wird. Asymmetrische Schocks sollten auf diese Weise von vornherein weniger wahrscheinlich werden. Hinzu kam die Erwartung, dass nach der Euro-Einführung die Märkte, vor allem die Arbeitsmärkte, flexibilisiert würden. Denn ohne die Möglichkeit, die Konjunktur über die Abwertung der Landeswährung zu beleben, brauchten die Euro-Teilnehmer neue Stellschrauben, um gutes Wachstum und hohe Beschäftigung zu sichern.

Die EU-Konvergenzkriterien

1. Die Inflationsrate eines Landes darf maximal 1,5 Prozentpunkte über dem Durchschnitt der drei stabilsten Währungen der Mitgliedsländer liegen.
2. Das gesamtstaatliche Defizit pro Jahr darf 3 Prozent des BIP nicht überschreiten. Der gesamte Schuldenstand darf maximal 60 Prozent des BIP betragen.
3. Die langfristigen Zinssätze eines Mitgliedslandes (Staatsanleihen) dürfen nicht mehr als zwei Prozentpunkte über dem Durchschnitt der Zinsen der drei preisstabilsten Länder liegen.
4. Die Währung eines Mitgliedslandes muss sich mindestens zwei Jahre lang innerhalb eines bestimmten Wechselkursbandes bewegt und damit Wechselkursstabilität nachgewiesen haben.

Der Europäische Stabilitäts- und Wachstumspakt

Für die Euro-Teilnehmerländer gilt:
1. Defizitkriterium: Der Staatshaushalt soll in wirtschaftlich normalen Zeiten und über den Konjunkturzyklus hinweg annähernd ausgeglichen sein. In Abschwungphasen sind Haushaltsdefizite zum Zweck der Konjunkturstabilisierung zwar zugelassen, die Neuverschuldung darf aber maximal 3 Prozent des BIP betragen.
2. Schuldenstandskriterium: Der Schuldenstand eines Mitgliedstaates darf 60 Prozent des Bruttoinlandsproduktes nicht überschreiten.

Zudem ist im Pakt vorgesehen, dass der Rat der Europäischen Union Sanktionen verhängen kann, wenn ein Mitgliedstaat die erforderlichen Schritte zur Behebung eines übermäßigen Defizits nicht unternimmt (Defizitverfahren). Zunächst kann die Hinterlegung einer unverzinslichen Einlage bei der Gemeinschaft gefordert werden. Sofern das übermäßige Defizit nicht binnen zwei Jahren beseitigt worden ist, kann die unverzinsliche Einlage in eine Geldbuße umgewandelt werden. Es gibt jedoch keinen Automatismus: Der Rat entscheidet im Einzelfall, welche Sanktionen ergriffen werden.

Die Erfüllung der Konvergenzkriterien war ein notwendiger, aber noch kein ausreichender Schritt, um die dauerhafte Stabilität der Gemeinschaftswährung zu garantieren. Die Fiskalregeln behielten deshalb auch ihre Geltung: Gemäß dem Europäischen Stabilitäts- und Wachstumspakt dürfen die Euro-Mitgliedsländer auch weiterhin nur einen Schuldenstand von maximal 60 Prozent und ein jährliches Budgetdefizit von höchstens 3 Prozent verbuchen. Über einen Konjunkturzyklus hinweg muss das Budget sogar ausgeglichen sein – das 3-Prozent-Defizitkriterium stellt also keinen Zielwert, sondern einen Höchstwert dar.

Der Stabilitäts- und Wachstumspakt ist eine von drei tragenden Säulen, die zusammen das stabilitätspolitische Fundament der europäischen Gemeinschaftswährung bilden. Für Deutschland war der Pakt sogar eine politische Voraussetzung, um die deutsche Bevölkerung zum Verzicht auf die geliebte D-Mark zu bewegen.

Die Notwendigkeit der fiskalischen Disziplin wurde durch eine weitere Vorkehrung bekräftigt: Sollte ein Land trotz des Stabilitäts- und Wachstumspaktes in Not geraten und seine Schulden nicht mehr begleichen können, würden die anderen Euro-Staaten nicht aushelfen. Gemäß Art. 125 AEUV (früher Art. 103 EG-Vertrag) ist die Übernahme von oder die Haftung für Schulden für ein Teilnehmerland durch die anderen Länder nicht zulässig.

Der Vertrag über die Arbeitsweise der Europäischen Union, (AEUV), Artikel 125, Absatz 1 im Wortlaut: »Die Union haftet nicht für die Verbindlichkeiten der Zentralregierungen, der regionalen oder lokalen Gebietskörperschaften oder anderen öffentlich-rechtlichen Körperschaften, sonstiger Einrichtungen des öffentlichen Rechts oder öffentlicher Unternehmen von Mitgliedstaaten und tritt nicht für derartige Verbindlichkeiten ein; dies gilt unbeschadet der gegenseitigen finanziellen Garantien für die gemeinsame Durchführung eines bestimmten Vorhabens. Ein Mitgliedstaat haftet nicht für die Verbindlichkeiten der Zentralregierungen, der regionalen oder lokalen Gebietskörperschaften oder anderen öffentlich-rechtlichen Körperschaften, sonstiger Einrichtungen des öffentlichen Rechts oder öffentlicher Unternehmen eines anderen Mitgliedstaats und tritt nicht für derartige Verbindlichkeiten ein; dies gilt unbeschadet der gegenseitigen finanziellen Garantien für die gemeinsame Durchführung eines bestimmten Vorhabens.«

Diese Regelung ist als sogenanntes Bailout-Verbot bekannt geworden und ist die zweite tragende Säule der neuen Währung. Das Verbot darf nicht als Ausdruck mangelnder Solidarität innerhalb der Union verstanden werden. Vielmehr ist das Bailout-Verbot eine zusätzliche Präventivmaßnahme, um unsolide Finanzpolitik im Ansatz zu verhindern. Die Botschaft sollte sein: Wer den gemeinsam beschlossenen Weg der Sparsamkeit verlässt und trotz des Stabilitäts- und Wachstumspaktes in Schwierigkeiten gerät, darf nicht auf fremde Hilfe hoffen. Das Bailout-Verbot war also darauf ausgerichtet, die Eigenverantwortlichkeit auf staatlicher Ebene zu verankern.

Als letzte Hilfsinstanz bliebe somit nur noch die Zentralbank. Ein Staat in Not könnte versuchen, bei der Zentralbank Kredit zu erhalten, wenn die internationalen Kapitalmärkte und die EU-Gemeinschaft nichts mehr hergeben. Da die Finanzierung öffentlicher Kredite durch die Zentralbank Inflationsgefahren für die gesamte Eurozone eröffnet hätte, wurde auch dieser Weg versperrt: Die Europäische Zentralbank ist unabhängig,

insbesondere von politischen Weisungen – die Unabhängigkeit der Notenbank stellt die dritte Säule der
Stabilität des Euro dar. Die Erfahrung zeigt, dass Unabhängigkeit von der Politik der wirksamste Inflationsschutz ist. Zudem wurde das Verbot der Finanzierung
öffentlicher Defizite durch die Zentralbank explizit in
den EU-Vertrag aufgenommen.* Die Gründerväter des
Euro wussten, dass gesunde öffentliche Finanzen die
Vorbedingung für stabiles Geld sind. Mit dem Stabili-
täts- und Wachstumspakt, dem Bailout-Verbot und der
unabhängigen Europäischen Zentralbank hatten sie alle
Voraussetzungen für den dauerhaften Erfolg des Euro
geschaffen.

Doch nachdem die europäische Einheitswährung
Realität geworden war, sollte der Stabilitätspakt recht
schnell unter Beschuss geraten. Nach der globalen Kon-
junktureintrübung im Jahr 2001 begannen die Schulden-
quoten wieder zu steigen. Mehrere Länder gerieten zudem in Konflikt mit dem Defizitkriterium des Paktes. So
verletzten Portugal und Griechenland im Jahr 2001 mit
Defiziten von 4,4 und 3,6 Prozent den Stabilitätspakt. Es
wäre jedoch zu kurz gegriffen, die Probleme an den Ländern festmachen zu wollen, die auch im Jahr 2010 im
Mittelpunkt der europäischen Schuldenkrise stehen. Viel
entscheidender ist, dass ab 2002 auch die großen Länder
Frankreich und Deutschland das Defizitkriterium verletzten. Bis zum Jahr 2005 lagen die gesamtstaatlichen
Defizite beider Länder durchweg über 3 Prozent des
Bruttoinlandsproduktes.

Wie vom Stabilitätspakt vorgesehen, bekam Deutschland als Frühwarnung zunächst den »blauen Brief«. Im

---

* Artikel 123 AEUV, ehemals Artikel 101 EGV.

Januar 2003 eröffnete der ECOFIN-Rat ein Defizitverfahren gegen Deutschland, an dessen Ende sogar Geldstrafen hätten stehen können. Statt die Regeln zu akzeptieren, die auf deutsches Drängen vor der Euro-Einführung aufgestellt worden waren, beteiligte sich Deutschland an der Demontage des Paktes. Bereits im November 2003 wurde das Defizitverfahren gegen Deutschland und Frankreich ausgesetzt. Im Gegenzug versprachen zwar beide Länder, ihre Defizite bis 2005 wieder unter 3 Prozent zu senken, doch erstens war dies nicht regelkonform, und zweitens war das Versprechen wertlos, denn es wurde nicht eingehalten.

Im Jahr 2005 hat die EU nach langen und kontroversen Diskussionen den Stabilitäts- und Wachstumspakt schließlich reformiert. Sie hat damit dem Drängen der Kritiker, vor allem aber auch dem Druck der Sünderländer unter deutscher Beteiligung nachgegeben. Die beiden Fiskalkritierien (60 % Gesamtverschuldung, 3 % Budgetdefizit) wurden erfreulicherweise zwar nicht angetastet, doch es wurde eine Reihe »mildernder Umstände« eingeführt. Wenn es fortan um die Frage ging, ob ein Defizitverfahren gegen ein Land eingeleitet werden soll, konnte zum Beispiel berücksichtigt werden, ob ein Land Strukturreformen eingeleitet hat, die in absehbarer Zeit eine wirtschaftliche Erholung würden erwarten lassen. Oder es können die Kosten für die Einigung Europas berücksichtigt werden. Auch längere Stagnationsphasen dürfen seither als mildernde Umstände geltend gemacht werden.

Die Liste enthält so viele dehnbare Punkte, dass eigentlich für jeden Sünder die passende Ausrede dabei ist. Positiv bleibt zu erwähnen, dass mit Blick auf die zuvor gemachten Erfahrungen punktuelle Verbesserungen eingeführt wurden: So wurde der »präventive Arm« des Paktes dadurch gestärkt, dass die Budgetkonsolidierung in konjunkturell guten Zeiten zu verschärfen ist. Auch der Gesamtschuldenstand eines Landes sollte stärker berücksichtigt werden. Länder mit hohen Schuldenständen hätten entsprechend höhere Konsolidierungsanstrengungen zu unternehmen.

Trotz dieser punktuellen Verbesserungen haben wir die Reform mit unseren Kollegen bereits unmittelbar nach der Entscheidung kritisch kommentiert und als »Lizenz zur Verschuldung« bewertet.* Deutschland darf sich als Geburtshelfer, muss sich aber auch als Totengräber des Stabilitätspaktes fühlen. Inzwischen hat sich bewahrheitet, wie folgenreich die Schwächung des Paktes ist. Viel spricht dafür, dass es ohne das anfängliche Ignorieren und die spätere Aushöhlung des Stabilitätspaktes nicht zur europäischen Schuldenkrise im Jahr 2010 gekommen wäre. Griechenland hatte sich nicht nur mit geschönten – und erst deutlich später nach oben revidierten – Defizitzahlen in den Euro-Club gemogelt. Auch nach dem Euro-Beitritt hat Griechenland seine Schummel- und Revisionskultur weiter gepflegt, unter den Augen der EU und unter den Augen seiner Euro-Partnerländer. Wäre der Stabilitätspakt strikt angewandt worden, hätte Griechenland zumindest die Chance gehabt, die Wirtschafts- und Finanzkrise aus eigener Kraft zu überstehen. Nun muss Griechenland im Hauruck-Verfahren aus dem Schlamassel herauskommen.

Bei der Frage, ob der Stabilitätspakt strikt hätte eingehalten werden müssen, geht es auch um die Einhal-

---

* Vgl. Becker (2005), Quitzau (2005).

176

tung von Prinzipien. Prinzipien können sehr hilfreich sein, weil sie in unübersichtlichen und möglicherweise emotional belasteten Situationen einen zuvor festgelegten Handlungsleitfaden bieten. Mit Blick auf die Theorie des amerikanischen Philosophen John Rawls könnte man formulieren, dass sich gute Prinzipien unter dem »Schleier des Nichtwissens« herausbilden. Mit anderen Worten: Wer Regeln oder Prinzipien für die Zukunft aufstellen muss und nicht weiß, wie die eigene Rolle in einer späteren Entscheidungssituation sein wird, der wird sich für die objektiv vernünftigsten Regeln entscheiden. Oder noch anders ausgedrückt: Der »Schleier des Nichtwissens« ermöglicht die Abstraktion von Subjektivität. Für das tägliche Leben kann so ein moralischer Kompass entstehen, nach dem sich das Verhalten ausrichten lässt. Für die Regierungen Europas war der Stabilitäts- und Wachstumspakt ein finanzpolitischer Kompass – den einige, so auch Deutschland, nicht zu nutzen wussten.

Selbstverständlich muss es möglich sein, erkennbare Schwächen eines Regelwerks zu überarbeiten. Prinzipien dürfen nicht zur Prinzipienreiterei entarten. Dies muss aber so geschehen, dass Änderungen erkennbar der Sache dienen. Wenn dagegen offensichtlich ist, dass die Regeln verändert werden, um den Sünderländern unbequeme politische Maßnahmen zu ersparen, ist Gefahr im Verzug. Der erste Präsident der Europäischen Zentralbank, Wim Duisenberg, brachte es auf den Punkt: Man darf die Regeln nicht während des Spiels ändern! Genau dies ist mit der Reform des Paktes aber geschehen.

Im Sport sind die Dinge eindeutig: Die Regeln gelten mindestens für die Dauer des Spiels, und sie müssen von den Mannschaften eingehalten werden. So sind beim

Fußball Spieldauer, Torgröße, die Abseits- oder die Freistoßregelung eindeutig festgelegt. Natürlich kann eine Regeländerung die Attraktivität des Spiels erhöhen, aber sie sollte in Ruhe verabschiedet werden und nicht nach Protesten der Spieler ad hoc vom Schiedsrichter auf dem Platz. Wie würde es wohl um die Glaubwürdigkeit des Fußballs bestellt sein, wenn der Schiedsrichter nach vehementen Protesten einer Mannschaft auch Pfostentreffer als Tor wertet? Niemand würde den Fußball mehr ernst nehmen.

Offenkundig fällt es schwer, die Dinge ähnlich klar zu sehen, wenn es um komplexere wirtschaftliche und politische Themen geht. Dabei steht weit mehr auf dem Spiel als beim Sport. Es geht um Glaubwürdigkeit, und es geht um Rechtssicherheit – zwei entscheidende Produktivfaktoren in einer Marktwirtschaft. Damit geht es um unseren Wohlstand. Unser Wirtschaftssystem kann dauerhaft nicht funktionieren, wenn das Vertrauen in die politischen Institutionen und in die Währung verlorengeht. Sparer müssen darauf vertrauen können, dass die Kaufkraft ihres Geldes morgen noch genauso hoch ist wie heute. Wenn das nicht gewährleistet ist, erodiert die Leistungsmotivation und die Motivation zur Eigenvorsorge.

Der finanzpolitische Schlendrian in Europa bedroht unseren Wohlstand auf zwei Wegen: Erstens steigt der Druck auf die Zentralbank, höhere Inflationsraten zuzulassen. Zweitens drohen höhere Steuern, wenn die Defizite der Sünderländer durch Transfers aus den übrigen Ländern mitfinanziert werden. Damit nicht genug: Aufgrund der hohen Rechtssicherheit hat Europa, hat Deutschland einen unschätzbaren Wettbewerbsvorteil gegenüber der international aufstrebenden Konkurrenz in Ostasien. Es steht Europa deshalb nicht gut zu Gesicht,

Glaubwürdigkeit und Rechtssicherheit auf höchster institutioneller Ebene leichtfertig zu beschädigen.

Als sich die griechische Schuldenkrise im Frühjahr 2010 zuspitzte, war das Kind bereits in den Brunnen gefallen. Nun musste gehandelt werden. Die Zeit, über die Stabilitätspakt-Reform und ihre verhängnisvollen Auswirkungen zu lamentieren, war vorbei. Schnell zeichnete sich ab, dass Griechenland ohne Hilfe von außen zahlungsunfähig würde. Europa befand sich im Dilemma: Einerseits war Hilfe für Griechenland aufgrund des Bailout-Verbots ausgeschlossen, andererseits bestand im Fall einer Griechenland-Insolvenz die Gefahr von Ansteckungseffekten für andere Länder der Währungsunion. Wenn Griechenland scheitert, würde das auch großen Schaden für andere Länder nach sich ziehen.

Tatsächlich wäre die marktwirtschaftlich saubere Lösung einer bevorstehenden Insolvenz gewesen, die Besitzer von Griechenland-Anleihen die Verluste tragen zu lassen. Wer bereit ist, für eine höhere Rendite größere Risiken auf sich zu nehmen, soll für seinen Mut im Erfolgsfall finanziell belohnt werden. Er muss sich aber darüber im Klaren sein, dass er gegebenenfalls auch den Schaden, also die Verluste, auf sich zu nehmen hat. Die Erkenntnis, dass höhere Gewinnchancen mit höheren Risiken einhergehen, gehört zum kleinen Einmaleins der Geldanlage. Den Steuerzahler in Geiselhaft für seine Fehlinvestitionen zu nehmen darf keine Option sein. Dennoch ist genau dies geschehen.

So schwer diese Einschätzung überzeugten Marktwirtschaftlern auch fällt, aber vermutlich war die Hilfe für Griechenland eine richtige Entscheidung. Im Frühjahr 2010 bestand die akute Gefahr, dass die Krise auf andere angeschlagene Staaten der Eurozone übergreift und ein nicht mehr zu kontrollierender Flächenbrand ausbricht. Die Lehman-Pleite war noch in zu frischer Erinnerung. Es kursierte die Befürchtung, es könne sich auf Staaten-Ebene wiederholen, was zwei Jahre zuvor auf Banken-Ebene geschehen war und die Weltwirtschaft an den Abgrund führte. Wieder gab es Anlass zu der Sorge, die Furcht der Anleger könnte zu selbsterfüllenden Prophezeiungen führen. Staatsbankrotte wären in so einem Fall nicht mehr die Folge tatsächlicher Schieflagen der öffentlichen Finanzen, sondern die Folge von Vertrauensverlust, Kapitalflucht und allgemeinen Finanzmarktturbulenzen. Anders war etwa die Sorge um die Zahlungsfähigkeit Spaniens, das fundamental weit besser dastand als Griechenland, nicht zu erklären.

Eine Insolvenz Griechenlands hätte somit wahrscheinlich nicht nur die Gläubiger Griechenlands getroffen. Ein Übergreifen der Krise hätte auch Anleger und Investoren getroffen, denen keine vorherige Verletzung ihrer Sorgfaltspflicht vorzuwerfen war. Zudem hätte der Zahlungsausfall Griechenlands den noch immer fragilen Bankensektor getroffen. Die Politik hätte also in jedem Fall stützend eingreifen müssen: entweder direkt in Griechenland oder nach einer Griechenland-Pleite erneut beim Bankensektor.

Mit dem grundsätzlichen »Ja« zur Griechenland-Hilfe war jedoch noch nicht das »Wie« geklärt. Fraglich war, ob das Problem EU-intern gelöst würde, was aufgrund des Bailout-Verbotes de jure ausgeschlossen war, oder ob man Hilfe von außen – also dem Internationalen Währungsfonds – holen würde. Jede Lösung hatte Vor- und Nachteile. Für die interne Lösung sprach, dass die Euro-Krise aus eigener Kraft gemeistert würde. Der Preis wäre allerdings die Missachtung des Bailout-Verbotes, ein Verstoß gegen europäisches Recht. Für die externe Lösung sprach die Eingrenzung der Krise bei gleichzeitiger Einhaltung des geltenden Rechts.

Angesichts der Turbulenzen an den Anleihe- und Devisenmärkten entschied sich die europäische Politik, vor keinen Tabus haltzumachen. Das Bailout-Verbot sollte kein Hindernis sein. Zunächst wurde noch über die Gründung eines Europäischen Währungsfonds (EWF) nachgedacht, der hilfsbedürftige europäische Länder – unter strengen Auflagen – unterstützen sollte. Jedoch zeigte sich recht bald, dass die Gründung einer neuen Organisation nicht schnell genug erfolgen könnte. Insofern entschied man sich für »Hilfe ohne Umwege«. In Zusammenarbeit mit dem IWF gewährte die Europäische Union Griechenland Hilfszusagen mit einem Gesamtvolumen von insgesamt 110 Mrd. Euro. Da die Kapitalmärkte dennoch nicht zur Ruhe kamen, musste kurze Zeit später ein »Rettungsschirm« für die gesamte Eurozone aufgespannt werden. Dessen Volumen lag bei 750 Mrd. Euro. Und weil die Waffenkammer schon einmal geöffnet war, begann auch noch die Europäische Zentralbank mit dem Ankauf von Staatsanleihen am Sekundärmarkt.

Auch wenn es zum Zeitpunkt der Entscheidung nur wenige Alternativen gegeben haben mag, hat das Vertrauen in die europäische Gemeinschaftswährung durch diese Serie von Verletzungen wichtiger Prinzipien deutlich gelitten.

Dass nach der Aufweichung des Stabilitätspaktes im Jahr 2005 mit der faktischen Beseitigung des Bailout-Verbots der zweite Stützpfeiler der Gemeinschaftswährung zu Fall gebracht wurde, ist sehr bedenklich. Da hilft es auch wenig, wenn von Teilen der Politik der Art. 122

AEUV als Rechtfertigung für die Griechenland-Hilfe herangezogen wird.*

Für Juristen mag es eine lohnende Beschäftigung sein, die Vertragsdetails im Nachhinein noch mal eingehend zu interpretieren.** Aus ökonomischer Sicht ist die Sache eindeutig: Der Griechenland-Bailout tritt den Geist von Maastricht mit Füßen.

Schließlich hat auch die EZB mit dem Ankauf von Staatsanleihen ein Tabu gebrochen. Ihre Unabhängigkeit von politischen Interessen wurde öffentlich in Zweifel gezogen. Obwohl der Ankauf von Staatsanleihen wohl

---

* Artikel 122 AEUV, Satz 2, lautet: »Ist ein Mitgliedstaat aufgrund von Naturkatastrophen oder außergewöhnlichen Ereignissen, die sich seiner Kontrolle entziehen, von Schwierigkeiten betroffen oder von gravierenden Schwierigkeiten ernstlich bedroht, so kann der Rat auf Vorschlag der Kommission beschließen, dem betreffenden Mitgliedstaat unter bestimmten Bedingungen einen finanziellen Beistand der Union zu gewähren. Der Präsident des Rates unterrichtet das Europäische Parlament über den Beschluss.« Naturkatastrophen scheiden als Ursache für die Schuldenkrise sicher aus. Zwar war die Wirtschafts- und Finanzkrise ein außergewöhnliches Ereignis, jedoch waren die Schwierigkeiten Griechenlands, sich am Kapitalmarkt zu refinanzieren, der jahrelangen eigenen Verschuldungspolitik zuzuschreiben. So hatten alle anderen Euro-Teilnehmerländer trotz dieser »außergewöhnlichen Ereignisse« weiterhin Zugang zum Kapitalmarkt, schon deshalb können die griechischen Probleme als Eigenverschulden klassifiziert werden.

** In diesem Zusammenhang ist ein Spiegel-Online-Interview vom 15.06.2010 mit dem ehemaligen Verfassungsrichter Paul Kirchhof bemerkenswert. Dort heißt es zum Bailout-Verbot im Wortlaut: SPIEGEL ONLINE: Gleichzeitig geht der Bund momentan auf EU-Ebene Finanzgarantien zur Rettung des Euro in Höhe von 147 Milliarden Euro ein, die, falls sie zum Tragen kommen, den Haushalt völlig strangulieren. Haben Sie sich das vorstellen können, als Sie als Verfassungsrichter mit dem Maastricht-Urteil die Wirtschafts- und Währungsunion billigten? Kirchhof: »Nein. Das Verfassungsgericht hat damals mit aller Kraft auf die Stabilität des Euro und der EU hingewirkt.« SPIEGEL ONLINE: Was ist schiefgegangen? Kirchhof: »Ich kann und will die aktuellen Vorgänge rechtlich nicht kommentieren. Aber klar ist: Es gab ein in sich stringentes Rechtskonzept ...« SPIEGEL ONLINE: ... das keine Schuldenübernahme für andere EU-Staaten vorsah ... Kirchhof: »... und es gibt eine Treupflicht der durch dieses Recht Gebundenen. Beides wird man diskutieren müssen.«

nicht auf direkten Druck der Politik zurückzuführen war, so war es die unsolide Haushaltspolitik der vorangegangenen Jahre, die zum Vertrauensverlust der Marktteilnehmer und schließlich zur »Dysfunktionalität der Märkte« geführt hat. Auf diese Weise ist für die EZB zumindest indirekt Druck durch die Politik aufgebaut worden.

Zwar ist es nicht ausgeschlossen, dass die EZB und die Regierungen die beschlossenen Maßnahmen tatsächlich nur als vorübergehende Notfallpolitik betreiben und nach einer geglückten Beruhigung der Kapitalmärkte zu den alten Prinzipien zurückkehren. Allerdings lässt sich ein einmal entstandener Vertrauensschaden erfahrungsgemäß nur mühsam und über eine sehr lange Periode absoluten Wohlverhaltens beseitigen. Ironie der Geschichte: Erst die Vertrauenskrise im Bankensektor machte im Jahr 2008 ein umfangreiches finanzielles Engagement der Staaten nötig. Spätestens im Frühjahr 2010 hat sich die Vertrauenskrise auf die damaligen »Retter« verschoben bzw. ausgeweitet.

Rettungsschirm und Griechenland-Hilfe: Verbranntes Geld oder sinnvolle Investition?

Der deutsche Anteil am europäischen Rettungsschirm liegt bei knapp 120 Milliarden Euro, die Griechenland-Hilfe schlägt zusätzlich mit gut 22 Milliarden Euro zu Buche. Auch wenn es sich bei den Geldern nicht um Geschenke, sondern um verzinsliche Kredite beziehungsweise lediglich um Garantien handelt, wird in der öffentlichen Diskussion oft der »worst case« fokussiert. Im schlimmsten Fall stehen also 142 Milliarden Euro deutsches Steuergeld auf dem Spiel. Steht dem Risiko eine angemessene Ertragsaussicht gegenüber? Ist das Geld sogar sinnvoll investiert? Wir haben ausführlich dargelegt, dass erstens die europäische Schuldenkrise hätte verhindert werden können und dass zweitens die Griechenland-Hilfe anders hätte organisiert werden können. Es gäbe noch mehr zu beklagen: Warum waren Staatsanleihen nicht längst mit Umschuldungsklauseln versehen? Wie konnte die Welt vor der Finanzkrise auf dem Feld der Schuldenprävention kollektiv schlafen?

Die Fehler der Vergangenheit zu beklagen, löst das aktuelle Problem aber nicht. Wenn unsere Einschätzung zutrifft, dass eine Griechenland-Pleite hohe Ansteckungsgefahr für die gesamte Eurozone birgt, ist es vernünftig, den Keim der Krise im Ansatz zu isolieren.

Eine sachgerechte Bewertung der Griechenland-Hilfe (und der Gelder aus dem Rettungsschirm) ist nur möglich, wenn die Alternativen durchgerechnet werden. Hilfreich ist ein Blick auf die deutschen Steuereinnahmen. Im Jahr 2009 ist das Steueraufkommen gegenüber 2008 um 37 Milliarden Euro auf 524 Milliarden Euro zurückgegangen. Die Aussichten für die Folgejahre waren ebenfalls wenig erfreulich: Im Mai 2010 ergab die Steuerschätzung für das Jahr 2010 ein Aufkommen von 510 Milliarden Euro, für 2011 Einnahmen von 514 und für 2012 540 Milliarden Euro. Hauptsächlich dank der positiven Konjunkturentwicklung sind die Perspektiven inzwischen deutlich besser: 2010 wurden gut 530 Milliarden Euro eingenommen, also rund 20 Milliarden mehr, als Mitte 2010 erwartet worden waren. Gemäß der Steuerschätzung im Mai 2011 ergeben sich für 2012 und 2013 im Vergleich zur Vorjahresschätzung (Mai 2010) Mehreinnahmen von insgesamt 93 Milliarden Euro. Sollte es keinen unerwarteten Konjunktureinbruch geben, würde der Fiskus also innerhalb von drei Jahren gut 110 Milliarden Euro mehr einnehmen.

Eine dramatische Eskalation der europäischen Schuldenkrise – die ohne die Griechenland-Hilfe wohl unausweichlich gewesen wäre – hätte die Konjunktur und das Steueraufkommen kräftig einbrechen lassen. Bei der Schuldenkrise stand also von Anfang an und in jedem Fall deutsches Steuergeld auf dem Spiel: ohne Hilfsleistungen das Steuergeld, das wegen Konjunkturkrise gar nicht erst geflossen wäre, und mit Hilfsleistungen nun die deutschen Kredite, die möglicherweise nicht vollständig zurückgezahlt werden.

Dass solche Rettungsaktionen kein Dauerzustand sein können, wurde bereits ausführlich dargelegt (vgl. Kapitel 1). Es kann sich nur um eine Notfallmaßnahme handeln, bei der sicherzustellen ist, dass die Empfänger der Hilfszahlungen keine Anreize erhalten, ihr Fehlverhalten der Vergangenheit zu wiederholen. Bei aller Kritik an der Griechenland-Hilfe kann aber niemand ernsthaft behaupten, die griechische Regierung sei untätig. Was dort derzeit geschieht (Strukturreformen, Ausgabenkürzungen), ist genau das, was der Stabilitäts- und Wachstumspakt schon in der Vergangenheit hätte bewirken sollen. Die amtierende griechische Regierung hätte es verdient, aus dem Ausland unterstützt und nicht durch Ignoranz oder Besserwisserei behindert zu werden.

Bei den Hilfsleistungen geht es übrigens auch um die Glaubwürdigkeit derjenigen, die als Retter im Einsatz sind. Sie stehen für drei Jahre, also bis 2013, im Wort.

Euro(pa) – ein Leben nach der Krise?

Auch nach dem ersten Geburtstag des Euro-Rettungs-schirms hat sich die Lage nicht beruhigt. Pünktlich zum Jahrestag spitzte sie sich sogar wieder zu. Am frühen Freitagabend des 6. Mai 2011 versetzte die Online-Meldung eines deutschen Nachrichtenmagazins die Finanzmärkte in Aufregung: Eine Gruppe hochrangiger Politiker, darunter die Finanzminister wichtiger Euro-Mitgliedsländer, wollten sich noch am Abend in Luxemburg treffen, um über einen Austritt Griechenlands aus der Eurozone zu diskutieren.* Umgehende Dementi von Seiten der Politik konnten nicht verhindern, dass die Märkte kräftig reagierten und der Euro-Wechselkurs auf Talfahrt ging.

Die Vorkommnisse des 6. Mai haben ein weiteres Mal offengelegt, wie sehr sich die Politik beim Krisenmanagement selbst behindert. Zunächst wurde abgestritten, dass überhaupt ein Treffen stattfindet. Das Dementi hielt allerdings nur bis Mitternacht, denn da zeigten erste Nachrichtensendungen Bilder des Treffens. Dass die Bilder in ungewohnt schummriger Atmosphäre gedreht worden waren, machte das Treffen erst recht geheimnisvoll. Die Teilnehmer konnten also nicht mehr abstreiten, sich getroffen zu haben. Dafür versicherten sie, nicht über einen etwaigen Austritt Griechenlands gesprochen zu haben. Doch auch das entpuppte sich schnell als Finte: Die Presse berichtete in den folgenden Tagen von einem vertraulichen Vorbereitungspapier, das aus dem Bundesfinanzministerium weitergegeben wor-

---

* Dem Pressebericht zufolge hatte Griechenland selbst über den Austritt und über die Einführung einer neuen Landeswährung nachgedacht und das »Geheimtreffen« nötig gemacht: http://www.spiegel.de/wirtschaft/soziales/0,1518,761136,00.html

den war und in dem die möglichen Folgen eines Griechenland-Austritts aus der Währungsunion beschrieben wurden.[*]

Glaubwürdige Kommunikation sieht anders aus. Dabei wird Glaubwürdigkeit dringend benötigt. Stattdessen waren die Finanzmärkte einmal mehr verunsichert; die Zinsen der Krisenländer zogen an, und die Öffentlichkeit wurde in Angst und Schrecken versetzt. Die Griechenland-Krise und ein möglicher Zerfall der Währungsunion waren das Top-Thema für die politischen Talkshows. Der kritische Zeitgenosse muss sich allerdings fragen: »Warum eigentlich?«

Ist es nicht normal, dass sich die EU-Finanzminister in Krisenzeiten zum Gedankenaustausch treffen? Ist es nicht ebenfalls normal, dass dabei auch über die potenziellen Folgen eines möglichen Griechenland-Austritts gesprochen wird? Schließlich hat die halbe Welt dieses Szenario gedanklich durchgespielt. Selbstverständlich wurde in den Strategie-Abteilungen von Banken über die potenziellen Folgen nachgedacht, und es wurden entsprechende Research-Berichte zum Thema veröffentlicht. Tageszeitungen und Nachrichtenmagazine berichteten ausführlich. An den Stammtischen in ganz Europa wurde über einen möglichen Griechenland-Austritt diskutiert. Nur von denjenigen, die für das Management der Euro-Krise zuständig sind, wird erwartet, sich nicht mit dem Eventualfall zu beschäftigen? Es wäre geradezu fahrlässig, dies nicht zu tun. Das »Geheimtreffen« war also in erster Linie ein Kommunikationsdebakel – mit negativen Folgen für das Vertrauen in die politischen Krisenmanager.

---

[*] Vgl. zum Beispiel: http://www.handelsblatt.com/politik/deutschland/ schaeubles-maulwurf-soll-feuchte-haende-haben/4167994.html

Schuldenprävention

Wenn selbst ein gewaltiger »Rettungsschirm« die Turbulenzen um den Euro nicht beenden kann, drängt sich
umso mehr die Frage auf, wie es gelingen soll, künftige
Schuldenmacherei zu vermeiden. Große Bedeutung fällt
dabei dem Stabilitäts- und Wachstumspakt zu. Die ursprüngliche Version des Paktes, also bevor den Ländern
durch die Verletzung des Paktes durch Deutschland und
seine weichere Interpretation die »Lizenz zur Verschuldung« erteilt wurde, wäre durchaus geeignet gewesen,
die Schuldenkrise, auch in Griechenland, zu verhindern.
Er hätte – wie wir bereits dargelegt haben – nur ange-
wendet werden müssen.

Die Politik hat vielerorts richtige Schlüsse aus der
Finanzkrise gezogen und adressiert viele Ursachen der
europäischen Schuldenmalaise. Es gibt eine Reihe geeig-
neter Vorschläge und Maßnahmen, die Haushaltspolitik
der Mitgliedsländer zu verbessern. Dazu zählt, im Stabi-
litäts- und Wachstumspakt künftig die Höhe und die
jüngere Entwicklung des Schuldenstands stärker zu berücksichtigen: Länder, deren Schuldenstand die Obergrenze des Paktes von 60 Prozent der Wirtschaftsleistung
überschreiten, sollen künftig ihren überschüssigen
Schuldenstand um fünf Prozent pro Jahr abbauen.

Es mangelt nicht an Möglichkeiten und Maßnahmen,
die Schuldenprävention zu verbessern. Aber auch ein ver-
feinertes Regelwerk führt nur dann zu guten Ergebnissen,
wenn das Vollzugsdefizit beseitigt wird. Ein Grundprob-
lem der vergangenen Jahre ist vordringlich zu lösen: Wenn
potenzielle Sünder über tatsächliche Sünder richten, sind
harte Urteile unwahrscheinlich. Automatische Strafen,
ohne Einflussmöglichkeit der von eigenen Interessen ge-

leiteten Politiker, könnten Abhilfe schaffen. Viel spricht dafür, dass es für eine vollständige Selbstbeschränkung in Form automatischer Strafen bei den Reformbestrebungen nicht reichen wird. Noch wird die Reform des Stabilitätspakts zwischen Europäischem Parlament und den EU-Finanzministern feinjustiert. Und während das Europäische Parlament auf automatischen Sanktionen beharrt, ist Deutschland als der wichtigste Partner in diesem Punkt weich geworden und hat seine frühere Forderung nach automatischen Strafen aufgegeben. In der ersten Runde, wenn es also um die Eröffnung eines Defizitverfahrens geht, entscheiden die Politiker mit qualifizierter Mehrheit. Erst wenn das Verfahren eingeleitet ist, greifen die nächsten Sanktionsschritte automatisch. Ob das reicht, den finanzpolitischen Schlendrian auszutreiben, wird die Zukunft zeigen.

Die Griechenland-Krise hat ihren Ursprung im öffentlichen Sektor. Die striktere Anwendung des Stabilitätspaktes hätte sie abwenden können. Eine andere Entstehungsgeschichte haben die Schuldenkrisen in Irland und Spanien. Die Staatsfinanzen waren vor Ausbruch der Finanzkrise in Ordnung: Spaniens Schuldenstand war nur knapp halb so hoch wie der deutsche! Die heutigen Probleme in Irland und in Spanien sind die Folge massiver Übertreibungen im Immobiliensektor und von überdimensionierten Finanzsektoren. Als die globale Finanzkrise zuschlug und die Immobilienblasen in Irland und Spanien implodierten, gerieten die heimischen Banken in Schieflage und benötigten staatliche Hilfe. Die Probleme der öffentlichen Finanzen sind in diesen Ländern vor allem die Folge von Exzessen im Privatsektor. Im Gegensatz zu Griechenland sind sie nicht auf finanzpolitisches Fehlverhalten zurückzuführen.

Auch ein konsequent angewandter Stabilitätspakt hätte den sprunghaften Anstieg der Staatsschulden in Spanien und Irland nicht verhindern können. Das 3-Prozent-Defizitkriterium hatten beide Länder nicht verletzt. Vor Ausbruch der Finanzkrise war der irische Staatshaushalt ausgeglichen, Spanien erzielte sogar einen Überschuss. Geradezu vorbildlich war der Schuldenstand: 2007, also im Jahr bevor die Weltfinanzkrise ausbrach, lag die Schuldenquote Spaniens bei 36 Prozent, die irische Quote sogar nur bei 25 Prozent und damit in beiden Fällen weit unter dem maximal zulässigen Wert von 60 Prozent des BIP. Wenn sich der Schuldenstand im Verlauf der Krise bisher nahezu verdoppelt (Spanien) beziehungsweise vervierfacht (Irland) hat, dann ist dies offensichtlich auf die vorherigen Exzesse in der Privatwirtschaft, insbesondere auf die heißgelaufenen Immobilienmärkte, zurückzuführen. Solche Überhitzungen künftig in der Entstehung zu bekämpfen, wird auch Aufgabe der Notenbanken sein. Dies ist – wie wir bereits dargelegt haben – eine der wichtigen Lehren aus der Finanzkrise.

Wirtschaftspolitische Koordinierung – ein Patentrezept für Europa?

Ob Griechen, Spanier, Franzosen oder Deutsche – bei der Schuldenkrise sitzen wir alle in einem Boot. Brauchen wir in Europa also auch eine einheitliche Wirtschaftspolitik? Diese Frage drängt sich schon deshalb auf, weil es neben den hohen Schulden makroökonomische Spannungen gibt. Länder mit dauerhaft auseinanderlaufender Wettbewerbsfähigkeit und konzeptionell unterschiedlichen wirtschaftspolitischen Ansätzen können langfristig kaum mit einer gemeinsamen Währung leben.

Es sei denn, die Unterschiede werden durch Transfer-zahlungen innerhalb der Währungsunion abgefedert.

Einige bevorzugen die »von oben« verordnete wirt-schaftspolitische Koordinierung, also Zwangsreformen für alle. Liegt darin der Schlüssel zu einem stabileren, wachstumsstärkeren Europa? Wirtschaftliche Ungleich-heiten könnten durch eine stärkere Koordinierung ganz unterschiedlicher Bereiche abgebaut werden. So könnten vor allem die Steuer-, Abgaben- und Sozialsysteme, im Extrem sogar die Lohnpolitik angeglichen werden.

Den Nährboden für derartige Gedankenspiele – die das Stichwort europäische Wirtschaftsregierung auslö-sen – bilden Ungereimtheiten in der Eurozone. Offen wird angezweifelt, dass die Krisenländer alles dafür tun, ihre Probleme aus eigener Kraft zu lösen. Stattdessen be-anspruchen sie Hilfe von Ländern, die ihre aktuelle Stär-ke aus wirtschafts- und lohnpolitischer Disziplin über viele Jahre erreicht haben. Während Deutschland, das wegen seiner ökonomischen Größe den größten Beitrag zum Rettungsschirm leistet, sein Sozialsystem reformiert und dabei die Erhöhung des Renteneintrittsalters von 65 auf 67 Jahre beschlossen hat, ist im hilfsbedürftigen Griechenland ein deutlich früherer Renteneintritt mög-lich. In der Regel gehen Männer mit 65 und Frauen mit 60 Jahren in Rente, unter bestimmten Voraussetzungen kann der Renteneintritt jedoch für Männer und Frauen bis auf das 55. Lebensjahr vorverlegt werden. Dass mit deutschem Steuergeld der frühe Renteneintritt in Grie-chenland finanziert wird, ist dem deutschen Steuerzahler kaum vermittelbar. Es kommt auch nicht gut an, wenn die Steuer- und Abgabenlast in den Ländern, die den Rettungsschirm finanzieren, höher ist als in den Län-dern, die fremde Hilfen benötigen. So lag die deutsche

Abgabenquote 2009 bei 39 Prozent, während sie etwa in Griechenland bei nur gut 29 Prozent lag (siehe Abbildung Seite 194). Mit anderen Worten: Ein Grund für die griechischen Haushaltsprobleme liegt im Verzicht auf die steuerliche Belastung der eigenen Bürger. Auch über den niedrigen Körperschaftsteuersatz Irlands (12,5 %) wird lebhaft diskutiert.

Diese Argumentation wird jedem Leser unmittelbar einleuchten. Sie ist deshalb politisch höchst relevant. Sie ist aber nicht sehr begründet, jedenfalls in wichtigen Teilen. So etwa ist das tatsächliche Renteneintrittsalter in Griechenland praktisch wie das in Deutschland bei knapp 62 Jahren. Und der niedrige Körperschaftsteuersatz in Irland erzeugt einen höheren Körperschaftsteueranteil am BIP in Irland als der höhere Satz in Deutschland. Und statt über die sicher beklagenswert niedrige Steuermoral (und Steuerquote) in Griechenland zu jammern, sollten EU-Behörden und EU-Partner Griechenland helfen, über Quellensteueransätze und höhere indirekte Steuern höhere Steuereinnahmen zu sichern.

Dennoch: Wenn für Schulden gemeinschaftlich gehaftet wird, kommt der Ruf nach einer gemeinschaftlichen Wirtschaftspolitik, die den Sünderstaaten Fesseln anlegt, nicht überraschend. Doch Steuer-, Abgaben- und Sozialsysteme umfassend zu vereinheitlichen hieße, das Kind mit dem Bade auszuschütten. Die Frage, ob Wettbewerb oder Koordinierung/Harmonisierung zu besseren Ergebnissen führt, kann nicht pauschal, sondern muss im Einzelfall beantwortet werden. In Kapitel 2 hatten wir auf die Vorzüge wettbewerblicher Lösungen hingewiesen. Auch beim Wettbewerb zwischen Staaten sind grundsätzlich positive Ergebnisse zu erwarten. In Europa gibt es viele unterschiedliche Mentalitäten und Be-

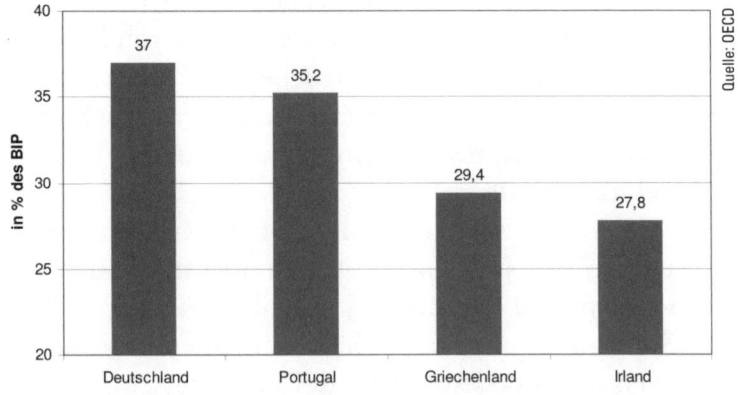

Abgabenquoten 2009

in % des BIP

Quelle: OECD

- Deutschland: 37
- Portugal: 35,2
- Griechenland: 29,4
- Irland: 27,8

dürfnisse: Die Bayern haben andere Vorstellungen vom Leben als die Nordfriesen. Die Deutschen haben andere Vorlieben als die Spanier, die Niederländer andere als die Italiener. Es liegt auf der Hand, dass eine in Brüssel gemachte Politik, die für alle Länder und Regionen einheitlich ist, kaum im Interesse der Bürger sein kann. Im Gegenteil, zu viel Zentralismus entfremdet den Bürger von Europa. Die Wünsche und Bedürfnisse werden prinzipiell am besten befriedigt, wenn die Politik vor Ort gemacht wird.

Dieses Grundprinzip stößt an seine Grenzen, wenn die Politik eines Landes die Interessen anderer Länder verletzt.* Es ist erkennbar unsinnig, etwa Fragen der Klimapolitik auf Kommunalebene zur Wahl zu stellen. Eine Reihe von Themen muss mindestens nach Brüssel, möglicherweise sogar in supranationale Organisationen oder supranationale Entscheidungsgremien delegiert werden. Dazu gehören globale Umweltprobleme wie der Klima-

---

* Vgl. dazu ausführlich Walter/Quitzau (2004).

schutz, Fragen der Sicherheit von Atomreaktoren oder die Stabilität des globalen Finanzsystems.

Mit Gründung der europäischen Währungsunion wurde die Geldpolitik zentralisiert. Die Finanzpolitik liegt zwar nach wie vor in nationaler Regie, sie wird aber, wie oben skizziert, zumindest zentral überwacht – mit zunehmender Tendenz. Andere Bereiche wie die Steuer- und Sozialpolitik sollten allerdings so weit wie möglich in nationaler Verantwortung belassen werden. Möchte ein Land sein Glück mit niedrigen und einfachen Steuern versuchen, ist dagegen nichts einzuwenden. Bevorzugt ein Land die umfangreiche soziale Absicherung seiner Bürger, ist auch das legitim. Der internationale System- und Standortwettbewerb wird schon dafür sorgen, dass politische Fehleinschätzungen und Fehlentwicklungen beizeiten korrigiert werden. Im luftleeren Raum finden die wirtschaftspolitischen Experimente ohnehin nicht statt, denn der Stabilitätspakt gibt den finanziellen Rahmen vor.

Holzschnittartig formuliert, lautet das Motto für die Wirtschaftspolitik in Europa: so viel Wettbewerb wie möglich, so viel Koordinierung wie nötig. In einem Europa der Vielfalt haben die Bürger und Unternehmen dann die Freiheit, mit den Füßen über die Wirtschaftspolitik abzustimmen. Von Brüssel aus alles zu regeln, überforderte die Politik, frustrierte die Bürger und stünde einer dynamischen Entwicklung Europas mittelfristig im Wege.

Da Europa und seine Behörden – zwar, wie wir finden, zu Unrecht – zu bösen Buben gestempelt sind, mag es sinnvoll erscheinen, das in Europa gefundene Modell als nicht so einzigartig zu charakterisieren: Es ist im Prinzip nicht verschieden vom Ansatz, den die Schweiz mit ihren Kantonen gefunden hat: verschiedene Sprachen, ein Geld, ein (schwacher) Zentralstaat (Bund) in Bern und viel kulturelle und strukturelle Autonomie der Kantone und Gemeinden. Und das Schweizer Modell bewundern viele

Dessen ungeachtet ist es zu begrüßen, wenn die makroökonomische Entwicklung innerhalb der Eurozone genauer als bisher beobachtet wird. Frühwarnsysteme für aufkommende Spannungen könnten die Krisenanfälligkeit der Eurozone reduzieren. Geeignete Indikatoren für den Zustand der Eurozone wären zum Beispiel die Leistungsbilanz, die Immobilienpreise, die Verschuldung des privaten und des öffentlichen Sektors sowie die Lohnstückkostenentwicklung.[*] Die Transparenz für Politik und Märkte würde dadurch erhöht, und die Politik könnte schneller auf makroökonomische Verspannungen reagieren.

Für den Ernstfall: Geordnete Staatsinsolvenz

»Vorbeugen ist besser als bohren«, weiß der Zahnarzt. Aber wo Prophylaxe nicht geholfen hat, muss gelegentlich doch gebohrt werden. So wie manche Patienten vom Zahnarztstuhl springen, wenn sie keine Betäubung erhalten, so neigen auch Anleger, die nicht wissen, was auf sie zukommt und deshalb schmerzhafte Einbußen fürchten, zur Flucht. Ein Staatsbankrott in der Eurozone könnte zu einer Panik unter den Anlegern führen, die mit den Zuständen nach der Lehman-Pleite vergleichbar wäre. Besonders gefährlich ist dabei die Ansteckungsgefahr für andere Länder. Es drohte eine Pleitewelle. Aus Furcht vor einem solchen Szenario haben die EU und

---

[*] Vgl. dazu ausführlich Heinen (2011).

der IWF in aller Eile den »Rettungsschirm« für Griechenland aufgespannt, als das Land dem Bankrott nahe war. Kurz darauf folgte der Rettungsschirm für die gesamte Eurozone. Sollte der Rettungsversuch scheitern, käme bei einer Umschuldung nun auch Steuergeld der Helferländer zum Einsatz. Man kann es nicht oft genug sagen: Zum Dauerzustand darf dies – die Privaten machen die Gewinne, und der Steuerzahler haftet für Verluste – freilich nicht werden. Schnellstmöglich müssen die privaten Investoren für anstehende Verluste in Haftung genommen werden.

Ein geeignetes Mittel, private Gläubiger an einem Staatsbankrott zu beteiligen, ohne eine Massenpanik unter den Investoren auszulösen, wäre eine staatliche Insolvenzordnung. Die Investoren wüssten bei der Geldanlage, was auf sie zukommt. Zum Beispiel könnte festgelegt werden, dass im Fall der Zahlungsunfähigkeit eines Landes dessen Gläubiger pauschal auf einen bestimmten Prozentsatz ihrer Forderungen verzichten müssen. Im Mai 2011 waren die Kurse griechischer Staatsanleihen trotz des Rettungsschirms auf 50 gefallen. Damit war ein Schuldenschnitt um 50 Prozent eingepreist.

Eine Zahlungsunfähigkeit hat empfindliche Folgen für das betreffende Land, sich künftig am Kapitalmarkt refinanzieren zu können.[*] Für unbestimmte Zeit ist der Weg zum Kapitalmarkt versperrt. Später ist die Refinanzierung nur zu erhöhten Zinsen möglich, weil Investoren zusätzliche Risikoaufschläge verlangen. Wenn ein Staatsbankrott von vornherein ein ernstzunehmendes Risiko ist, dann haben Regierungen starke Anreize, alles

---

[*] Die Frage der Entschuldung ist für Industrienationen relativ neu, für Schwellen- und Entwicklungsländer spielt sie schon lange eine wichtige Rolle. Vgl. dazu Berensmann (2006) und Walter (2006).

zu tun, ihre Haushalte in Ordnung zu halten. Regierungen, die es mit solider Haushaltsführung nicht so genau nehmen, würden hingegen schon im Vorfeld durch höhere Risikoaufschläge diszipliniert. Bereits die bloße Existenz einer Insolvenzordnung würde also eine Zahlungsunfähigkeit weniger wahrscheinlich machen. »Weniger wahrscheinlich« bedeutet jedoch nicht »ausgeschlossen«, das haben die vergangenen Jahre nicht nur auf dem Gebiet der Ökonomie gezeigt.

Wir wollen nicht auf die Details einer staatlichen Insolvenzordnung eingehen, möchten aber die wichtigsten Eckpunkte skizzieren:*

- Festgeschriebener Forderungsverzicht als Prozentsatz des Anleihe-Nennwerts (zum Beispiel 30 Prozent). Die Maßnahmen müssen dem Land die Rückkehr zu dauerhaft tragfähigen Finanzen ermöglichen.
- Im Gegenzug wird für den säumigen Schuldner eine Konsolidierungsstrategie festgelegt und deren Umsetzung konsequent kontrolliert (und ggf. sanktioniert).
- Eine neutrale Institution sollte die Verhandlungen zwischen Schuldnern und Gläubigern führen.
- Nach einem Insolvenzverfahren muss vorübergehende Hilfe gewährt werden, weil der Zugang zum Kapitalmarkt zunächst wahrscheinlich versperrt bleibt.
- Alle Regeln sollten dem Ziel dienen, Hilfe zur Selbsthilfe zu sein. Renovierung statt Abriss ist das Ziel für das von der Insolvenz betroffene Land.
- Die Regeln müssen für die Marktteilnehmer Planungssicherheit schaffen; und die Regeln brauchen ein hohes Maß an Glaubwürdigkeit.

---

* Dem interessierten Leser empfehlen wir dafür das Gutachten des Wissenschaftlichen Beirats des Bundesministeriums für Wirtschaft und Technologie (2011).

Am 21. März 2011 hat die Eurogruppe auf die absehbaren Herausforderungen reagiert und Eckpunkte für einen dauerhaften Europäischen Stabilitätsmechanismus (ESM) vereinbart. Er soll im Jahr 2013 auf den dann endenden Rettungsschirm folgen. Der ESM dient zunächst der Stabilisierung der Eurozone, er soll für den Worst Case einer staatlichen Insolvenz aber auch die Beteiligung des Privatsektors sicherstellen. Die effektive Kreditvergabekapazität wird 500 Milliarden Euro betragen. Deutschlands finanzieller Beitrag: rund 22 Milliarden Euro eingezahltes Kapital sowie Garantien und abrufbares Kapital mit einer Obergrenze von 168 Milliarden Euro.

Finanzielle Hilfe für ein Mitgliedsland wird an drei Bedingungen geknüpft sein: 1. Die Stabilität der Eurozone insgesamt ist gefährdet. Geholfen wird also nur bei Ansteckungsgefahr. 2. Ein striktes wirtschaftliches Reformprogramm wird umgesetzt. 3. Einstimmiger Beschluss auf Basis einer Schulden-Tragfähigkeitsanalyse von EU-Kommission, IWF und EZB.*

Alle drei Punkte sind sinnvoll, denn sie vermeiden falsche Anreize. Gleichwohl bergen die ersten beiden Punkte Konfliktpotenzial. Denn wenn Ansteckungsgefahr besteht, sind Hilfszahlungen quasi alternativlos. Damit hat das hilfsbedürftige Land einen Trumpf in der Hand, mit dem es allzu harte Reformauflagen verhindern kann. Sollte sich das Land rigoros auf die Hinterbeine stellen, würden die Hilfszahlungen trotzdem

---

* Der ESM erlaubt im Ausnahmefall auch Käufe von Staatsanleihen am Primärmarkt. Damit kann der ESM den betreffenden Staaten direkt neu emittierte Anleihen abkaufen und unmittelbare Staatsfinanzierung leisten. Anderen Gläubigern kann der ESM keine Anleihen abkaufen, Käufe am Sekundärmarkt sind nicht zulässig.

fließen müssen, weil sonst die Stabilität der Eurozone gefährdet wäre. Genau diese Situation lag vor, als über die Griechenland-Hilfe verhandelt wurde. Griechenland hat harte Reformen akzeptiert und damit gezeigt, dass in der Not die Vernunft siegen kann.

Die Beteiligung des Privatsektors an Zahlungsausfällen soll bei vorübergehenden Liquiditätsengpässen freiwillig erfolgen, bei drohender Insolvenz ist sie hingegen verpflichtend. Da in diesem Fall Verhandlungen zwischen dem begünstigsten Mitgliedsstaat und den Gläubigern vorgesehen sind, bleibt abzuwarten, wie durchschlagkräftig die Regel im Ernstfall sein wird. Dazu sollen ab Juni 2013 alle von Euro-Ländern ausgegebenen Staatsanleihen mit sogenannten »Collective Action Clauses«, also Umschuldungsklauseln, versehen werden. Jeder Investor wüsste also im Voraus, wie hoch im Insolvenzfall der zu tragende Verlust wäre.

Fassen wir zusammen: Mit Hilfe kluger Regeln kann die Wahrscheinlichkeit neuer Schuldenkrisen reduziert werden. Außerdem können kluge Regeln im Ernstfall einen geordneten Verlauf der Reinigungsprozesse ermöglichen und dem betroffenen Land eine Zukunftsperspektive bieten. Der Europäische Stabilitätsmechanismus, der 2013 in Kraft treten wird, dient genau diesem Zweck.

Wenn Sie als Leser trotz der aufgezeigten Möglichkeiten ein Gefühl des Unbehagens nicht loswerden, kann das einen guten Grund haben. Denn der Erfolg all dieser Maßnahmen hängt von zwei Faktoren ab, auf die im Vorfeld der Finanzkrise kein Verlass war: die Finanzmärkte und die Politik. Wenn die Risiken eines Zahlungsausfalls von den Märkten wieder nicht korrekt abgebildet werden, dann werden auch die Risikoprämien erneut falsch ausfallen. Die Signal- und Disziplinierungsfunktion blie-be gestört. Dies wäre etwa dann möglich, wenn die Inves-toren die Collective Action Clauses wieder nicht für bare Münze nehmen und stattdessen wieder einen vollständi-gen Bailout durch die Euro-Staaten einplanen. Zudem wären alle Reformbestrebungen Augenwischerei, wenn die Beschlüsse auch künftig je nach ökonomischer und politischer Wetterlage umgestaltet werden. Die Anstren-gungen für einen besseren Ordnungsrahmen, für eine bessere Haushalts- und Schuldenüberwachung sind nur dann erfolgreich, wenn sie von einer nachhaltigen Diszi-plin aller Beteiligten begleitet werden.

Dazu ist es hilfreich, auf erfolgreiche Länder und ge-lungene Experimente hinzuweisen. Es gibt sie: Die frei-willig sich bindenden Länder des europäischen Hartwäh-rungsblocks (Benelux, Österreich) und nach 1983 auch Frankreich haben gezeigt, dass orthodoxe Stabilitätspoli-tik ein langfristiges Erfolgsrezept ist. Solche Konzepte zu akzeptieren, hilft auch Portugal und Griechenland.

Nachhaltige Finanzpolitik

Das nächste Schuldenproblem steht zwar noch nicht in den amtlichen Statistiken, aber es wirft seine Schatten be-reits deutlich voraus: Die Finanzpolitik der meisten westlichen Staaten ist nicht nachhaltig. Wenn die Staaten ihre Finanz- und Sozialpolitik unverändert fortführen, steht zu befürchten, dass über die nächsten Jahre und Jahrzehnte die Schulden in den meisten Ländern explo-dieren und auf das Mehrfache der heutigen Werte stei-gen. Japanische Verhältnisse mit Schuldenständen von mehr als 200 % des BIP wären der Regelfall. Die Rating-agentur *Standard & Poor's* (S&P) hat deshalb darauf hingewiesen, dass keines der 49 analysierten Industrie- und Schwellenländer im Jahr 2030 noch das Top-Rating AAA erhalten würde. Weitere 15 Jahre später würde die Hälfte der Staatsanleihen nur noch »Schrott«-Status haben – sofern nicht vorher umgesteuert wird. Der deutsche Schuldenstand würde gemäß der S&P-Projektionen bis 2020 auf knapp 100 % des BIP steigen, bis 2030 auf gut 150 % und bis 2050 auf rund 400 %.*

Woher rührt diese düstere Perspektive? Die Staaten sind gegenüber ihren Bürgern Verpflichtungen eingegangen, die sie nach heutigem Kenntnisstand nicht werden einhalten können. Betroffen sind unter anderem Renten, Pensionen, Gesundheits- und Pflegekosten. Mit den derzeit geltenden Steuer- und Abgabensätzen lassen sich die Zusagen in der avisierten Höhe nicht finanzieren, weil der demographische Wandel den Altersaufbau zu Ungunsten der öffentlichen Finanzen verändert: Immer mehr Menschen müssen von staatlichen Leistungen leben, während die Zahl der Menschen im erwerbsfähigen Alter sinkt. Berechnungen der EU-Kommission zufolge wird sich der Altenquotient in Europa und in Deutschland bis zum Jahr 2060 annähernd verdoppeln. Die altersbedingten Ausgaben werden diesen Berechnungen zufolge bis 2060 um 4,75 Prozentpunkte des BIP steigen.**

Die staatlichen Einnahme- und Ausgabensysteme sind auf diese demographischen Umwälzungen nicht vorbereitet.*** Werden im Rahmen einer Generationen-

---

* Vgl. Standard & Poor's (2010).
** Vgl. European Commission (2008). Vgl. auch Bräuninger (2011).
*** Zur Bedeutung der demographischen Entwicklung für die Staatsfinanzen. Vgl. Ehrentraut/Heidler (2007).

Staatsverschuldung Deutschland: Düstere Aussichten
Projektion: Standard & Poor's

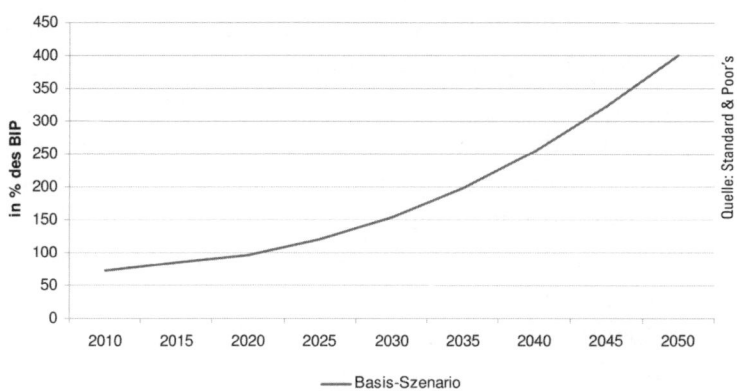

— Basis-Szenario

bilanz die künftigen Einnahmen des Staates den künftigen Ausgaben gegenübergestellt, zeichnen sich erhebliche Finanzierungslücken ab. Aus diesen Finanzierungslücken entstehen die Staatsschulden von morgen. Zwar sind sie noch nicht verbrieft, gleichwohl sind sie absehbar. Ökonomen sprechen deshalb von impliziten oder verdeckten Staatsschulden. Verschiedene Institutionen haben berechnet, wie hoch die heute noch verdeckte Schuldenlast ist und wie weit deshalb künftig die offiziellen Schulden steigen werden. Neben *Standard & Poor's* haben auch die *Bank für internationalen Zahlungsausgleich**, das Münchner *Ifo-Institut*** sowie das *Forschungszentrum Generationenverträge**** entsprechende Berechnungen vorgelegt.

Die Berechnungen beruhen auf unterschiedlichen Methoden und auf unterschiedlichen Annahmen; unter anderem über die künftige Bevölkerungs-, Zins- und

---

* Vgl. Cecchetti et al. *(2010)*.
** Vgl. Werding/Hofmann *(2008)*.
*** Vgl. Moog/Müller/Raffelhüschen *(2010)*.

Wachstumsentwicklung. Gemeinsam ist ihnen das Ergebnis: Die Schulden werden deutlich steigen, wenn die Politik nicht gegensteuert. Bedrückend ist, dass die projizierte Schuldenexplosion kaum etwas mit den Ereignissen der globalen Wirtschafts- und Finanzkrise zu tun hat. Sie ist allein die absehbare Folge davon, dass die Wirtschafts- und Finanzpolitik nicht zukunftsfest ist. Dieser Befund gilt übrigens nicht nur für Deutschland, sondern mit wenigen Ausnahmen für alle wichtigen Industrieländer.

So ermittelte das *Forschungszentrum Generationenverträge* in einer internationalen Vergleichsstudie für Deutschland eine implizite Staatsverschuldung von 229 % des BIP. Zusammen mit der expliziten Verschuldung von 65 % ergibt sich eine Gesamtverschuldung beziehungsweise eine Nachhaltigkeitslücke von 294 %. Schlusslicht des internationalen Vergleichs ist Großbritannien mit einer Nachhaltigkeitslücke von 505 %, Spitzenreiter ist Norwegen mit einem Nachhaltigkeitsüberschuss – also einem Vermögen – von 17 % des BIP.* Inzwischen dürften sich die Daten in vielen Ländern weiter verschlechtert haben, denn die Finanzkrise hat die expliziten Schulden noch einmal nach oben getrieben.

Dass ein derartiger Schuldenanstieg die internationalen Kapitalmärkte überfordern würde, liegt auf der Hand. Insofern sind die Zahlen weniger als Prognose, sondern eher als Frühwarnsystem zu verstehen. Was kann die Politik unternehmen, um die projizierte Entwicklung zu verhindern? Grundsätzlich gibt es zwei Optionen: Erstens Steuern und Abgaben erhöhen, zweitens Ausgaben kürzen (also Zusagen nicht einhalten). Würde sie die Din-

---

* Vgl. Moog/Müller/Raffelhüschen (2010), S. 5 ff.

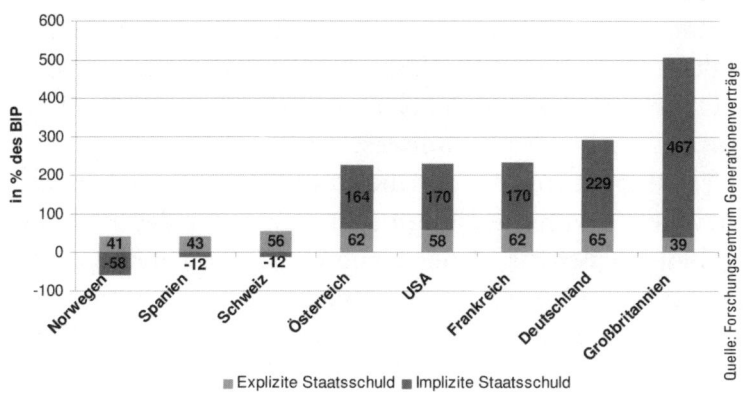

Nachhaltigkeitslücken
Basisjahr: 2005

in % des BIP

Quelle: Forschungszentrum Generationenverträge

■ Explizite Staatsschuld ■ Implizite Staatsschuld

ge aber laufen lassen, bliebe nur die Option drei: neue Schulden aufnehmen. Der Staat wäre also gezwungen, weitere Verbindlichkeiten einzugehen – zumindest so lange, wie er am Kapitalmarkt noch Kredit bekommt. Er würde damit nach und nach die derzeit noch impliziten Schulden zu expliziten, also zu verbrieften Schulden machen.

Für das Finanzsystem sind die expliziten Schulden weit gefährlicher als die impliziten. Wenn Besitzer von Staatsanleihen die Solvenz des betreffenden Staates anzweifeln, können sie die Anleihen jederzeit verkaufen. Wenn dies in größerem Umfang geschieht, sinken die Kurse, die Zinsen schießen in die Höhe, und im schlimmsten Fall kann eine Verkaufswelle zu einer umfassenden Vertrauenskrise und zu Panik führen. Was kann dagegen derjenige tun, der gegen den Staat einen Renten- oder Pensionsanspruch hat? Relativ wenig. Er kann den Rentenanspruch nicht veräußern, wenn er an der Zahlungsfähigkeit des Staates zweifelt. Hier kann es nicht zu einer

Verkaufswelle, nicht zu einer Verkaufspanik kommen, die den Staat in plötzliche Bedrängnis führt. Der Beitragszahler und zukünftige Leistungsempfänger kann allenfalls rechtzeitig auswandern, um sein Glück anderswo zu versuchen. Das Gesamtsystem wird dadurch allerdings nicht destabilisiert, zumindest nicht kurzfristig.

Was bedeutet das für die Politik? Sie muss handeln, deutlich bevor die Leistungszusagen von der in Rente gehenden Baby-Boomer-Generation abgerufen werden. Denn dann müsste der Staat weitere Kredite aufnehmen und würde sich damit noch mehr den Launen der Kapitalmärkte aussetzen. Je länger nicht gehandelt wird, umso mehr wird der Bürger mit einer Illusion in Richtung Ruhestand geschickt. Um es deutlich zu sagen: Der jährliche Rentenbescheid ist zwar nett, aber wohl nicht ganz ernst gemeint – sofern das Rentensystem nicht zukunftsfest gemacht wird.

In Deutschland ist in den vergangenen Jahren schon viel, aber bei weitem nicht genug geschehen. Was die Altersversorgung betrifft, hat der Einstieg in die längere Lebensarbeitszeit (»Rente mit 67«) bereits Entlastung gebracht. Auch die stärkere Kapitaldeckung (z.B. »Riester-Rente«) zeigt, dass offenbar nicht jeder bereit ist, einer Wohlstandsillusion zu erliegen. Die Bürger sorgen vermehrt durch privates Sparen vor. Gleichwohl ist es wenig hilfreich, dass die Kapitalmärkte ausgerechnet in dieser Phase zu immer heftigeren Schwankungen neigen. Ein stabileres Finanzsystem ist deshalb unabdingbar, soll die kapitalgedeckte Altersversorgung eine ernstzunehmende Alternative beziehungsweise Ergänzung zur gesetzlichen Alterssicherung bleiben.

Wenn es darum geht, die Sozialversicherung zukunftsfähig zu machen, wollen wir nicht Rentenkürzungen das

Nachhaltigkeitslücken im Zeitablauf

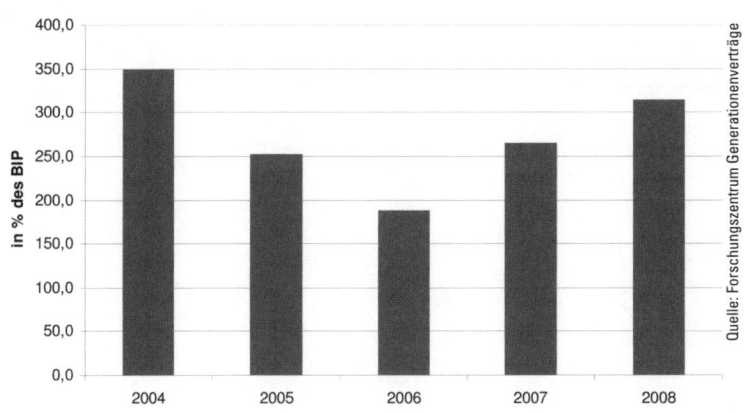

Wort reden. Doch wenn Leistungskürzungen und Beitragserhöhungen in engen Grenzen gehalten werden und gleichzeitig keine neuen Schulden gemacht werden sollen, muss ein anderer Ausweg gefunden werden. Eine Möglichkeit haben wir bislang nicht erwähnt: Die Politik kann – mit Hilfe von Strukturreformen – das Wachstumspotenzial erhöhen. Damit würden die Modellannahmen, unter denen die oben genannten Horrorschulden ermittelt wurden, korrigiert. Dass die Berechnungen der Nachhaltigkeitslücken sehr sensibel auf Änderungen der Rahmendaten reagieren, zeigt die Abbildung oben. Neben der finanzpolitischen Dramatik zeigen die Zahlen aber auch eines:

Es gibt einen Weg aus der Schuldenfalle!

Auch die zu Beginn dieses Abschnitts zitierten Zahlen von Standard & Poor's fallen anders aus, wenn die Annahmen für die Berechnungen verändert werden. Im

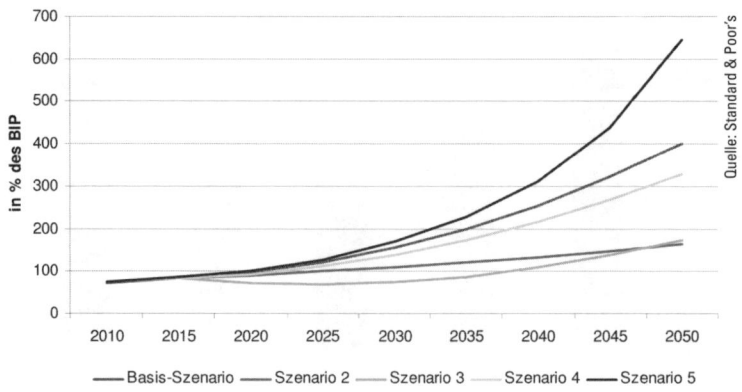

Staatsverschuldung Deutschland
Projektionen: Standard & Poor's

in % des BIP

Quelle: Standard & Poor's

—— Basis-Szenario —— Szenario 2 —— Szenario 3 —— Szenario 4 —— Szenario 5

günstigsten Fall würden die Staatsschulden in Deutschland bis 2050 auf weniger als 200 %, im ungünstigsten Fall auf über 600 % des BIP steigen (siehe Abbildung oben).

Fassen wir zusammen: Auch wenn die Nachhaltigkeitslücken abhängig von den Berechnungsgrundlagen stark schwanken, ist die Richtung klar: Die impliziten Staatsschulden übersteigen die expliziten Schulden in den meisten Industrienationen deutlich. Angesichts der demographischen Entwicklung steht die Politik vor der Entscheidung, die öffentliche Verschuldung explodieren zu lassen oder den Sprengsatz der impliziten Verschuldung durch einschneidende Maßnahmen zu entschärfen.

Viele der denkbaren strukturellen Anpassungen sind schmerzhaft. Höhere Steuer- und Beitragssätze stärken zwar kurzfristig die staatliche Einnahmebasis, doch sie nehmen den Bürgern und Unternehmern die Lust zu arbeiten und zu investieren. Ab einem gewissen Punkt würden die Einnahmen des Staates trotz steigender Steuer- und Abgabensätze sinken (»Laffer-Theorem«). In Deutschland müsste die Steuer- und Abgabenquote nach Angaben des Forschungszentrums Generationenverträge um 5,8 Prozentpunkte auf dann deutlich über 40 % steigen, wenn die Finanzpolitik nachhaltig gestaltet werden soll. Direkte Entlastung würde es dem Staat bringen, die abgegebenen Leistungsversprechen nicht vollständig einzuhalten. Renten- und Pensionszahlungen würden also sinken. Ob man in diesem Zusammenhang von Enteignung sprechen kann, sei dahingestellt. Rentner und Pensionäre würden es sicher so empfinden. Vorzuziehen sind deshalb Strukturreformen, die das Wirtschaftswachstum stärken. Dadurch wird es möglich, aus den Problemen ein Stück weit herauszuwachsen.

Zum Abschluss dieses Kapitels möchten wir auf einen Reformschritt eingehen, der aus unserer Sicht unvermeidlich ist, wenn nicht nur an den Symptomen der demographisch bedingten Probleme herumgedoktert werden soll:

Wir brauchen eine längere Lebensarbeitszeit!

Die Menschen werden nicht nur immer älter, sie bleiben beim Altwerden auch länger gesund. Die Lebenserwartung ist in den letzten Jahren deutlich gestiegen: 1980 betrug die Lebenserwartung einer sechzigjährigen Frau 80,8 Jahre, im Jahr 2002 lag sie bereits bei 84,1 Jahren. Bei Männern stieg die Lebenserwartung im gleichen Zeitraum von 76,5 auf 80 Jahre. Die Rentenbezugsdauer stieg damit bei Frauen – bei einem unterstellten Renteneintrittsalter von 65 Jahren – um 3,3 Jahre oder um knapp 21 %. Bei Männern stieg sie um 3,5 Jahre oder gut 30 %.

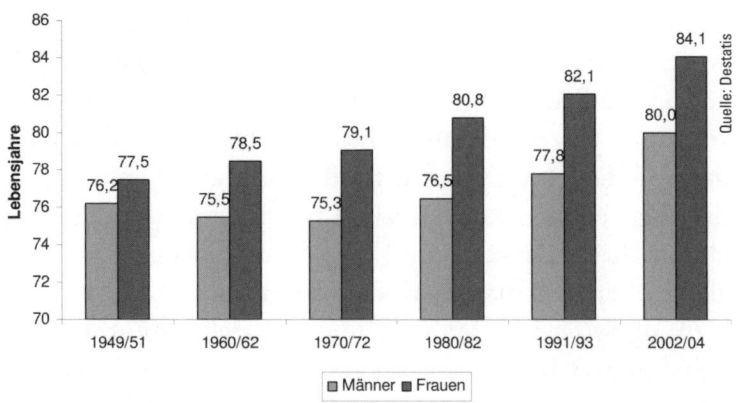

Lebenserwartung im Alter von 60 Jahren
Stand: 2006

Lebensjahre

1949/51 1960/62 1970/72 1980/82 1991/93 2002/04

76,2 / 77,5 — 75,5 / 78,5 — 75,3 / 79,1 — 76,5 / 80,8 — 77,8 / 82,1 — 80,0 / 84,1

Quelle: Destatis

☐ Männer ■ Frauen

Dies bedeutet, dass – unter sonst gleichen Umständen – der Wert der Rentenanwartschaften im betrachteten Zeitraum um 21 % bei Frauen und um 30 % bei Männern gestiegen ist.

Hand aufs Herz: Ist es nicht vernünftig, wenn die Lebensarbeitszeit mit der gestiegenen Lebenserwartung Schritt hält? Jedem sei gegönnt, seinen Ruhestand so früh wie möglich zu genießen. Da wir aber nicht im Paradies leben, wird uns der frühe Renteneintritt im Kollektiv nicht gelingen. Irgendwer muss erwirtschaften, was die Rentner und Pensionäre an materiellen Wünschen haben. Dabei dürfen die zahlenmäßig immer kleiner werdenden nachwachsenden Generationen nicht überlastet werden.

Längere Lebensarbeitszeit bedeutet:
Früher in das Berufsleben einsteigen,
später aufhören.

Wir meinen deshalb, dass die sukzessive Anhebung des Renteneintrittsalters nicht nur ein geeignetes Instrument ist, der impliziten Staatsverschuldung entgegenzuwirken. Wir meinen auch, dass sie mit Blick auf die gestiegene Lebenserwartung vollkommen vertretbar ist. Wer allerdings – wie es die Deutsche Bundesbank getan hat – die Kopplung des Renteneintrittsalters an die veränderte Lebenserwartung fordert, steht sofort im Kreuzfeuer der öffentlichen Kritik. Die Bundesbank kommt zu dem Ergebnis, dass das gesetzliche Rentenalter bis zum Jahr 2060 auf neunundsechzig angehoben werden müsste, wenn das Verhältnis von Ruhestands- und Erwerbsphase konstant gehalten werden soll.*

Dass einige Politiker, Gewerkschaften und Sozialverbände nach diesem Vorschlag schimpfend auf die Barrikaden gegangen sind, weil in fünfzig (!) Jahren die Rente erst zwei Jahre später als bislang geplant erreicht wird, macht für künftige Reformprojekte wenig Hoffnung. Man führe sich vor Augen: Wer ab 2060 im Alter von neunundsechzig in Rente gehen würde, ist heute höchstens zwanzig Jahre alt. Das bedeutet, er hat noch sein gesamtes Berufsleben vor sich und kann sich in aller Ruhe darauf vorbereiten, bis dahin körperlich und geistig fit zu bleiben. Unerträglich an der Diskussion ist zudem, dass so getan wird, als wären wir ein Volk von körperlich schwer arbeitenden Maurern und Straßenbauarbeitern. Für diese Berufsgruppen müssen tatsächlich Lösungen gefunden werden. Auch sie werden irgendwann umschulen und körperlich weniger verschleißenden Tätigkeiten nachgehen müssen. Wir sollten es uns aber abgewöhnen, unsere Reformdebatten entlang

---

* Vgl. Deutsche Bundesbank (2009).

von Einzel- und Ausnahmefällen zu führen. Sonst werden wir die vor uns liegenden Aufgaben nicht erledigen können.

Historische Erfahrungen mit Finanz- und Schuldenkrisen

Können wir etwas aus den Erfahrungen mit früheren Finanz- und Schuldenkrisen lernen? Die amerikanischen Ökonomen Carmen Reinhart und Kenneth Rogoff, ehemaliger Chef-Volkswirt des IWF, haben die wohl umfassendste Untersuchung von Finanzkrisen vorgelegt. In ihrem Buch »Dieses Mal ist alles anders« haben sie Finanzkrisen der letzten acht Jahrhunderte in sechsundsechzig Ländern detailliert erfasst und systematisch ausgewertet. Wir fassen in diesem Abschnitt die wichtigsten Erkenntnisse der Arbeiten von Reinhart und Rogoff[*] zusammen und leiten damit auf das abschließende Kapitel unseres Buches, die Lösungsmöglichkeiten für die aktuelle Schuldenkrise, über.

Die Kernbotschaft von Reinhart und Rogoff lautet, dass deutliche Warnsignale im Boom vor einer Krise meist ignoriert werden, weil sich jedes Mal der Glaube breitmacht, im laufenden Boom sei alles anders als früher. Die hohen und eigentlich verdächtigen Bewertungen von Vermögenswerten werden regelmäßig nicht als Resultat irrationaler Übertreibungen, sondern als fundamental gerechtfertigt eingeschätzt, weil sich die Zeiten geändert hätten und sich die alten Bewertungsmaßstäbe

---

[*] Wir beziehen uns dabei auf Reinhart/Rogoff (2010 a), Reinhart/Rogoff (2010 b), Reinhart/Rogoff (2010 c) und auf Obstfeld/Rogoff (2009).

nicht mehr auf die aktuelle Situation anwenden ließen: »Jedes Mal redet sich die Gesellschaft ein, der aktuelle Boom basiere – anders als in früheren Boomphasen, die katastrophalen Zusammenbrüchen vorausgingen – auf soliden Grundlagen, strukturellen Reformen, technologischer Innovation und vernünftiger Politik.«[*]

Zu Beginn dieses Kapitels haben wir beschrieben, dass an den Finanzmärkten offensichtlich immer wieder irrationale Übertreibungen auftreten, die im deutlichen Widerspruch zur vorherrschenden Finanzmarkttheorie der letzten Jahrzehnte stehen (vgl. S. 87 ff.). Die Ergebnisse von Reinhart und Rogoff legen den Schluss nahe, dass sich Finanzmarktakteure schon viel länger als nur einige Jahrzehnte narren lassen. Die Fehleinschätzungen sowohl im Zuge der Dotcom-Blase um die Jahrtausendwende als auch im Vorfeld der globalen Finanz- und Wirtschaftskrise stehen also nur am Ende einer langen, über mehrere Jahrhunderte reichenden Liste von Irrtümern. Immer wieder lassen sich die Akteure an den Finanzmärkten von tatsächlichen oder vermeintlichen Erfolgsgeschichten blenden, welche starke Kurszuwächse an den Aktien-, Immobilien- oder Rohstoffmärkten zu rechtfertigen scheinen. Vor 2007 war es ein ganzes Bündel von Argumenten, mit dem die Auswüchse des amerikanischen Immobilienmarktes schöngeredet wurden: Finanzinnovationen ermöglichten es den bislang als zu finanzschwach geltenden Käufergruppen, Eigenheime zu erwerben. Das globale Sparkapital suchte Anlagemöglichkeiten und wurde in den als besonders sicher geltenden USA fündig. Im inflationsfreien Umfeld konnte die US-Notenbank die Zinsen niedrig halten und damit den Im-

---

[*] Reinhart/Rogoff (2010 a), S. 34.

mobilienkauf attraktiv machen. Und schließlich wurde die Qualität der Finanzaufsicht überschätzt.

Eine wichtige Lehre aus den bisherigen Finanzkrisen ist also, misstrauisch zu bleiben, wenn sich die Kursentwicklung von dem entfernt, was nach herkömmlicher Fundamentalanalyse gerechtfertigt erscheint. Besondere Vorsicht ist geboten, wenn als Begründung außergewöhnliche Zukunftsperspektiven herangezogen werden. Reinhart und Rogoff haben ihrem letzten, resümierenden Buchkapitel deshalb ein bedenkenswertes Zitat vorangestellt: »Es gibt nichts Neues, außer dem, was vergessen wurde.«

Die Analyse der vergangenen Finanzkrisen liefert aber nicht nur Anhaltspunkte für künftige Prävention, sondern auch wichtige Einsichten in Abläufe und Nachwirkungen. Vieles, was in den vergangenen drei Jahren geschehen ist, kann aus historischer Perspektive nicht überraschen. Allerdings nimmt die Krise für Deutschland in verschiedenen Bereichen zuletzt einen ungewöhnlichen, im internationalen Vergleich positiven Verlauf. Für unser Land ist dies zwar sehr erfreulich, doch besteht dadurch auch die Gefahr, dass falsche Rückschlüsse für die weitere Bewältigung der Schuldenkrise gezogen werden. Dazu später mehr.

Schuldenkrisen, Inflationsepisoden und Bankenkrisen sind weit verbreitet. Sie treten überall auf der Welt auf und treffen Entwicklungsländer sowie etablierte Nationen gleichermaßen. Fast alle Länder hatten in der Vergangenheit schon mit Schuldenkrisen zu kämpfen. Dabei zeigt die Erfahrung, dass es vielen Ländern gelungen ist, Inflationsprobleme und Staatsschuldenkrisen dauerhaft zu überwinden. Bankenkrisen hingegen tauchen immer wieder auf. Noch hat es kein Land geschafft, sich dauerhaft von Bankenkrisen zu befreien. Die Welt sollte also auf weitere Probleme vorbereitet sein, auch wenn Regulierung und Finanzaufsicht verbessert werden können.

Die Krisenanfälligkeit eines Landes hängt von verschiedenen Faktoren ab: Zunächst ist es die eigene Vergangenheit. Länder mit einer schlechten Bilanz, also mit einer schlechten Finanzreputation, sind besonders anfällig für weitere Krisen. Insbesondere sind diejenigen Länder gefährdet, die sich mit relativ kurzfristigen Krediten verschuldet haben. Je höher der laufende Refinanzierungsbedarf, umso größer ist die Gefahr, dass ein – berechtigter oder unberechtigter – Vertrauensverlust der Kapitalanleger ein Land unmittelbar in Bedrängnis bringt. Die europäische Schuldenkrise hat dies in der ersten Jahreshälfte 2011 eindrucksvoll bewiesen. Denn jede Anleiheemission wurde für ein Land wie Portugal, bevor es unter den Rettungsschirm schlüpfte, zu einem Drahtseilakt. Die kurzfristige Schuldenfinanzierung ist übrigens eine relativ junge Mode, die ihre Anfänge in den 1970er Jahren hat. Als ideales Rezept gegen Schuldenkrisen hat sich erwiesen, den Schuldenstand über einen längeren Zeitraum niedrig zu halten und Strukturreformen umzusetzen.

Reinhart und Rogoff weisen darauf hin, dass Schuldentilgung (und damit die Abwendung eines Staatsbankrotts) meist eine Frage des politischen Willens ist. Es geht um Rückzahlungsbereitschaft, nicht um Rückzahlungsfähigkeit! Länder, die ihre Schulden nicht begleichen, haben oft bewusst entschieden, dass eine vollständige Rückzahlung die dafür zu erbringenden Opfer nicht wert ist. Dieser Punkt ist mit Blick auf die europäische Schuldenkrise brisant. Denn vielfach wird kritisch über die mangelnde Bereitschaft Griechenlands und Irlands diskutiert, die Steuern und Abgaben zum Zweck der Haushaltssanierung stärker anzuheben. Dabei darf aber nicht übersehen werden, wie stark insbesondere die Bereitschaft der griechischen Regierung ist, erheblichen Verzicht von der eigenen, protestierenden Bevölkerung einzufordern.

Die Bedeutung der Rückzahlungsbereitschaft wird beim Blick in die Geschichte der Schuldenkrisen besonders deutlich. Vom 16. bis 18. Jahrhundert wurde die Rückzahlung regelmäßig über kriegerische Auseinandersetzungen gelöst. Vor allem England besetzte immer wieder Länder, die nicht zur Rückzahlung ihrer Schulden bereit waren. Das »Schuldeninkasso« hatte gelegentlich ungewöhnliche Konsequenzen. So bedrängte England das bankrotte Neufundland, seine Souveränität aufzugeben und eine kanadische Provinz zu werden. Nicht nur England setzte als Gläubiger Gewalt ein, auch Schuldner neigten zu drastischen Maßnahmen: Die französischen Monarchen entledigten sich auf äußerst rabiate Weise ihres Schuldenproblems, indem sie wichtige inländische Gläubiger einfach hinrichten ließen (Reinhart und Rogoff sprechen leicht süffisant von einer »frühen und entschlossenen Form der Schuldenrestrukturierung«).

Vor allem in Schwellen- und Transformationsländern wurden Schulden durch eine Restrukturierung oder durch einen Zahlungsausfall zurückgeführt. Wegen des Vertrauensschadens hat diese Lösung allerdings nur kurze Beine. Neue Probleme in der Zukunft sind bereits angelegt. Ähnlich verhält es sich mit der Inflation. Sie verschafft zwar kurzfristig Linderung, hat aber Langzeitfolgen. Inflation wurde schon immer als zweckdienliche Form der Enteignung von Gläubigern verstanden.

Allerdings hat sie ihr Gesicht im Laufe der Zeit mehrfach geändert. So gab es im Zeitraum zwischen 1500 und 1800 keine einzige Hyperinflation. Erst in der Zeit danach häuften sich die Fälle. Den Rekord der neueren Zeit hält Simbabwe mit einer Inflationsrate von 66 000 Prozent (!) in nur einem Jahr. Wo unabhängige Zentralbanken für die Geldpolitik verantwortlich sind, wurden allerdings große Fortschritte bei der Inflationsbekämpfung erzielt.

In der Vergangenheit hat sich gezeigt, dass es Ländern immer wieder relativ lange gelingen kann, Schulden anzuhäufen. Selbst Länder mit einer negativen Schuldenreputation können erhebliche Schuldenberge aufbauen, bevor das Vertrauen erneut verlorengeht. »Ein Schuldnerland kommt so lange zurecht, wie seine Kapitalgeber ihm vertrauen. Wenn dieses Vertrauen aus irgendeinem (möglicherweise sachfremden) Grund verlorengeht, dann kollabiert das Kreditgebäude, und kein Kreditgeber hat die Macht oder den Willen, es aufrechtzuerhalten.«[*] Ähnlichkeiten zur Lage in Griechenland sind offenbar nicht rein zufällig.

Typischer Verlauf von Finanzkrisen

Reinhart und Rogoff haben einen Prototyp für die zeitliche Abfolge von Krisen erstellt: Am Anfang steht eine Finanzliberalisierung, die zum Beispiel den Zugang der Banken zu Auslandskrediten erleichtert und eine riskantere Kreditvergabe im Inland ermöglicht. Auch Finanzinnovationen werden dabei als eine Spielart der Liberalisierung gewertet. Wenn sich der Kreditboom und der

---

[*] Reinhart/Rogoff (2010 a), S. 116.

damit einhergehende Anstieg der Assetpreise dem Ende zuneigen, droht der Beginn einer Bankenkrise. Sobald die Zentralbanken gezwungen sind, kriselnde Kreditinstitute zu stützen, beginnt die nächste Phase: Die Währung gerät unter Abwertungsdruck, denn im Zweifel ordnet die Zentralbank ihre geld- und währungspolitischen Ziele der Finanzmarktstabilisierung unter. Durch die Abwertung entstehen neue Probleme: Der reale Wert der Auslandsschulden und die Inflationsraten steigen. Im nächsten Schritt erreicht die Bankenkrise entweder ihren Höhepunkt, oder die Krise setzt sich fort, breitet sich weiter aus und führt letztlich zu Zahlungsausfällen. Damit würde die Bankenkrise endgültig ihren Höhepunkt erreichen.

Seit dem Zweiten Weltkrieg hat die Politik auf systemische Bankenkrisen typischerweise mit Rettungspaketen reagiert. Die Maßnahmen reichten dabei vom Aufkauf »fauler« Aktiva über gelenkte Fusionen angeschlagener Institute mit relativ soliden Banken bis hin zur Übernahme durch den Staat. Die aktuelle Wirtschaftskrise weist deutliche Parallelen zum typischen Verlauf früherer Finanzkrisen auf. Insbesondere die bereits erprobten politischen Maßnahmen wurden weltweit intensiv eingesetzt. Es ist also kein Novum, dass privatwirtschaftliche Verluste vom Staat sozialisiert wurden.

Folgen

Da Finanzkrisen meist mit staatlicher Hilfe gelöst werden, kann es nicht überraschen, dass der Anstieg der öffentlichen Verschuldung eines der Hauptmerkmale einer Bankenkrise ist. Drei Jahre nach einer Krise waren die Schulden des Staates um durchschnittlich 86 Prozent gestiegen. Darin sind sowohl die direkten Kosten für die Bankenrettung enthalten als auch die indirekten Kosten, die auf Konjunkturprogramme und krisenbedingte Steuerausfälle zurückzuführen sind. Historisch betrachtet, haben die indirekten Kosten den Löwenanteil an den Gesamtkosten ausgemacht.

Reinhart und Rogoff haben ermittelt, dass Staatsschulden ab einer Höhe von etwa 90 Prozent des Bruttoinlandsproduktes das Wirtschaftswachstum bremsen. Bei Schwellen- und Entwicklungsländern kann der Wert deutlich niedriger liegen, im Durchschnitt lähmt hier schon ein Wert von 60 Prozent das Wachstum. Neben den höheren Risikoprämien, die ein hoch verschuldetes Land zu zahlen hat, belasten kurzfristig vor allem die erforderlichen Maßnahmen zur Haushaltssanierung.

Während die öffentliche Verschuldung – wenn überhaupt – nur über längere Zeiträume zurückgeführt wird, erholen sich die Aktienmärkte nach einer Finanzkrise im Regelfall relativ schnell. Der durchschnittliche Kursverlust von gut 55 Prozent wurde im Schnitt nach rund dreieinhalb Jahren wieder wettgemacht. Zäher gestalten sich Krisen am Immobilienmarkt. Die Kursrückgänge dauern im Durchschnitt sechs Jahre und belaufen sich dabei auf 35 Prozent.

Die realwirtschaftlichen Folgen von Finanzkrisen sind erheblich: Konjunkturelle Abschwünge dauern mit rund zwei Jahren deutlich länger als normale Abschwungphasen. Die Wirtschaftsleistung sinkt dabei um rund neun Prozent. Länger anhaltende Rezessionen treffen vor allem Länder, die stark reformbedürftig sind. Schwer betroffen sind die Arbeitsmärkte: Über fast fünf Jahre steigt die Arbeitslosenquote um insgesamt rund sieben Prozentpunkte.

Fazit

Die Arbeiten von Reinhart und Rogoff machen die aktuelle Wirtschaftskrise besser verständlich. Vieles, was wir in den vergangenen drei Jahren erlebt haben, folgt einem historischen Muster. Für die weitere Krisenbewältigung lassen sich wertvolle Rückschlüsse ziehen. Dass diese außergewöhnliche Krise nicht noch schlimmere Folgen hatte, dürfte auf bessere politische Antworten als in der Vergangenheit zurückzuführen sein. Ein Erfolg, der auf Lehren aus früheren Krisen zurückzuführen ist. Das massive Gegensteuern der Regierungen und Notenbanken war zwar kostspielig, aber auf diese Weise konnte der Kollaps des Weltfinanzsystems verhindert werden.

Manches Problem wurde zudem schneller behoben, als nach historischer Erfahrung zu erwarten gewesen wäre. Deutschland nimmt hier eine Sonderstellung ein. So ist der Schuldenstand bislang um weit weniger als die 86 Prozent, die sonst drei Jahre nach der Krise zu beobachten sind, gestiegen. Zwar ist es zu früh, endgültig Bilanz zu ziehen, unter anderem weil noch nicht klar ist, welche Garantien und Bürgschaften noch zu tatsächlichen Ausgaben führen werden. Doch momentan spricht viel dafür, dass die Gesamtbelastung der öffentlichen Haushalte unter dem bleiben wird, was gemessen an historischen Erfahrungen zu erwarten gewesen wäre. In Deutschland kann auch die gesamtwirtschaftliche Entwicklung den Blick für die Tiefe der Krise verstellen. Zwar haben wir 2009 einen kapitalen Absturz der Konjunktur erlebt, aber der anschließende Aufschwung hat diese Krise fast schon vergessen gemacht. Vor allem widerspricht die deutsche Arbeitsmarktentwicklung sowohl den historischen Erfahrungen als auch der teilweise

extrem angespannten Situation im Ausland. Ein sprunghafter Anstieg der Arbeitslosigkeit war zu befürchten,
bekommen haben wir hingegen zum Glück einen kräftigen Beschäftigungsaufbau.

Wir dürfen uns über diese positive Entwicklung freu-
en. Allerdings sollten wir nicht dem Trugschluss erliegen, die Wirtschaftskrise sei ein Phantom gewesen. Für
viele Deutsche hat sich die Krise als furchteinflößender,
stechender Schmerz geäußert, der aber schnell vorbei-
ging und nach dem es einem inzwischen fast besser geht
als vorher. Wer dieses Krisengefühl auf das Ausland
überträgt, macht einen großen Fehler. Länder wie Griechenland stehen am Abgrund und haben heute echte
Schmerzen, keine Phantomschmerzen. Nur weil wir
Deutschen bislang mehrheitlich keine anhaltenden Folgen der Wirtschaftskrise zu spüren bekommen haben,
sollten wir nicht denken, dass dies im Ausland genauso
ist. Zudem ist es ein Irrglaube, die Krisenstaaten in Europa täten nichts für die Überwindung ihrer Schuldenkrisen. Nach der Lektüre von Reinhart und Rogoff sollte
klar sein, dass der Wille, eine Schuldenkrise ohne Zahlungsausfall zu überstehen, nicht selbstverständlich ist.

Kapitel 4
Lösungsansätze

Irrwege:
Inflation, Insolvenz, Transferunion

Wer soll das bezahlen? Wie kann die Schuldenkrise überwunden werden? Viele Menschen haben diese Fragen für
sich bereits beantwortet. Sie vermuten, die Verantwortlichen in Politik und Zentralbank hätten sich bereits für
eine Lösung entschieden: Inflation. Schulden würden
demnach nicht zurückgezahlt, sondern durch Inflation
entwertet. In zahlreichen Vortrags- und Diskussionsver-
anstaltungen haben wir beiden Autoren den felsenfesten
Glauben des Publikums an eine kräftige Inflation als Perspektive persönlich erlebt. Ernsthafte Sanierung in den
Problembereichen oder Problemländern wurde als unrea-
listisch angesehen. Und nicht wenige haben die inflationä-
re Alternative gegenüber der Dr. Eisenbart-Kur auch als
das kleinere Übel betrachtet. Begleitend galt für die meisten dieser Beobachter die Zukunft der Währungsunion
auf der schiefen Ebene: Ausscheiden aus dem Währungs-
verbund, Einführung einer eigenen Währung und deren
massive Abwertung erschien ihnen als alternativlos.

Bis heute hat es keine Austritte aus der Währungsunion gegeben und übrigens auch keine drastischen Abwer-
tungen von europäischen Problemländern, die nicht Teil
Eurolands sind. Dies ist etwa für Ungarn oder Großbritannien zu beobachten. Die Vertreter der Abwertungs-
strategie bleiben es schuldig, diese Beobachtung zu er-
läutern. Offenkundig gibt es Gründe, solche Abwer-
tungsstrategien nicht für so erfolgversprechend zu
halten, wie es die zugehörigen Heilsversprechen vermuten lassen. Bis zum Sommer 2011 gibt es in Europa auch
wenig Hinweise darauf, dass sich die Inflation drastisch
und nachhaltig beschleunigt. Was teurer wurde, ist Ener-

gie und sind Nahrungsmittel. Beides Reflexe der Nachfragestärke der Schwellenländer nach diesen Produkten und ungünstiger Angebotsentwicklungen in Landwirtschaft und Energiewirtschaft. Zu einem großen Teil ist dies ein Resultat wenig überzeugender politischer Perspektiven auf beiden Gebieten in den größten Teilen der Welt (politische Krisen und keine entschlossene Politik zur Förderung der Landwirtschaft und zur Entwicklung alternativer Energien sowie der Energieeffizienz).

Zweitrundeneffekte dieses Preisschubes sind bislang durchgängig schwach – Lohnkostensteigerungen sind kaum irgendwo zu konstatieren. Doch der Glaube an eine kräftige Inflation ist ungebrochen. Viele meinen, dass wir gerade die Ruhe vor dem Sturm erleben. Ein Teil der Anleger belässt es nicht bei Lippenbekenntnissen, er handelt entsprechend. Der steigende Goldpreis belegt die Inflationsfurcht. Ein Blick auf die Einzelkomponenten der Goldnachfrage zeigt einen enormen Anstieg des Interesses aus dem Investmentbereich. Bevor die Finanzkrise eskalierte, hatte die Schmuckindustrie mit rund 70 % noch den Löwenteil der Gesamtnachfrage ausgemacht. Durch die Lehman-Pleite geriet die Schmucknachfrage – überspitzt ausgedrückt – zur Randnotiz, sie machte nur noch 33 % des Gesamtmarktes aus. Die Käufe aus dem Investmentsegment konnten sich bis zum ersten Quartal 2009 mehr als verdreifachen und machten zeitweilig rund 60 % des Gesamtmarktes aus. Hatte die Investmentnachfrage im ersten Quartal 2008 noch bei 170 Tonnen gelegen, stieg sie im ersten Quartal 2009 auf einen Rekordwert von mehr als 610 Tonnen. Zu dieser Zeit war der Markt für physisches Gold leergefegt. Goldmünzen mussten bei der Hausbank vorbestellt werden, die Wartezeiten betrugen zeitweilig mehrere Wochen.

Investmentnachfrage nach Gold

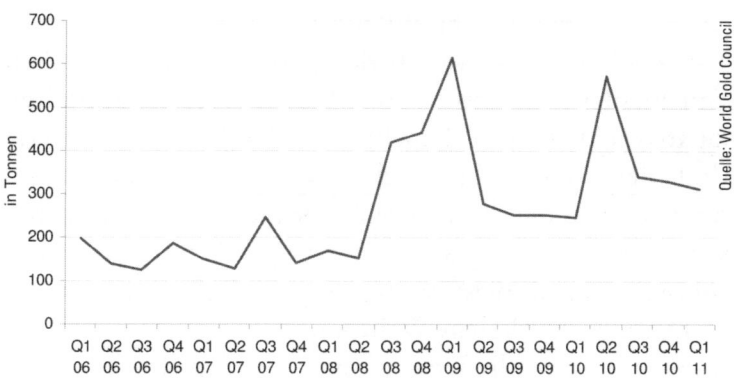

Quelle: World Gold Council

Die Angst vor einer drastischen Geldentwertung ließ und lässt die Anleger aber nicht nur Gold kaufen. Sachwerte aller Art sind gesucht. Ob Edelmetalle, Energierohstoffe, Immobilien in Top-Lagen oder exotischere Anlagevarianten wie Wald oder Ackerland – gekauft wird, was Inflationsschutz bietet. Der Privatanleger befand sich also auf der Flucht aus den inflationsgefährdeten Assets und machte dabei einen großen Bogen etwa um die traditionell in Krisen als sicherer Hafen angesehenen amerikanischen Staatsanleihen. Die Zentralbanken blieben unterdessen bei ihrer extremen Niedrigzinspolitik und ließen die Geldbasis weiter expandieren. Allen voran die US-Notenbank FED, die ihre Nullzinspolitik um unkonventionelle Maßnahmen anreicherte: Sie kaufte in großem Umfang amerikanischen Staatsanleihen auf, die ja von Privatanlegern gemieden wurden, und finanzierte damit einen Teil der amerikanischen Staatsschulden quasi mittels Notenpresse. Man muss den geldpolitisch Verantwortlichen zugutehalten, dass zu dem Zeitpunkt, als der Ankauf von Staatsanleihen beschlossen wurde, die Gefahr einer Deflation – also das genaue Gegenteil von Inflation – noch nicht gebannt war. Eine deflationäre Abwärtsspirale ist wirtschaftlich und nicht nur politisch noch gefährlicher als Inflation. Japan hat dies nach dem Platzen der Immobilienpreise Ende der achtziger Jahre schmerzhaft erfahren. Die amerikanische Federal Reserve Bank hat deshalb ganz bewusst die Finanzwirtschaft mit Liquidität geflutet. Dies sollte Preissenkungserwartungen unmöglich machen.

In der öffentlichen Wahrnehmung hat sich die Idee festgesetzt, dass die Krise zu weit aus dem Ruder gelaufen ist, um die Probleme noch graduell und mit wirtschaftlicher Vernunft lösen zu können. Aufgeschreckt von Buchautoren, die den ökonomischen Weltuntergang für unabwendbar halten und verunsichert von Crash-Propheten, die den exakten Zeitpunkt des bevorstehende Währungsschnitts à la 1923/1948 zu kennen glauben, halten viele Zeitgenossen den »großen Knall« für den einzigen Ausweg aus der Schuldenkrise. Eigeninteresse der Untergangspropheten ist nicht ausgeschlossen: Sie könnten den eigenen Keller voller Gold haben und die »Einsichten« deshalb pro domo in die Welt posaunen.

Zugegeben, die Situation an den Finanzmärkten ist fragil, und die Staatsfinanzen vieler Länder sind äußerst angespannt. Ohne solche strukturellen Schwächen könnten so düstere Prognosen kaum gedeihen. Möglicherweise wird Katastrophenszenarien auch deshalb so viel Glauben geschenkt, weil sie als einfache und schnelle Lösungen gelten. Statt den langen, beschwerlichen und auch entbehrungsreichen Weg aus der Krise gehen zu müssen, mag für manchen ein konsequenter Schnitt – ob durch

Hyperinflation oder Staatsbankrott – mit anschließendem Neustart attraktiver erscheinen. Doch diese Lösungen sind nur scheinbar einfach, sie sind vor allem nicht zu Ende gedacht. Wer Inflation und andere Formen der Vermögensvernichtung als Lösung sieht, hat übersehen, wie wichtig stabiles Geld für eine prosperierende Wirtschaft ist und wie viel Vertrauen und Steuerungsfähigkeit ein solcher Schritt für lange Zeit, etwa für eine Generation, vernichtet.

Stabiles Geld ist Grundvoraussetzung für die Sparbereitschaft der Menschen. Wenn angesparte Vermögen durch Inflation oder Währungsschnitte jederzeit entwertet werden können, wird Konsum hier und jetzt zur Tugend. Ein moderner Kapitalstock lässt sich nur aufbauen, wenn die Wirtschaftsakteure bereit sind, ihren Verbrauch für eine gewisse Zeit einzuschränken, oder wenn internationale Kapitalgeber gefunden werden. Ohne modernen Kapitalstock ist wirtschaftliches Wachstum kaum möglich. Mit anderen Worten: Wo die Stabilität des Geldes geopfert wird, wo Rückzahlungsversprechen leichtfertig nicht eingehalten werden, da werden Menschen um den Lohn ihrer Arbeit gebracht, und ihnen werden die Zukunftschancen verbaut. Nicht ohne Grund wird alles unternommen, um eine Umschuldung Griechenlands zu vermeiden. Wenn Griechenland seine Kredite nicht zurückzahlt, wird es künftig noch schwerer, Käufer für griechische Staatsanleihen zu finden – mit drastischen Folgen für die wirtschaftliche Dynamik. Der Versuch, sich durch Bankrotterklärung zu entschulden, kann also zum Bumerang werden.

Inflation ist ein Irrweg. Zum Glück ist dieser Irrweg aber auch voller Hindernisse. Selbst wenn sich eine Regierung zum Ziel setzte, den Schuldenberg durch Inflation zu schrumpfen, würde sie kaum Erfolg haben. Regierungen können sich zwar Inflation wünschen, aber sie können sie nicht herbeiführen. Aus gutem Grund ist die Geldpolitik und damit die Verantwortung für stabile Preise den unabhängigen Notenbanken übertragen worden. Insbesondere die EZB ist personell, finanziell und politisch unabhängig und allein der Preisniveaustabilität verpflichtet.

Manche geldpolitische Operation der letzten Jahre wurde von den Bürgern mit Sorge zur Kenntnis genommen. Presseberichte über massive Liquidität, die von den Zentralbanken in die Märkte gepumpt wurden, nährten reflexartig Inflationsängste. Allerdings wurde übersehen, dass mit diesem Geld nur ein Liquiditätskreislauf zwischen Zentralbank und Banken erzeugt wurde. Der »normale« Geldmarkt, auf dem sich Banken üblicherweise untereinander Geld leihen, war ausgetrocknet. Für die Zentralbanken ist es künftig einfach, die Notfalloperationen zu beenden und die den Banken bereitgestellten Gelder wieder einzusammeln. Die EZB hat dies bereits begonnen. Ihr US-amerikanisches Pendant, die FED, hat die ganze Arbeit noch vor sich.

Der wirksamste Schutz vor Inflation sind also politisch unabhängige Notenbanken. Auch sonst dürfte es den Regierungen schwerfallen, sich über Inflation zu entschulden. Erwarten die Sparer höhere Inflation, verlangen sie für längerfristige Anlagen höhere Zinsen. Bei einer erwarteten Inflationsrate von zum Beispiel 5 Prozent würde der Staat wohl kaum Käufer für Staatsanleihen finden, die mit gut 3 Prozent verzinst werden, wie dies derzeit für die USA und Deutschland der Fall ist. Der Staat kann sich durch höhere Inflation per saldo nicht entschulden. Dieser Zusammenhang ist noch unmittelbarer bei inflationsgeschützten Anleihen, welche die Bundesrepublik seit 2006 zur Refinanzierung einsetzt. Auf einen niedrigen Basiszins erhält der Anleger einen Zuschlag in Höhe der Inflationsrate, so dass er den Realzins von vornherein kennt.*

Weder hilft es also, mit der Droge inflationärer Geldpolitik das Problem lösen zu wollen, noch ist es sinnvoll zu glauben, mit einem Schuldenerlass die Problematik vom Tisch zu bekommen. Die Problemländer freilich dauerhaft an den Tropf der Hilfe aus (vermeintlich) starken Ländern zu hängen, ist wirtschaftlich nicht erfolgversprechend und politisch in den Geberländern nicht durchsetzbar. Mit dauerhaften Transferzahlungen werden Probleme verschleppt, aber nicht gelöst. Das Ziel, innerhalb der Währungsunion den Lebensstandard der Teilnehmerländer einander anzugleichen, ist weder sinnvoll noch durchsetzbar. Deutschland kann auf mehrere Jahrzehnte Erfahrung mit dem bundesstaatlichen Finanzausgleich zurückblicken. Mit Hilfe von Länderfinanzausgleich und Bundesergänzungszuweisungen soll die »Gleichwertigkeit der Lebensverhältnisse« im Bundesgebiet gewährleistet werden. Bundesländern in Haushaltsnotlage wurde geholfen. Das Ergebnis ist ernüchternd: Mit Ausnahme von Bayern ist es keinem Bundesland gelungen, sich dauerhaft aus der finanziellen Abhängigkeit zu befreien und zu einem Geberland zu werden.

Dies dürfte Warnung genug sein. Finanzielle Hilfe sollte nur temporär in Ausnahmesituationen gewährt werden. Wenn sie als Hilfe zur Selbsthilfe konzipiert ist,

---

* Einen guten Überblick über Inflationsrisiken und über inflationsbeschränkende Faktoren geben Gräf/Schneider (2009).

sind die Erfolgsaussichten am größten. Hierzu sollte sie strikt konditioniert vergeben werden. Die Geberländer sind also aufgefordert, Konzepte mit zu entwickeln, um Wege aus der Krise aufzuzeigen. Nicht konditionierte und auf Dauer angelegte Hilfszahlungen führen dagegen die Nehmerländer in die Abhängigkeit und unterwandern die wirtschaftliche Dynamik der Geberländer und destabilisieren sie politisch. Diese Punkte wurden bei der Griechenland-Hilfe erfreulicherweise berücksichtigt, beim Rettungsschirm ab 2013 leider nicht.

Transferzahlungen, Schulden- und Währungsschnitte sowie Inflation führen also in die Irre. Doch was können die heutigen und zukünftigen Schuldenstaaten wirklich tun, um die Krise zu überwinden? Ein Blick auf die Rezepte der Staaten, die Haushalts- und Schuldenkrisen erfolgreich gemeistert haben, liefert wertvolle Hinweise. Doch zunächst muss sichergestellt werden, dass keine neue Finanzkrise von schwerem Format den Sanierungsarbeiten in die Quere kommt. Deshalb soll zunächst ein effizienter Regulierungsrahmen skizziert werden.

Wie verhindern wir Finanzkrisen künftig?

In diesem Buch hat der Leser schon eine Menge über die Gründe für die Finanzmarktkrise erfahren. Ebenso eine Menge über die Folgen, die Sanierungsmaßnahmen und die ökonomischen und politischen Kosten der Finanz- und Wirtschaftskrise. Dass dies alles dramatisch war und ist, wird wohl niemand bezweifeln. Und entsprechend wird niemand die Notwendigkeit entschlossener Krisenprävention bestreiten.

Kunden, Finanzinstitute, Regulatoren und Politik haben allen Anlass, sich sehr anzustrengen, damit die Wiederholung dieser Krise unterbleibt. Die Menschheit und die Wirtschaftsgeschichte ist freilich auch eine Mahnung, dass man bei den Hoffnungen auf Krisenvermeidung keine idealisierten Vorstellungen entwickeln sollte. Da die Zukunft unbekannt ist und es immer »menscheln« wird, wird es auch künftig Fehlentwicklungen geben.

»Zurück auf die Bäume« ist keine Option

Angesichts der Größe der Rettungspakete, die zu Lasten der Steuerzahler gingen und gehen werden, überrascht die Radikalität mancher Vorschläge zum Umbau des Finanzsektors nicht. Dennoch, nicht alles, was im Affekt auf den Weg gebracht wird, sorgt für das Wohlbefinden derer, die ihre belastete Seele haben entlasten wollen. Viele der Vorschläge schütten das Kind mit dem Bade aus. Andere wiederum reflektieren Vorstellungen über den Zustand der Welt, die von vorgestern stammen.

Eine internationale, in jeder Hinsicht vernetzte Welt – auch auf der Seite kleiner und mittlerer Unternehmen und für die vielfältigsten Bezüge praktisch eines jeden privaten Haushalts – macht die Re-Nationalisierung des Finanzmarktes zum unsinnigen Ansatz. Ebenso ist die Vorstellung, die Kunden brauchten nur Banken, die ihre Einlage (sicher und gut verzinst) annähmen und die ihnen Kredite gewähren, fern von jeder (auch der schlichtesten) Wirklichkeit der Bankbeziehungen in der heutigen Welt. Folglich sind Vorstellungen, wie sie Paul Volcker in den USA vertreten hat, nämlich dass man die Banken aufspalten solle in Einrichtungen, die nur Einlagen und Kredite anbieten – und diese sollten dann der staatlichen Rettungspflicht unterliegen –, und in Einrichtungen für alles Übrige, die aber nicht den Schutz des Staates zur Rettung im Krisenfall beanspruchen können, barer Unsinn. Auch Geschäfte wie die Absicherung eines Zahlungseingangs in Zukunft gegen Wechselkursrisiken ist für kleine und mittlere Unternehmen eine Notwendigkeit, um in einer globalisierten Welt geschäftlich erfolgreich zu sein. Falls solche Geschäfte nicht angeboten würden, würde sich auch der auf internationaler Arbeitsteilung basierende Wohlstand nicht mehr einstellen.

Ebenso dringend brauchen wir Wertpapierverbriefungen. Die Immobiliengeschäfte sollte eine Bank aus der Nähe des Objekts begleiten: Nur sie kennt die lokalen Umstände. Wenn diese Bank aber ein großes Bündel von Krediten in ihrer eigenen Bilanz beließe, entstünde – selbst wenn die Ausleihungen je einzeln klein ist – ein großes Risiko, ein Klumpenrisiko. Bündelt man solche Kredite und verbrieft sie und bietet sie am Kapitalmarkt an, können diese Klumpenrisiken verteilt werden. Wenn dann der Immobilienmarkt in Dallas oder in Halle einbricht, gehen die Banken in diesen Städten nicht mit pleite, mit der regionalen Verteilung der Verlustrisiken wird also eine sehr vernünftige Regelung erreicht.

Wenig passend sind auch Vorschläge, die bestimmte, innovative Finanzgeschäfte verbieten wollen. So etwa die »Leerverkäufe« von Wertpapieren (eine Verkaufsentscheidung für etwas, was man noch nicht im Besitz hat). Mit der Möglichkeit, Leerverkäufe machen zu können, wird der Markt effektiver. Denn jemand, der sehr gute Gründe dafür hat anzunehmen, dass der Wert eines Unternehmens sich vermindern wird, kann mit diesem Instrument – auch wenn er keine Aktien besitzt – Kurse beeinflussen, sprich sie senken. Gute Information sollte sich so umfangreich wie möglich in Marktbeeinflussung umsetzen. Was man tun sollte, um Missbrauch zu vermeiden, ist: eine hohe Quote von Eigenkapital für solche Geschäfte zu fordern. Statt über Ver- oder Gebote sollte man besser über Anreize nachdenken, solche Produkte und Dienstleistungen sachgerecht einzusetzen. Oder falls es starke Hinweise auf Panik oder Herdenverhalten gibt, eine Aussetzung solcher Geschäfte für eine Abkühlungsphase zu genehmigen, nicht aber das prinzipielle Verbot anzustreben.

Stammtisch und Experten diskutieren – und nehmen sich gegenseitig kaum wahr

Kaum ein Ereignis hat eine so umfassende und auch emotionale Debatte ausgelöst wie die Finanzkrise. Das hat vor allem mit den dramatischen Folgen für viele Einzelne zu tun, etwa die Menschen, die ihre Immobilien in einer Zwangsversteigerung verloren haben. Die Debatte entstand aber auch wegen der hohen Kosten, die die Regierungen zu schultern hatten, um die Finanzinstitute vor dem Untergang zu retten. Diese Rettung war so unpopulär, weil die Vertreter des Finanzsektors so sicher waren, dass sie alles beherrschen. Zudem waren die hohen Besoldungen der Bankmanager und die hohen Gewinne der Banken Grund für ausgeprägten Neid. Aus dieser Gemengelage ergibt sich unschwer eine emotionale, radikale Haltung gegen die staatliche Hilfe für diesen Sektor. Neben dieser Talkshow- oder Stammtisch-Realität der Finanzmarktkrise gibt es die wissenschaftliche, die Experten-Debatte zur Finanzmarktkrise. Diese ist höchst spezialisiert, sie ist extrem technisch, und sie ist international. Sie findet in Universitäten, in Forschungseinrichtungen, in Zentralbanken und Regulierungsbehörden statt. Zum Teil wurden internationale Foren eigens zu diesem Zweck gegründet und weiterentwickelt. Auch private Einrichtungen wie das IIF (International Institute for Finance) in Washington haben Vorschläge zur Lösung entwickelt. Der IWF (Internationaler Währungsfonds) hat sich der Analyse und Rettung der Finanzmärkte entwickelter Volkswirtschaften zugewendet. Für viele Dekaden war der Fonds fast nur für die Beratung und Rettung von Schwellen- und Entwicklungsländern aktiv geworden.

Diese beiden Debatten finden faktisch in getrennten Sälen statt. Keine Seite nimmt die andere wahr und akzeptiert die innere Logik der Überlegungen der je anderen Seite. In der Folge kommt es zu einem Schlagabtausch, es kommt zu radikalen Vorschlägen, die aber die komplexen politischen bzw. technischen Bedingungen jeweils nicht zur Kenntnis nehmen und schon gar nicht akzeptieren.

Es ist sehr wichtig, den Autismus beider Gruppen zu überwinden. Die Experten müssen die Notwendigkeit der politischen Akzeptanz der vorgeschlagenen Lösungen (nach der teuren Rettung) respektieren. Talkshows und Stammtisch müssen die Vernetztheit der Finanzmarktbeziehungen und die hohe technische Komplexität der Materie akzeptieren. Wer politische Stabilität und eine Lösung erreichen will, die an den Märkten Bestand hat, muss diesen mühsamen Diskurs auf sich nehmen. Gegenseitige Schuldzuweisungen, gegenseitige Verdächtigungen mögen verständlich sein, hilfreich sind sie nicht. Die Neigung, permanent oder gar ausschließlich über »verschüttete Milch« zu jammern, beschert uns kein krisenresistentes Finanzsystem.

Geldpolitik muss Preisniveaustabilität bei Verbraucherpreisen, aber auch bei Assetpreisen sichern

Ein wichtiger Grund für die Finanzmarktkrise war die leichtfertige Geldpolitik der USA und ihre internationale Übertragung durch oftmals zu starre Wechselkursbindung (etwa in China oder den Ölförderländern). Diese Geldpolitik hat die Illusion genährt, dass Kapitalmärkte immer liquide seien, dass Refinanzierungszinsen immer niedrig blieben. Diese billige und immer verfügbare Liquidität war wie eine Droge: Sie machte leichtfertige, unerfahrene Marktteilnehmer abhängig. Die geborgten Mittel finanzierten die Aktien- und Immobilienblasen. Sie machten die Käufer süchtig danach, rasch mit geborgtem Geld ständig im Preis steigende Aktien und Immobilien zu kaufen. Und dies geschah in sehr vielen Ländern der Welt. Dass dies zum Rausch und später zum Kater führt, hätten Erwachsene wissen müssen. Um eine Wiederholung der Finanzmarktkrise zu verhindern, heißt deshalb die erste Pflicht:

*Keine erneute Überliquidisierung
durch die Zentralbanken.*

Die Mehrzahl der Schwellen- und Entwicklungsländer hat die Botschaft verstanden. Diese haben die Geldpolitik in den letzten beiden Jahren restriktiv gestaltet. Die Zentralbankgeldzinsen sind erhöht worden, die Währungen werten sich auf, und die Mindestreserven für die Banken wurden – etwa in China – mehrfach und deutlich heraufgesetzt. Auch die Europäische Zentralbank hat ihre besonderen Liquiditätsmaßnahmen zurückgefahren und begonnen, die Notenbankzinsen heraufzusetzen. Die US-Zentralbank (FED) tut sich mit der geldpolitischen Wende noch schwer. Die Begründung – der Arbeitsmarkt sei noch nicht verlässlich aus der Krise – ist zutreffend, aber nicht ausreichend. Die FED gefährdet mit ihrer Politik des »quantitative easing« (QE1 und QE2) erneut die Solidität der Assetmärkte. Eine Abmahnung durch die Kapitalmärkte wäre sicherlich angemessen, und sie wäre wohl auch wirksam.

Neben der makroprudentiellen Politik* der Zentralbanken, die sich mit ihrer Geldpolitik gegen den Wind stellen müssen, um erneute Assetpreisblasen in ihrer Entstehung zu verhindern, müssen die Regulationsbehörden für die Finanzmärkte mikroprudentielle** Klugheit sicherstellen. Sie müssen für eine Ordnung sorgen, in der sich Verantwortung und Haftung für wirtschaftliches Handeln wieder als Normalfall etabliert. Die Aufsicht, die das sicherzustellen hat, muss alle relevanten Einrichtungen der Finanzmärkte umfassen (Banken, Versicherungen, Wertpapiermärkte, Schattenbanken), und sie muss in ihrer Reichweite dem Aktionsraum der Wirtschaftsakteure entsprechen. D. h. oftmals jenseits des nationalen, ja manchmal jenseits des europäischen Wirtschaftsraums liegen. Für effektive Finanzmarktregulierung ist faktisch vielfach die transatlantische Kooperation die Mindestbedingung, die es zu erfüllen gilt.

Freilich, sowohl die Rettungspakte aus Anlass der Finanzkrise wie auch die Reregulierungsansätze infolge der Schocks der Krise waren zuerst und weitgehend na-

---

* Als makroprudentielle Aufsicht bezeichnet man die Anstrengungen der Aufsichtsbehörden auf den Finanzmärkten, die Stabilität des Finanzsystems als gesamtes zu gewährleisten.
** Als mikroprudentielle Aufsicht bezeichnet man die Regelungen der Aufsichtsbehörden auf den Finanzmärkten, die auf die Solidität von Finanzinstituten, Finanzprodukten und Finanzmärkten zielen.

tionale Ansätze. Europa hat in einigen Fällen unter der Führung der EU-Kommission zu europäischen und sogar zu europäisch institutionalisierten Lösungen geführt. Der vorübergehende Rettungsschirm (EFSF) und der ab 2013 geplante dauerhafte Rettungsschirm (ESM) sind solche Antworten. Die Vereinbarungen über Basel III stellen ebenso wie die dazu gefassten G-20-Resolutionen Elemente einer international abgestimmten Strategie zur Krisenprävention dar. Der FSB (Financial Stability Board) ist die institutionelle Klammer zur Erörterung dieser Fragen.

Im Folgenden sollen einige wichtige Baustellen der Regulierung der Märkte nach der Finanzkrise dargestellt werden.

Sicherung ausreichender Liquidität

In der Finanzkrise kam es zu den Kalamitäten, als die zuvor lange Zeit ungetestete Hypothese dauerhaft verfügbarer, preiswerter Liquidität in Frage gestellt wurde. Nun sind wir in Bezug auf Liquiditätsausstattung nicht mehr naiv. Spätestens seit dem Lehman-Kollaps wissen wir, dass den Finanzinstituten wegen des Mangels an gegenseitigem Vertrauen Liquidität oftmals entscheidend fehlt. Die Regulierungsbehörden bestehen zu Recht auf komfortabler Liquiditätsausstattung. Dies kann mit ganz verschiedenen Methoden gesichert werden. Das eine ist eine hohe Liquiditätshaltung der Institute bei der Zentralbank. Ein anderer Ansatz, um ausreichend Liquidität unabhängig von Kapitalmarktschwankungen gewährleisten zu können, sind reichliche Kundeneinlagen, formal und faktisch für eine lange Frist. Ein methodisch anderer Ansatz ist die strikte Fristenkongruenz auf der

Aktiv- und der Passivseite. Damit wird deutlich, dass es ganz verschiedene Geschäftsmodelle geben kann, wie man mit der Forderung nach ausreichender Liquidität umgehen kann. So haben viele US-Investmentbanken als Folge der Krise mit Geschäftsbanken fusioniert. Dies entschärfte zwar die Liquiditätsproblematik, verschärfte aber das Problem des »too big to fail«, weil die Banken größer und systemrelevanter wurden. In eine ähnliche Richtung ist auch die Deutsche Bank mit dem Erwerb der (einlagenstarken) Postbank gegangen.

Ein Schritt, der neben der verbesserten Transparenz auch die Liquidität des Finanzsystems planbarer machte, ist die Errichtung und der Ausbau von Zentralen Gegenparteien (CCPs). Damit das Erfüllungsrisiko für die Handelsteilnehmer sinkt, verlangt der CCP von allen Handelsteilnehmern die Hinterlegung einer Sicherheit. Aus dieser Reserve ist bei Ausfall einer Partei die Wiederbeschaffung der Wertpapiere möglich. Die Berechnung der zu hinterlegenden Sicherheit orientiert sich an der Volatilität des Wertpapiers und damit an der möglichen Kursänderung. Mit Hilfe der Daten, die eine solche CCP vom Markt besitzt, können sich Marktteilnehmer und Regulatoren eine bessere Übersicht über die Risiken am Markt und ihre Verteilung beschaffen.

Eine solche intendierte Veränderung der Marktinfrastruktur ist freilich verbunden mit einer Standardisierung von Kontrakten, d. h. einer Verminderung der maßgeschneiderten Transaktionen. Und alles spricht dafür, dass bei einer solchen Standardisierung auch die Margen für die Banken sinken. Aber alles gleichzeitig kann man wohl nicht haben.

Reform des Eigenkapitalstandards

Die mit Abstand wichtigste Baustelle nach der Finanzkrise ist die Erhöhung der Eigenkapitalunterlegung der
Finanzgeschäfte. Offenkundig waren bei vielen Banken
die Risiken weit höher als mit der existierenden Quanti-
tät und Qualität der Eigenkapitalunterlegung sachgerecht abgedeckt. Der Risikogehalt der Geschäfte war
vielfach nicht voll verstanden worden. Offenkundig waren die Kreditausfallrisiken nicht richtig gepreist. Und
zudem waren die Risiken, die mit dem Investmentbank-
geschäft eingegangen worden waren, noch viel weniger
umfassend verstanden worden. Dort waren die Einschlä-
ge an den Finanzmärkten besonders gravierend. Bei der
Steuerung der Geschäftsmodelle haben zwei weitere
Sachverhalte besondere Aufmerksamkeit auf sich gezogen. Das eine war der zyklisch wirkende Charakter be-
stimmter Vorschriften. So hat der Fair-Value-Ansatz für
die Bilanzierung bei Assetpreissteigerungen – vor allem
solchen, die Trendcharakter annahmen – dazu geführt,
dass die Risiken systematisch unterschätzt wurden. Reserven wurden für nicht erforderlich gehalten, als – wie
man im Nachhinein weiß – die Risiken dafür besonders
groß geworden waren. Je länger beispielsweise die Immobilienpreise stiegen, umso mehr glaubten die Anleger
an die Fortsetzung dieser Entwicklung. Dabei wurde die
Rückschlaggefahr umso höher, je höher der Preis stieg.
Genau diese Rückschlaggefahr wurde aber nicht gesehen, wie sonst hätten im Zuge dieser Entwicklung die
Beleihungsgrenzen ständig weiter – auf über 100 Prozent
des Verkehrswerts – heraufgesetzt werden können? Die
Interaktion von Bewertungsvorschriften und Risikopuf-
fern gilt es neu zu erarbeiten und zu adressieren.

Ganz im Sinne von Prozyklik wird umgekehrt auch erörtert, ob es jetzt besonders sachgerecht ist, in einer Zeit von besonderer Kreditvergabezurückhaltung diesen Trend mit einer kräftigen und zügigen Erhöhung der erforderlichen Eigenkapitalunterlegung noch zu verstärken. Die BIZ (Bank für internationalen Zahlungsausgleich) hat, um diesem Argument Raum zu geben, die Frist für die Erhöhung der Eigenkapitalunterlegung bewusst generös geregelt. Bis 2019 ist Zeit eingeräumt, die harten Eigenkapitalvorschriften zu erfüllen (harte Kernkapitalquote von 9 Prozent). Es ist indes fraglich, ob eine so lange Übergangsfrist den Instituten wirklich mehr Luft zum Atmen lässt und die Kreditvergabe nicht einschränkt. Es könnte nämlich sein, dass eine solche Regel als zu lax angesehen wird und die Finanzinstitute, die nicht sofort die als richtig angesehene Eigenkapitalunterlegung erreichen, in Form hoher Refinanzierungskosten am Markt abgestraft werden und somit faktisch die reichliche Übergangzeit gar nicht zur Verfügung steht. Dies könnte dann die Kreditklemme bewirken, die man hatte vermeiden wollen.

Im Kontext der Eigenkapitalunterlegung wird ein weiterer wichtiger Sachverhalt diskustiert: die »too big to fail«-Vermutung. Falls es systemisch wichtige Banken gibt und es für diese – wegen des vermuteten Schutzes durch den Steuerzahler – günstigere Refinanzierungsbedingungen, müsste dieser Vorteil durch eine besonders stringente (höhere) Eigenkapitalunterlegung kompensiert werden. Diese Überlegung ist keineswegs nur akademisch. In der Schweiz – mit ihren im Vergleich zur ökonomischen Größe der Schweiz zwei sehr großen Instituten – wurde eine Eigenkapitalquote von 19 % geplant – davon 10 % hartes Kernkapital. In England haben die Aufseher ebenfalls eine Kernkapital-quote von 10 % vorgeschlagen. Wiederum stört, dass es nationale Alleingänge zu geben scheint, kompliziert dadurch, dass einige Länder ähnliche Absichten mit anderen Instrumenten (so etwa Deutschland mit der Bankenabgabe) adressieren. Dies macht zweifelsfrei länderübergreifende Geschäfte alles andere als einfach und praktisch nie fair.

Maßnahmen gegen eine erneute Schieflage bei Finanzinstituten

Da sich in der Finanzkrise herausstellte, dass rasches Handeln für die regulierenden Institutionen wichtig gewesen wäre, aber wegen rechtlicher und organisatorischer Probleme oft nicht möglich war, gilt es hier, Abhilfe zu schaffen.

1. Unklare und unnötig komplexe Unternehmensstrukturen sollten gar nicht erst zugelassen werden.
2. Aufsichtsbehörden sollen frühzeitig Eingriffsrechte haben, d. h. gefährdete Geschäftsmodelle hinterfragen können.
3. Finanzinstitute, sehr große und systemisch wichtige, sollten für den Krisenfall »Erbfallregelungen« für das Unternehmen identifizieren und der Aufsichtsbehörde kommunizieren (living will). Solche Überlegungen sollten Ausgliederungen von Konzernteilen oder die Überprüfung der Ansprüche und Pflichten von Aktionären beinhalten.
4. Es sollte Vorkehrungen für die Kapitalaufnahme in schwierigem Kapitalmarktumfeld geben (Contingent Capital Arrangements).

Zwei weitere Regulierungstatbestände gilt es neu zu justieren, hat doch die Finanzkrise Schwächen in beiden Feldern offenbart.

Ratingagenturen in die Hand der Anleger

Manches von dem, was uns die Finanzkrise einbrachte, hat mit der Triple A (AAA) Bewertung von Wertpapieren zu tun, die sich im Nachhinein als risikobehaftet herausgestellt haben. Viele Marktteilnehmer, aber auch Regulierungsbehörden hatten sich auf die Urteile dieser Einrichtungen verlassen. Seither machen sich viele nationale Parlamente, aber auch das Europäische Parlament, Gedanken über Kontrollen, ja strenge Kontrollen für die Ratingagenturen. Diese sollen mit ihren Modellen ständig überprüft werden. Eine solche Absicht ist verständlich. Für nützlich halten können wir solche Bestrebungen nicht. Die technische Kompetenz der prüfenden Parlamentarier wäre immer zu gering, die Prüfung käme immer zu spät, um effektiv zu sein. Besser, weil auch ordnungspolitisch überzeugender, wäre es, wenn sich die Regulierer nicht in die technischen Details, wohl aber in die Prinzipien sachgerechter Anreize einmischten. Wenn Marktteilnehmer nicht von sich aus verstehen, dass Interessenkonflikte beim Rating vermieden werden sollten, dann muss es der Regulator verordnen. Es macht keinen Sinn, wenn die Emittenten der zu prüfenden Wertpapiere die Ratingagentur finanzieren. Kontrolle ist so nicht systematisch gesichert, um es politisch korrekt zu formulieren.

Diejenigen, die das unabhängige kritische Urteil für ihre Anlageentscheidung brauchen, sollten die Rechnung der Ratingagentur bezahlen. Wenn sie das nicht aus eigenem Antrieb tun, sollte der Regulator sie dazu zwingen. Die Bezahlung der Ratingagentur durch den Steuerzahler, wie im Fall der Stiftung Warentest, ist besser als die jetzige Lösung, aber nicht gut, begäbe sich der Staat doch damit in die Pflicht zur Übernahme von Verlusten bei (eigenem) Fehlurteil. Dass bei der Bedeutung der Ratingagenturen Wettbewerb zwischen verschiedenen Institutionen wünschenswert ist, kann man nicht leugnen. Es verwundert noch immer, dass keine der bedeutenden Ratingagenturen von außerhalb der angelsächsischen Welt kommt. Eine Änderung wäre auch hier wünschenswert, ist aber wohl wegen der relativen Kompetenz nicht sehr wahrscheinlich. (Angelsachsen sind besser in der interdisziplinären Arbeit, die bei der Ratingagentur unverzichtbar ist – technischer, rechtlicher, steuerlicher und organisatorischer Sachverstand ist hier zu kombinieren.)

Besoldung im Finanzsektor – falsche Anreize abstellen

Der letzte Regulierungstatbestand, den es anzupacken gilt, ist die Frage der Besoldung im Finanzsektor. Lange Zeit gab es außer einem Bauchgefühl, dass in den Banken zu gut verdient wird, nicht viel Konkretes oder gar Zitierbares in diesem Feld. Jetzt liegt eine Reihe von Untersuchungen vor, die belegen, dass es vor 2008 eine übermäßige Aufblähung des Finanzsektors gab – mit ungünstigen Folgen für die Wirtschaftsdynamik im Allgemeinen. Drei Autoren (Jean Louis Arcand, Graduate Institute, Genf; Enrico Berkes, IWF und Ugo Panizza, Unctad, Too Much Finance?, März 2011) fanden heraus, dass es »zu viel« Finanzwirtschaft geben kann. Das bremst dann das gesamtwirtschaftliche Wachstum. Und der englische Notenbanker Andrew Haldane stellt fest, dass in den USA vor der Finanzkrise 30 Prozent der Unternehmensgewinne auf die Banken entfielen, obwohl sie nur 8 Prozent zur Wirtschaftsleistung beitrugen.*

Wachsender Wohlstand wird offenkundig nur bis zu einer bestimmten Größe des Finanzsektors ausgelöst. Geht das Kreditvolumen über das Sozialprodukt hinaus, erhöht das Wachstum des Finanzsektors die Risiken. Vor Ausbruch der Finanzmarktkrise lagen einundzwanzig Länder in der Gefahrenzone, unter ihnen Island und die USA, aber auch die Schweiz und Großbritannien. Das hat auch damit zu tun, dass durch die hohe Besoldung zu viele Talente in den Finanzsektor gezogen werden. Nur gut die Hälfte der höheren Gehälter in der Finanzwirtschaft ist durch die höheren Anforderungen an das Personal begründet, der Rest ist »ungerechtfertigte Rente«.**

Damit werden zwei Dinge deutlich: Makroökonomisch sorgt das hohe Gehaltsniveau für eine falsche Allokation der Talente, und das gesamtwirtschaftliche Wachstum wird durch solche Exzesse geschädigt. Wahrlich ein Anlass, diese Entwicklung zu korrigieren. Darüber hinaus ist in der Debatte um die Finanzkrise immer wieder betont worden, dass die Art der Bezahlung (Boni) zu falschen Anreizen geführt habe. Die Kritik hat sich zumeist an der Höhe der Boni festgemacht und oftmals auf die Besoldung des CEO konzentriert. Das mag einem gewissen Neidfaktor geschuldet sein, der in Deutschland eine wichtige Rolle spielt. Der Sache ist die Konzentration der Diskussion darauf wenig dienlich.

Für die Prävention der nächsten Finanzmarktkrise aber kommt es dagegen auf zwei Sachverhalte besonders

---

* Zitiert nach Handelsblatt, 30. 5. 2011, S. 18, Autor Olaf Storbeck.
** Vgl. Philippon/Reshef (2009).

an: Die Steuerung über Boni sollte in bestimmten Bereichen gar nicht oder nur unabhängig vom Geschäftsbereich erfolgen, und sie sollte insgesamt langfristiger gestaltet werden. Vieles an Fehlanreizen hat mit den zu kurzen Zeithorizonten im Finanzmarkt zu tun. Quartalsziele dominieren vielfach. Zur Sicherung einer Risikokultur in den Finanzinstituten sollten die Funktionsträger der Risikokontrolle und des Risikomanagements keine Boni erhalten, die geschäftsbereichsbezogen oder kurzfristig angelegt sind. Am besten wäre es, die Aufsichtsräte, die Compliance-, die Rechts- und die Analyse-Abteilung lediglich über Fixgehälter zu bezahlen.

Die Boni des Managements und der operativen Einheiten sollten weniger kurzfristig gestaltet sein. Freilich ist die zeitliche Distanz von Leistung und Honorierung – wenn man Dreijahresdurchschnitte bonifiziert und erst mit zwei Jahren Verzögerung auszahlt – so weit entzerrt, dass der Ansporneffekt solcher Sonderleistungen nicht mehr gewährleistet ist. Hier befindet man sich also im Zielkonflikt und hat wohl ein echtes Entscheidungsdilemma.

Schuldenabbau

Wer soll das bezahlen? Viele glauben, wir seien dem Schuldensturm hilflos ausgeliefert. Die Situation erscheint ihnen aussichtslos. Doch die Apokalypse ist abwendbar. Mit festem Willen, politischem Geschick und der richtigen wirtschaftspolitischen Strategie lassen sich Schuldenberge auf ein erträgliches Niveau reduzieren. Allerdings sind die öffentlichen Finanzen in vielen Ländern so angespannt, dass die Sanierungspolitik zu einem Drahtseilakt wird, bei dem größere Fehler jederzeit zum Absturz führen können. Griechenland und Portugal erleben im Jahr 2011, wie störanfällig der Prozess der Haushaltskonsolidierung ist, weil die schwache Konjunktur in diesen Ländern den angestrebten Erfolg hinauszögert.

Das Problem hat eine internationale Dimension. Selbst dem vergleichsweise soliden Deutschland droht Unheil. Nicht nur wegen der absehbaren Haushaltsrisiken, die mit der demographischen Entwicklung einhergehen. Die internationale Schuldenkrise birgt sogar für ein großes, wirtschaftlich starkes Land Ansteckungsgefahr. Deutsche Konsolidierungserfolge würden zur Makulatur, wenn der europäische Rettungsschirm scheitert oder die Schuldenkrise in den USA offen ausbricht.

Abriss oder Sanierung?

Hoch verschuldete Staaten und die Besitzer maroder Gebäude haben eines gemeinsam – früher oder später müssen sie eine Grundsatzentscheidung treffen: abreißen oder sanieren? Für den Abriss spricht, dass die Bürde der Vergangenheit abgeschüttelt wird und ein unbelasteter Neustart gewagt werden kann. Sanieren erfordert hingegen Ausdauer, Geduld und jede Menge mühevoller Detailarbeit. Auf den ersten Blick erscheint der Abriss also unproblematischer. Für die Staaten hieße die Abrissvariante, die eingegangenen Schulden einfach nicht zurückzuzahlen. Zu Beginn dieses Kapitels haben wir bereits dargelegt, dass Inflation und Nichterfüllung der Kreditverträge keine Lösung, sondern schlichtweg eine Bankrotterklärung sind. Wir wollen dieses Thema deshalb nicht erneut aufgreifen. Auch die Möglichkeiten des Staates, Schulden in Schattenhaushalte oder »Sondervermögen« zu verschieben, bedeuten lediglich, Probleme zu verschleiern und zu verschleppen. Das soll ebenfalls nicht unser Thema sein.* Eine Schnapsidee ist, dass angeschlagene und hoch verschuldete Staaten wie Griechenland die Eurozone verlassen und wieder eine eigene Währung einführen sollen. Gerade wir Deutschen sollten wissen, dass in einer offenen Welt Probleme nicht einfach weggesperrt werden können. Nach dem Mauerfall hat die ostdeutsche Bevölkerung ganz deutlich gemacht: »Entweder kommt die Mark zu uns, oder wir kommen zu der Mark.« Was würde wohl die griechische Bevölkerung tun, wenn ihr der Euro weggenommen wird? Massive Kapitalflucht und Bankenprobleme wären die wahrscheinliche Folge. Wir werden uns deshalb den Lösungen zuwenden, die weniger lehrbuchhaft, weniger elegant sind, dafür aber nach Schwerstarbeit aller Beteiligten tragfähig für die Zukunft sind. Dann werden auch die privaten und staatlichen Schulden in einer Größenordnung sein, die bedient werden können.

Schulden sind ein Versprechen, etwas künftig zu leisten. Durch den Kreditvertrag steht der Kreditnehmer in der Schuld des Kreditgebers. Wer das Leben auf Pump besonders bunt treibt, macht sich zum Sklaven der Schulden. Ein Staat, der seine Ausgaben durch Kredit finanziert, muss wissen, dass die Schulden von heute die Steuern (oder die schmerzhaften Leistungseinschnitte) von morgen sind. Dies ist dann ein Problem, wenn Wohltaten finanziert werden, die – im Gegensatz zu Investitionen – kein zusätzliches Steueraufkommen generieren. Dass

---

* Vgl. dazu Werner (2004).

eine solche gegenwartsorientierte Politik Wohlstand auf Kosten zukünftiger Generationen schafft, ist ein (leider zutreffender) Gemeinplatz.

Reinhart und Rogoff weisen in ihrem Buch in dem Abschnitt über »Illegitime Schulden« darauf hin, dass im Mittelalter Kinder in ein Schuldengefängnis geworfen werden konnten, wenn die Eltern verschuldet gestorben waren. Die Eltern hatten aufgrund dieser drastischen Strafe bei Nichterfüllung des Kreditvertrages die Möglichkeit, sich mehr Geld zu leihen. Die angedrohte Strafe für die Kinder war sozusagen das Faustpfand für die Rückzahlung. Wenn heute den nachfolgenden Generationen ein staatlicher Schuldenberg hinterlassen wird, kommt deswegen zwar niemand ins Gefängnis, die Kinder werden dennoch mit einer immensen Rückzahlungspflicht bestraft. *

Es gibt ökonomische Theorien, in denen Bürger mit vollständigem Weitblick existieren. Diese Bürger sind so klug, dass sie in dem Maße zusätzlich sparen, wie sich der Staat verschuldet. Sie antizipieren künftige Steuererhöhungen korrekt; die staatlichen Wohltaten finanzieren sie damit faktisch schon heute selbst, weil sie das Geld für die künftigen Steuererhöhungen zurücklegen. Für diese Bürger ist es keine Überraschung, wenn sie später durch höhere Steuern zur Kasse gebeten werden.

In der Praxis mag es solche Menschen tatsächlich vereinzelt geben. Die Mehrzahl der Bürger dürfte allerdings der Illusion unterliegen, der Staat könne geben, ohne zu nehmen. Sie haben keine Rückstellungen für spätere Zahllasten gebildet. Haushaltskonsolidierung bedeutet für sie also zunächst einmal, Abschied von den eigenen

---

* Vgl. Reinhart/Rogoff (2010 a), S. 119.

Illusionen zu nehmen. Leicht fällt so ein Abschied nicht. Die Griechen, Portugiesen und Spanier sind derzeit dabei, diesen Schritt zu machen. Dagegen weigern sich die Amerikaner nach wie vor beharrlich. Ihnen steht der Schritt noch bevor, möglicherweise nicht aus eigener Einsicht, sondern weil die Sparer der Welt ihnen die Finanzmittel bald nicht mehr zu den bisherigen günstigen Bedingungen bereitstellen. Entscheidungen großer Kapitalsammelstellen wie Pimco, US-Anleihen zu meiden, deuten ebenso auf eine solche Perspektive wie Äußerungen chinesischer Offizieller und auch die Bonitätseinschätzungen einiger Ratingagenturen.

Wer die Haushaltskonsolidierung offensiv angeht, wird auf Wirtschaftswachstum setzen. Dazu gehört es, länger und besser zu arbeiten. Aus der zusätzlichen Produktion lassen sich die Schulden leichter abbezahlen. Mehr Wachstum bedeutet höhere Einkommen und höhere Beschäftigung. Dem Staat winken höhere Einnahmen, und er muss weniger für Sozialleistungen ausgeben. Es ist also möglich, aus den Schulden »herauszuwachsen«. Zusätzlich lässt sich die finanzielle Position eines Landes verbessern, wenn die Ausgaben des Staates gekürzt und/oder die Steuereinnahmen durch diskretionäre Maßnahmen erhöht werden. Beides geschieht derzeit in den Ländern Europas, deren Staatsfinanzen in Unordnung sind. Dass dieses Vorgehen auf politische Widerstände stößt, braucht nicht gesondert erwähnt zu werden.

Der Staat hat neben diesen klassischen Varianten der Haushaltssanierung noch eine subtilere Möglichkeit, sich Luft zu verschaffen. Reinhart und Rogoff sprechen von »finanzieller Repression« und meinen damit, dass der Staat die Märkte zu seinen Gunsten manipuliert beziehungsweise die Banken für sich instrumentalisiert und die Entscheidungsfreiheit der Investoren beschneidet. Auf diese Weise können Anleger verpflichtet werden, Staatsanleihen zu einem festgelegten Zins – typischerweise unter dem Marktzins – zu zeichnen. Finanzrepressionen haben (kombiniert mit Inflation) insbesondere zwischen den 1960er und den 1980er Jahren eine Rolle gespielt.*

Der hessische SPD-Politiker Thorsten Schäfer-Gümbel sorgte bereits kurz nach Ausbruch der Finanzkrise für Aufsehen, als er eine Zwangsanleihe für Reiche vorschlug. Demzufolge sollten die Wohlhabenden mit einem Geld- und Immobilienvermögen von mindestens 750 000 Euro dem Staat zwangsweise Geld leihen: Zwei Prozent des Vermögens sollten für 15 Jahre zu einem Zinssatz von maximal 2,5 Prozent dem Staat zur Verfügung gestellt werden. Mit so einer Zwangsmaßnahme können Schuldenstaaten ihre Zinslast dauerhaft reduzieren. Die Möglichkeiten, sich auf solche Weise Erleichterung zu verschaffen, sind vielfältig. So könnten institutionelle Investoren wie Pensionskassen gezwungen werden, Staatsanleihen zu kaufen. Damit wäre die staatliche Finanzierung auch dann noch sichergestellt, wenn Staatsanleihen nach den sonst gängigen Entscheidungskriterien für Investoren nicht mehr attraktiv genug sind. Aus Anlegersicht wirkt Finanzrepression wie eine Sondersteuer. Es ist nicht auszuschließen, dass die Regierungen im Notfall auch den unkonventionellen Weg der Finanzrepression gehen werden. Jedenfalls verfügen Staaten über deutlich mehr Instrumente, der Schuldenmisere beizukommen, als gemeinhin bekannt ist.

---

* Vgl. Reinhart/Rogoff (2010 a), S. 191 und weiter S. 220 f.

Wer soll die Rechnung begleichen?

Diese Frage stellt sich hierzulande, aber auch im Ausland. Es ist nicht nur die absolute Höhe der Schulden – in Deutschland liegt der Schuldenstand bald bei 2 200 000 Milliarden Euro –, weshalb sich die Frage nach der Rückzahlung aufdrängt. Es ist auch eine Frage der Lastverteilung. Berechtigterweise darf gefragt werden, wer besonders von den Rettungsaktionen des Staates und wer besonders von den Wohltaten der vergangenen Jahrzehnte profitiert hat, um die Lasten entsprechend gerecht zu verteilen. Wir sollten nur nicht erwarten, dass wir wirklich befriedigende Antworten erhalten. Die Vergangenheit rückabzuwickeln wird nicht gelingen, Einzelfallgerechtigkeit kann es nicht geben. Dafür ist das ökonomische System zu komplex. Wer die Verteilungswirkungen vergangener politischer Maßnahmen aufschlüsseln möchte, wird spätestens an den Zweitrundeneffekten scheitern. Dass die Bankenrettungsmaßnahmen in der ersten Runde vor allem den Banken, ihren Mitarbeitern und den Vermögenden geholfen haben, ist offensichtlich. In der zweiten Runde haben aber alle am Wirtschaftsprozess Beteiligten profitiert, denn die Bankenrettung hat eine Kreditklemme, einen noch schärferen Abschwung und deutlich höhere Arbeitslosigkeit verhindert. Es lässt sich also nicht seriös beantworten, wer am meisten davon profitiert hat, dass der Staat zusätzliche Schulden aufgeladen hat.

Deshalb wird wohl die Politik wie üblich vermeintliche Wahrheiten in dieser Angelegenheit schaffen und die Zahllast entsprechend verteilen. Ungerechtigkeiten und persönliche Enttäuschungen sind vorprogrammiert. Wir sollten uns nur davor hüten, durch reflexartige Abwehrhaltung wertvolle Zeit zu vergeuden. Die Schuldenkrise ist ein gesamtgesellschaftliches Problem, zu dessen Lösung alle einen Beitrag leisten müssen. Wir sollten nicht so schnell vergessen, wie ohnmächtig der Einzelne den Bedrohungen durch die Finanzkrise gegenüberstand. Mitgehangen, mitgefangen – den »Schwarzen Peter« heute einfach weiterzugeben, führt nicht zum Ziel. Im Gegenteil: Schlägt die Haushaltssanierung fehl, steht mehr auf dem Spiel als nur der Beitrag, den jeder Einzelne aufbringen müsste, um die Staatsfinanzen wieder auf stabilere Beine zu stellen.

Leitlinie der Politik sollte sein, die Sanierung möglichst wachstumsfreundlich zu gestalten. Die Bevölkerung muss Anreize haben, sich mit Lust aus den Schulden herauszuarbeiten. Dazu gehört sehr wohl eine wachstumsfreundliche Steuer- und Abgabenpolitik, die vor allem die mittleren Einkommen vor einer zu hohen Belastung schützt. Mehr Bildung, mehr Innovation und mehr Vermarktungsgeschick sind sicher auch ein Teil der Strategie. Wir in Deutschland haben noch reichlich Potenzial für besseres Standortmarketing. Die Leistungsträger müssen aus Überzeugung im Land bleiben. Es kann kein Dauerzustand sein, dass Hochqualifizierte (wie Ärzte) hierzulande ausgebildet werden, aber wegen mangelnder Perspektive ihr Glück im Ausland suchen. Der Boom am Arbeitsmarkt wird hoffentlich Abhilfe schaffen und Deutschland auch für ausländische Spezialisten noch attraktiver machen.

Sanierungserfahrungen aus dem Ausland

Wer in Deutschland behauptet, die Schuldenprobleme ließen sich lösen, stößt auf ausgeprägte Skepsis. Das kann man verstehen. Ab Seite 146 dieses Buches haben wir dargestellt, dass die Schulden der öffentlichen Hand gemessen am Bruttoinlandsprodukt seit Beginn der siebziger Jahre – abgesehen von kurzen Unterbrechungen – durchweg gestiegen sind. Und dieser Anstieg der Verschuldung auf 80 Prozent des BIP – deutlich über der 60-Prozent-Marke des Stabilitätspakts – kommt nach zwei Entschuldungen in Deutschland in einem halben Jahrhundert durch Währungsreform, also (staatliche) Schuldenstreichung. Wer die Vergangenheit in die Zukunft fortschreibt, kann tatsächlich keine Hoffnung haben, dass Deutschland das Schuldengespenst loswird. Und wer die deutschen Erfahrungen auf hoch verschuldete Länder wie Griechenland, Italien oder Japan überträgt, dem muss angst und bange werden.

Aber die Entwicklung deutscher Staatsschulden muss nicht so pessimistisch gesehen werden. Da gab es zwei Finanzminister – Stoltenberg und Steinbrück –, die es in schwieriger Lage fast zu einem Ausgleich des staatlichen Budgets geschafft haben. Und Schäuble – unterstützt durch das Instrument der Schuldenbremse – steht 2012 auch ganz nahe vor dem Verschwinden des staatlichen Defizits. Zudem hatte Deutschland in den letzten 20 Jahren mit der Finanzierung der Wiedervereinigung einen sehr dicken Brocken zu verdauen, anders als unsere Partnerländer auf dem Globus.

Aber der Blick über die deutschen Landesgrenzen hinaus zeigt, dass Haushaltsanierung nicht nur auf dem Papier möglich ist. Vielen Industrienationen ist es in den vergangenen Jahrzehnten gelungen, ihre Haushalte in Ordnung zu bringen und den Schuldenpfad vorübergehend, oft sogar dauerhaft zu verlassen. Zu den Ländern, die ihre Staatsfinanzen – zumindest für einige Zeit – erfolgreich konsolidiert haben, zählen in Europa unter anderem Schweden, Dänemark, Spanien, Belgien und Italien. Im Vorfeld der Euro-Einführung profitierten fast alle Länder von den harten Vorgaben der Maastricht-Kriterien, welche die Euro-Anwärter zur fiskalischen Disziplin anhielten. Das sinkende Zinsniveau spielte dabei eine wichtige Rolle.

Außerhalb Europas zählten etwa die USA (allerdings nur bis zum Jahr 2000) zu den erfolgreichen Nationen, insbesondere sind aber Neuseeland und Kanada zu nennen. Mitte der neunziger Jahre steckte Kanada in einer Gemengelage aus niedrigem Wirtschaftswachstum, hoher Verschuldung und hohen Zinsverpflichtungen. Das Land wurde wegen seiner immensen ökonomischen Probleme zeitweilig als neues Mitglied der Dritten Welt verspottet. Die Frage ging um, ob Kanada die Hilfe des Internationalen Währungsfonds benötigte.

Nur wenige Beobachter hielten damals eine wirtschaftliche Wende für möglich, doch Kanada schaffte sie bravourös. Dank immenser wirtschaftspolitischer Anstrengungen gelang es, auf den Wachstumspfad zurückzukehren, die öffentlichen Haushalte zu sanieren und damit schließlich die Staatsverschuldung substanziell abzubauen. Die handelnden Politiker sind dabei keinen einfachen Weg gegangen. Sie haben schmerzvolle Maßnahmen umgesetzt, um die Schuldenlast zu reduzieren: Subventionen wurden drastisch gekürzt, die Zuweisungen des Bundes an die Provinzen reduziert, und im öffentlichen Sektor wurde umfassend Personal abgebaut.

Staatsschulden Kanada

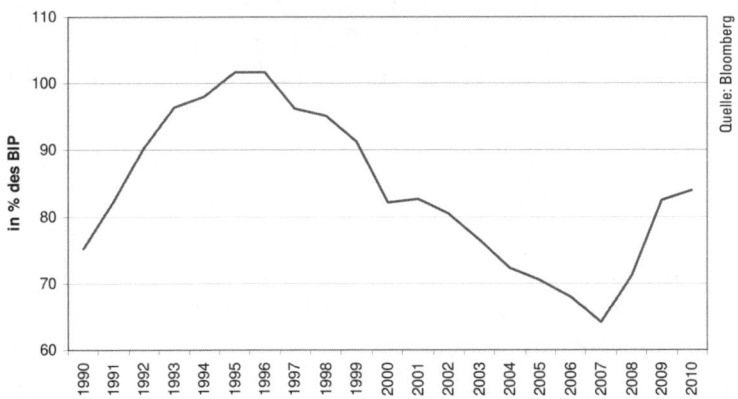

Quelle: Bloomberg

Von der Business Week bekam die kanadische Wirtschaftspolitik für ihren Erfolg den Stempel »Maple Leaf Miracle« aufgedrückt. Die Mühen wurden belohnt: Bis zum Ausbruch der globalen Wirtschaftskrise sank der kanadische Schuldenstand stetig.

Lassen sich aus den Konsolidierungs-Perioden der erfolgreichen Länder Gemeinsamkeiten ableiten? Ergibt sich daraus ein Leitfaden für die Länder, die heute ihre Schulden substanziell abbauen müssen? Tatsächlich gibt es zu diesen Fragen eine Reihe empirischer Untersuchungen.[*] Ihre Hauptergebnisse sind: Einen für alle Länder einheitlichen Weg gibt nicht, aber es gibt Faktoren, welche die Erfolgsaussichten erhöhen. Zu den Gemeinsamkeiten erfolgreicher Konsolidierungen gehört, dass die Staatsdefizite hauptsächlich über die Ausgabenseite zurückgeführt wurden. Staatliche Leistungen zu kürzen, führte also zum Erfolg. Steuererhöhungen wurden dage-

---

[*] Vgl. Nickel et al. (2010); OECD (2010); Wagschal/Wenzelburger (2008).

gen eher begleitend eingesetzt. Sie dienten oftmals weniger dem eigentlichen Konsolidierungsziel als vielmehr der politischen Akzeptanz (Stichwort: soziale Symmetrie) einer umfassenden und in der Bevölkerung nicht beliebten Reformpolitik.

In vielen Fällen hat es sich bewährt, Ausgaben im Sozialbereich und im öffentlichen Dienst zu kürzen. Auch das Indexieren, also das Koppeln von Gehältern des öffentlichen Dienstes, von Sozialleistungen und anderen Transferzahlungen an den Zustand der öffentlichen Finanzen war ein wirksames Mittel. Erfolge haben sich auch dort eingestellt, wo die Zugangsregeln zu Sozialleistungen verschärft wurden. Dänemark führte beispielsweise den Grundsatz vom »Recht und der Pflicht zu arbeiten« ein. Wichtig waren zudem ein klares politisches Bekenntnis und eine uneingeschränkte politische Priorität für den Schuldenabbau. Dazu gehört auch die Regel, dass unerwartete Zusatzeinnahmen konsequent zur Schuldentilgung genutzt werden.

Nebenbei bemerkt: Inflation gehört nicht zu den Erfolg bringenden Instrumenten. Das auch deshalb, weil nicht die Politik, sondern die Notenbanken für die Stabilität des Preisniveaus zuständig sind. Wir haben die prinzipiellen Gründe bereits mehrfach erwähnt: Politisch unabhängige Notenbanken sind die beste Antwort auf Inflationsgefahren. Hinzu kommt: Inflationserwartungen treiben die Zinsen nach oben, so dass auch die Finanzierungskosten der Staaten steigen, freilich zumeist nur zeitverzögert, was manche »Spielertypen« veranlasst, solche Taktiken zu nutzen. Was durch höhere Inflationsraten eingespart wird, muss auf der Finanzierungsseite mehr ausgegeben werden. Dass es keinen engen Zusammenhang von öffentlicher Verschuldung und Inflations-

raten gibt, zeigt das Beispiel Kanada: Als der Schuldenstand Mitte der neunziger Jahre mit gut 100 Prozent des
BIP seinen Höhepunkt erreichte, lag die Inflationsrate
nur knapp über der Null-Prozent-Linie.

Schuldenabbau wurde oft durch günstige Rahmenbedingungen erleichtert. So sanken die Defizite besonders
dann, wenn die Konjunktur gut lief. Kanada profitierte
zum Beispiel davon, dass während der Konsolidierungsphase die Konjunktur im Nachbarland USA, in das Kanada rund 80 % seiner Exporte liefert, brummte. Hilfreich war oft ein sinkendes Zinsniveau. Denn dadurch
werden die öffentlichen Haushalte automatisch entlastet.
Und schließlich gelang der Schuldenabbau umso besser,
je größer der politische Handlungsdruck in der Aus-
gangssituation war. Die Bevölkerung scheint Einschnitte
für den Schuldenabbau vor allem dann zu akzeptieren,
wenn es offensichtlich keine Alternative gibt.

Auf kürzere Sicht belastet Konsolidierungspolitik typischerweise die konjunkturelle Entwicklung. Analysen
des Internationalen Währungsfonds haben ergeben, dass
ein um einen Prozentpunkt niedrigeres Defizit nach zwei
Jahren das Wachstum um durchschnittlich 0,5 Prozentpunkte vermindert.* Bei Ländern, die akut von einer
Zahlungsunfähigkeit bedroht waren, fiel der Rückgang
mit 0,4 Prozentpunkten geringer aus. Dies ist auf sinkende Risikoprämien (also sinkende Zinsen) und auf eine
Abwertung der heimischen Währung zurückzuführen.
Trotz der kurzfristigen Belastungen lohnt sich die Mühe:
Mittelfristig werden die Wachstumskräfte durch erfolgreiche Haushaltskonsolidierungen gestärkt.

---

* International Monetary Fund (2010), Kapitel 3.

Konsolidierung in Europa geht voran

Gemessen an den aufgezeigten Kriterien und den Erfolgs-
konzepten, die sich im Ausland bewährt haben, befinden
sich die meisten Länder in Europa auf einem guten Weg.
Sie setzen vor allem auf niedrigere Staatsausgaben und auf
strukturelle Reformen.* Dies gilt ungeachtet der angespannten Stimmung im Frühsommer 2011. Die horren-
den Risikoaufschläge, mit denen griechische Anleihen bei
Fertigstellung dieses Buches gehandelt wurden, lassen
kaum Hoffnung auf ein gutes Ende ohne Umschuldung
zu. Aber könnte es sein, dass die Märkte wieder einmal
übertreiben? Dieses Mal zu Lasten der Schuldenstaaten?
Ist die Sanierung vielleicht schon weiter fortgeschritten,
als es die Mehrheit der Kapitalmarktakteure zu akzeptieren bereit ist? Befeuern die Ratingagenturen mit einer Serie von Herabstufungen und negativen Ausblicken die
Krise? Und das vielleicht zu Unrecht?

Tatsache ist, dass in Griechenland, Spanien und Portugal genau die Maßnahmen ergriffen werden, die man sich
von hoch verschuldeten Staaten erhofft: Die Staatsausgaben werden zurückgefahren, im öffentlichen Dienst werden – zum Teil kräftige – Gehaltskürzungen akzeptiert,
Rentenanpassungen werden ausgesetzt, die Arbeitsmärkte liberalisiert, Staatsunternehmen privatisiert und die
Steuerbasis wird verbreitert. All das mag nicht schnell genug gehen, und möglicherweise werden die ambitionier-
ten Ziele nicht erreicht. Ob es zum Beispiel Griechenland
gelingen wird, das Haushaltsdefizit bis 2013 unter die
Marke von drei Prozent zu drücken, bleibt abzuwarten.

---

* Einen Überblick über die ersten Fortschritte wichtiger Euro-Länder gibt
die EZB in ihrem Monatsbericht September 2010, S. 88 ff.

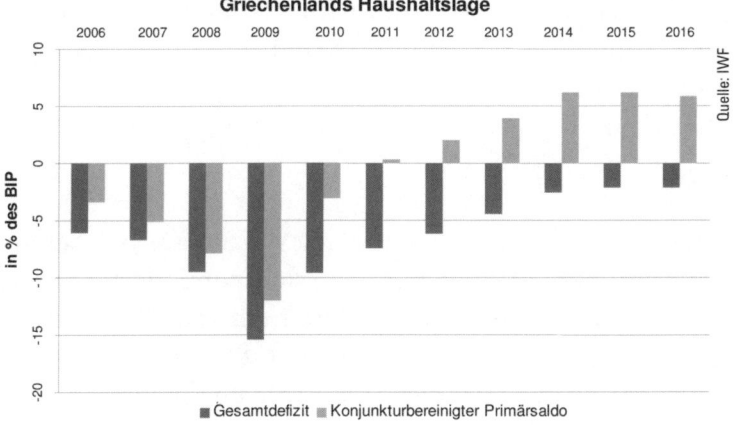

Griechenlands Haushaltslage

in % des BIP

Quelle: IWF

■ Gesamtdefizit ■ Konjunkturbereinigter Primärsaldo

Zumindest sind erste Erfolge unübersehbar (siehe Graphik oben). Besondere Aufmerksamkeit verdient der konjunkturbereinigte Primärsaldo, der sich ergibt, wenn der Haushaltssaldo um die Zinszahlungen bereinigt wird. Damit werden die Sünden der Vergangenheit ausgeblendet und nur die aktuelle Finanzpolitik betrachtet. Nach Berechnungen des IWF wird Griechenland bereits 2011/12 erstmals einen konjunkturbereinigten Primärüberschuss erzielen. Das bedeutet im Klartext: Ab 2012 würde Griechenland haushaltspolitisch ohne fremde Hilfe auf eigenen Beinen stehen können – wenn die Lasten der Vergangenheit nicht wären.

In den anderen Schuldenstaaten sieht es ähnlich positiv aus. Italien erzielt schon seit Jahren konjunkturbereinigte Primärüberschüsse. Offensichtlich ist nicht die Gegenwart das Problem, sondern die Vergangenheit und deren Bewältigung. Damit scheinen auch die Ratingagenturen nicht recht umgehen zu können. Ihre Urteile kommen oft zu spät, sie hinken der Entwicklung hinterher. Vor Ausbruch der Finanzkrise wären ihre Warnungen berechtigt gewesen und hätten Schlimmeres verhindern können. Als Trendfolger sind ihre Urteile bestenfalls nutzlos.

Fazit

Theorie und Praxis zeigen, dass es Wege aus der Schuldenkrise gibt. Derzeit befindet sich zumindest Europa im Großen und Ganzen auf dem richtigen Weg. Außerhalb Europas haben allerdings die USA und Japan noch einen langen Weg vor sich. Es verbleiben mehrere Unsicherheiten: In der Vergangenheit mussten nie viele große Industrienationen gleichzeitig auf einen Konsolidierungskurs einschwenken. Auch wurde die Konsolidierung in der Vergangenheit meist durch sinkende Zinsen begünstigt, heute droht das Gegenteil. Außerdem entfällt für die Krisenländer im Euroraum die Option, ihre Währung abzuwerten. Und schließlich bleibt abzuwarten, ob die teilweise rigiden Sparmaßnahmen politisch dauerhaft durchzuhalten sind. In jedem Fall wird der Korrekturprozess lang und zäh. Schulden, die über Jahre und Jahrzehnte aufgetürmt wurden, lassen sich nicht im Handumdrehen beseitigen.

Was kann Deutschland tun?

Wie kann Deutschland seinen Schuldenberg abbauen? Ein umfassendes Konsolidierungskonzept würde den Umfang dieses Buches sprengen. Deshalb nur ein paar Gedanken mit einigen Hinweisen, die wir für besonders wichtig halten.

Dank der positiven gesamtwirtschaftlichen Entwicklung sinkt das Haushaltsdefizit bereits wieder. So dürfte die Neuverschuldung des Bundes im Jahr 2012 mit 31,5 Milliarden Euro um knapp 9 Milliarden niedriger ausfallen, als zuvor im Finanzplan veranschlagt. Bis 2015 soll das Defizit nach den Plänen des Bundesfinanzministeriums auf 13 Milliarden oder rund 0,5 Prozent des BIP sinken. Damit würde die Neuverschuldung ungefähr auf dem Vor-Krisen-Niveau liegen (2008: 11,5 Milliarden Euro). Die Schuldenbremse wirft ihre Schatten voraus, denn bis zum Jahr 2016 muss das strukturelle Defizit auf maximal 0,35 Prozent des BIP zurückgeführt werden. Um den Aufschwung und damit die Haushaltskonsolidierung nicht zu gefährden, ist Deutschland in besonderer Weise gefordert, beim Management der europäischen Schuldenkrise eine gestaltende Rolle anzunehmen. Nur wenn die Krise eingedämmt bleibt, kann auch Deutschland seine haushaltspolitischen Ziele erreichen.

Dafür wird perspektivisch ein höheres Trendwachstum benötigt. Die entsprechenden Rezepte liegen seit langem in der Schublade. Der *Sachverständigenrat zur Begutachtung der gesamtwirtschaftlichen Entwicklung* (»5 Weise«) legt in seinen Jahresgutachten alljährlich ausführlich dar, welche Reformen Deutschland braucht. Mit der »Agenda 2010« hat die damalige Bundesregierung den jahrelangen

Reformstau beendet und die Konzepte, die der Sachverständigenrat und andere seit Jahren angemahnt hatten, erstmalig in nennenswertem Umfang umgesetzt.

Die Reformen haben gefruchtet. Deshalb muss die Politik auf Kurs bleiben. Dazu gehört, die schrittweise Erhöhung des Renteneintrittsalters auf 67 konsequent umzusetzen. Mehr noch, dies sollte nur der Startschuss sein. Warum wird nicht die Beschäftigung im Alter als vierte Säule der Alterssicherung etabliert? Der Sachverständigenrat hält in seinem Sondergutachten »Herausforderungen des demographischen Wandels« (Mai 2011) einen Anstieg des Renteneintrittsalters auf 69 bis zum Jahr 2060 für erforderlich.[*]

Mit einer solchen Politik lassen sich absehbare Finanzierungsengpässe in der gesetzlichen Renten-, Kranken- und Pflegeversicherung überwinden. Insbesondere das Problem der impliziten Staatsverschuldung (siehe v. a. Kapitel 3, S. 204 ff.) würde durch eine längere Lebensarbeitszeit adressiert und das Vertrauen in die langfristige Tragfähigkeit der Staatsfinanzen wiederhergestellt.

Auf der Ausgabenseite ist relativ klar, wo die Handlungsmöglichkeiten des Staates liegen: Der Bereich »Arbeit und Soziales« wird mit einem Anteil von rund 41 Prozent den größten Ausgabenposten im Bundeshaushalt 2012 ausmachen. Mit großem Abstand folgt der Verteidigungsetat mit einem Anteil von 10,4 Prozent. Dass auch in Deutschland nach wie vor erhebliches Einsparpotenzial besteht, zeigt ein Blick auf die Subventionen: Gemäß den Berechnungen des Kieler Instituts für Weltwirtschaft betrug das gesamte Subventionsvolumen im Jahr 2009 gut 160 Milliarden Euro, davon entfallen knapp 30 Milliarden auf Finanzhilfen des

---

[*] Sachverständigenrat zur Begutachtung der gesamtwirtschaftlichen Entwicklung (2011).

Bundes.* Es liegt also an der politischen Gestaltungskraft, das vorhandene Einsparpozenzial auszuschöpfen.

Auf der Einnahmeseite ist mit keinem großen Wurf zu rechnen. Spätestens seit Paul Kirchhof mit dem Konzept der »Flat tax« im Wahlkampf 2005 scheiterte, ist klar, dass eine wirklich radikale Steuerreform in Deutschland nicht möglich ist. Mehr als punktuelle Verbesserungen sind nicht zu erwarten, auch wenn Kirchhofs Steuerkonzept im Sommer 2011 wieder ins Gespräch gekommen ist. Dabei sollte alles unternommen werden, was die mittleren Einkommen und die Unternehmen entlastet. Mehr indirekte und weniger direkte Steuern müssen das Ziel sein.

---

*Vgl. Boss et al. (2011).

Vertrauen – der vernachlässigte Wirtschaftsfaktor

»Kapital ist ein scheues Reh. Wird es erschreckt, zieht es sich zurück.« Dieses alte Börsenzitat bringt zum Ausdruck, dass Anlagekapital Planungs- und Rechtssicherheit – also Verlässlichkeit – genauso benötigt wie Renditechancen. Dank seiner hohen Mobilität ist es in der Lage, schnell zu reagieren und sich vor drohenden Gefahren in Sicherheit zu bringen. Wie ein roter Faden zieht sich deshalb ein Wort durch die Wirtschafts- und Finanzkrise (und auch durch dieses Buch): Vertrauen. Werden Anleger in ihrem Vertrauen erschüttert, bringen sie ihr investiertes Kapital in sichere Häfen, manchmal auch nur in vermeintlich sichere.

Kaum ein Finanzmarktakteur ist von diesem Vertrauensverlust verschont geblieben: Zunächst zweifelten Bankkunden an der Qualität der angebotenen Finanz-Produkte. Später hat auch das Vertrauen in die Mitarbeiter der Banken deutlichen Schaden genommen, wie die Umfragen der Gesellschaft für Konsumforschung zeigen:[*] Im Jahr 2010 vertrauten ihnen nur noch 57 % der Deutschen, 2009 waren es immerhin noch 63 %. Im Ausland waren Kunden zeitweilig nicht mehr bereit, ihren Hausbanken Geld anzuvertrauen (Northern Rock). Während der akuten Phase der Finanzkrise waren die Banken untereinander für beträchtliche Zeit nicht mehr bereit, sich gegenseitig Geld zu leihen. Kann es ein deutlicheres Alarmsignal geben?

---

[*] Vgl. Gesellschaft für Konsumforschung (2009) und Gesellschaft für Konsumforschung (2010).

Euroland Stimmungsindikatoren

Verbrauchervertrauen — Industrievertrauen

Quelle: Bloomberg

Die extreme Unsicherheit im Finanzbereich ließ Konjunkturindikatoren wie das Konsumenten- und Industrievertrauen abstürzen. Verbraucher sparten aus Angst vor Arbeitsplatzverlusten, Unternehmer schoben Investitionen wegen ausbleibender Kundschaft und unsicherer Absatzperspektiven auf die lange Bank.

Der um sich greifende Attentismus führte die Weltwirtschaft an den Rand einer Implosion. Notenbanken und Regierungen waren gefragt, dem Vertrauensschwund entgegenzutreten und die Wirtschaft zu stabilisieren. Tatsächlich ist es ihnen gelungen, den Konjunkturabsturz zu stoppen. Während der akuten Phase der Finanzkrise konnten sie sich mit expansiver Geld- und Fiskalpolitik als Vertrauensanker etablieren. Später sollten sie allerdings erfahren, dass auch ihre Mittel begrenzt sind und ein Vertrauensvorschuss für die staatlichen Institutionen kein Naturgesetz ist.

Dass Vertrauen nicht nur im zwischenmenschlichen Bereich einen unschätzbaren Wert darstellt, sondern dass es auch eine Vorbedingung für materiellen Wohlstand ist, hat die Finanzkrise schlagartig offengelegt. Insofern ist es erstaunlich, wie stiefmütterlich das Thema im ökonomischen Kontext behandelt wird. Zwar gibt es umfangreiche Literatur über die wirtschaftliche Bedeutung des Vertrauens*, doch viel mehr als ein karges Schattendasein ist dabei im Lehrbetrieb nicht herausgesprungen: Bei der universitären Ausbildung von Volks- und Betriebswirten spielt das Thema allenfalls eine untergeordnete Rolle. Wenn man heute junge Ökonomie-Absolventen befragt, was sie an der Universität über die wirtschaftliche Bedeutung des Vertrauens gelernt haben, erntet man oft ratloses Achselzucken. Offensichtlich steht das Thema nicht in den Lehrplänen, oder es wird nur am Rande gestreift.

Möglicherweise ist der Stellenwert des Vertrauens für den Wirtschaftsprozess zu offensichtlich, als dass ihm in Fachkreisen besondere Aufmerksamkeit geschenkt wird. So zählt es zu den Grunderkenntnissen der mikroökonomischen Theorie, dass die Transaktionskosten sinken, wenn sich Handelspartner vertrauen. Verhandlungsdauer und Kontrollkosten nehmen ab, Verträge kommen auch dann zustande, wenn Handelstatbestände nicht vollständig vertraglich abgesichert werden können. Das Vertrauen der Vertragspartner schließt diese verbleibende Lücke.** Geschäfte per Handschlag, der »ehrbare Kaufmann« – ohne Vertrauen undenkbar. Diese Zusammenhänge werden leider zu oft nur en passant vermittelt. Es müsste viel deutlicher gemacht werden: Vertrauen macht das (Wirtschafts-)Leben leichter und effektiver.

Wie wichtig Vertrauen bei wirtschaftlichen Entschei-

---

* Vgl. zum Beispiel den Sammelband »Vertrauen – Anker einer freiheitlichen Ordnung«, herausgegeben von Gerhard Schwarz (2007).
** Vgl. dazu ausführlich Theurl (2007), S. 38 ff.

dungen ist, zeigt sich, wenn es nicht um den Kauf eines einfachen Konsumgutes geht. Der Kauf eines Schokoladenriegels enthält typischerweise wenig Überraschungspotenzial. Anders stellt es sich bei komplexeren Transaktionen wie dem Kauf einer Immobilie dar. Sobald Kleingedrucktes ins Spiel kommt, geht ohne Vertrauen nichts mehr. Die ökonomische Theorie kennt darüber hinaus zwei Güterarten mit speziellen Eigenschaften, bei denen Vertrauen besonders wichtig ist: Erfahrungsgüter und Vertrauensgüter.

Erfahrungsgüter zeichnen sich dadurch aus, dass sich die Qualität des Produktes oder der Dienstleistung erst während oder nach dem Konsum offenbart. So zeigt sich beim Kauf eines langlebigen Konsumgutes – z. B. bei einem Kraftfahrzeug – erst mit einigem zeitlichen Abstand, ob die erhoffte Qualität gegeben war oder ob der Besuch in der Werkstatt zum Alltag wird. Auch der Besuch eines Theaterstücks, eines Fußballspiels oder eines Konzerts fällt in die Kategorie »Erfahrungsgut«. Zum Zeitpunkt des Kaufs ist ein erhebliches Maß an Unsicherheit vorhanden, das zwar durch die Reputation des Anbieters reduziert, aber nicht völlig beseitigt werden kann. Ohne ein Minimum an Zuversicht und Vertrauen wäre der Markt für Erfahrungsgüter tot.

Bei Vertrauensgütern ist deren Qualität selbst nach Kauf und erfolgtem Konsum nicht sicher zu beurteilen. So lässt sich nach der Einnahme eines Medikaments dessen Wirkung nicht mit Sicherheit bestimmen, da sich der Gesundheitszustand des Patienten auch unabhängig von der Einnahme des Medikaments verändert haben könnte. Auch bei Rechtsanwälten, Ärzten oder Steuerberatern ist nach getaner Arbeit nicht abschließend geklärt, wie gut die Arbeit tatsächlich war. Ohne ein gewisses

Maß an Kundenvertrauen hätten diese Berufsgruppen wohl wenig zu tun.

Was für Anwälte, Ärzte und Steuerberater gilt, gilt für die Finanzbranche in besonderem Maß. Ohne das Vertrauen ihrer Kunden hätten Finanzinstitute kein funktionsfähiges Geschäftsmodell – was einige Institute im Zuge der Finanzkrise auch schmerzlich erfahren haben. Noch schlimmer: Ohne das Vertrauen der Marktteilnehmer würde das gesamte System Marktwirtschaft nicht funktionieren. Es ist nicht übertrieben, Vertrauen als das Grundkapital des marktwirtschaftlichen Systems zu bezeichnen. Staatlicher Dirigismus wäre die Alternative. Wohin das führt, hat die Geschichte bereits zur Genüge gezeigt.

Umso erstaunlicher ist es, dass der wahre Wert von vertrauensvollem Miteinander – zumindest in guten Zeiten – so sträflich vernachlässigt wird. Offenbar wird die Bedeutung erst dann für jedermann sichtbar, wenn das Vertrauen abhandengekommen ist. Und genau dann, wenn es am meisten benötigt wird, steht es nicht zur Verfügung. Üblicherweise wird ein akuter Mangel durch Marktprozesse beseitigt. Leider gibt es keinen Markt, auf dem »Vertrauen« angeboten wird. Umso wichtiger ist es, vorhandenes Vertrauen zu pflegen und nicht zu enttäuschen.

Schon die Bezeichnung »Kreditinstitut« liefert einen sichtbaren Hinweis, dass es um Vertrauen geht. »Kredit« hat seinen Wortursprung im lateinischen Wort »credere«, was so viel bedeutet wie »glauben«, »trauen« oder »vertrauen«. Eine Kreditkrise ist also eine Krise des Vertrauens. Als am Anfang der aktuellen Wirtschafts- und Finanzkrise amerikanische Immobilienkredite platzten, bedeutete dies nichts anderes, als dass der Glaube daran verlorengegangen war, die Kreditnehmer könnten ihre Kredite ordnungsgemäß zurückzahlen.

Im Kern basiert jedes Kreditgeschäft – auch nach eingehender Prüfung – auf der Erwartung und auf dem Vertrauen, dass der Kreditnehmer willens und in der Lage sein wird, seine Schulden zurückzuzahlen. Dies gilt gleichermaßen für Kredite zwischen Privatpersonen, für Konsumentenkredite, Hypothekendarlehen, Interbankenkredite, aber auch für Ausleihungen an Staaten. Zwar werden Sicherheiten gefordert, wodurch sich die Risiken reduzieren lassen, doch auch in die dauerhafte Werthaltigkeit der Sicherheiten muss man Vertrauen haben. Wer bei den amerikanischen Immobilienkrediten darauf vertraut hat, dass die mit ihnen finanzierten Immobilien im Notfall als Sicherheit dienen, sah sich getäuscht. Denn nach dem Platzen der Immobilienpreisblase lagen die Werte der Immobilien oft unter den Werten der zugehörigen Darlehen. Für den Kreditgeber ergab sich somit ein Abschreibungsbedarf. Die Summe der Abschreibungserfordernisse hat die Leistungsfähigkeit des (amerikanischen) Bankensystems überfordert und damit einen wesentlichen Teil zur Finanzkrise beigetragen.

Der berühmte österreichische Nationalökonom Joseph Alois Schumpeter bezeichnete den Kredit als die Wurzel aller wirtschaftlichen Entwicklung.* Eine funktionsfähige Kreditwirtschaft ist also Vorbedingung für ein funktionierendes, dynamisches Wirtschaftssystem. Vorbedingung für eine funktionsfähige Kreditwirtschaft ist – wie oben skizziert – Vertrauen. Zuspitzend lässt sich also folgern: Ohne Vertrauen ist keine dynamische wirtschaftliche Entwicklung möglich.

---

* Vgl. Schumpeter (1911).

Dass dies keine Überinterpretation darstellt, hat die Wirtschafts- und Finanzkrise eindrucksvoll belegt. Bis zur Insolvenz der amerikanischen Investmentbank Lehman Brothers betraf die Krise zunächst hauptsächlich den Subprime-Sektor, später den gesamten US-Immobilienmarkt, und schließlich gipfelte sie in einer Bankenund Finanzkrise. Bis hierher wären die Probleme noch zu handhaben gewesen. Mit der Lehman-Insolvenz wurde jedoch die Finanz- zu einer Vertrauenskrise. Die bis dahin gängige Einschätzung, eine Bank dieser Größe sei »too big to fail«, stellte sich – wie bereits dargelegt – als falsch heraus.

Die Folgen sind bekannt. Der Vertrauenskollaps führte das Gesamtsystem an den Rand der Katastrophe. Die Antwort auf die Verwerfungen an den Märkten lautete: Staat. Tatsächlich gelang es den Regierungen in Kooperation mit den Notenbanken, das Finanzsystem zu stabilisieren und den Wirtschaftskreislauf in Betrieb zu halten. Sie sind die letzten Instanzen, wenn es darum geht, eine akute Vertrauenskrise einzugrenzen oder zu lösen. Notenbanken sind »lender of last liquidity« – diesem Ruf wurden sie gerecht. Die Krise war aber nicht nur eine Liquiditäts-, sondern auch eine Solvenzkrise – wohl auch teilweise als Folge der »fire sales« von Assets zur Überwindung der Liquiditätskrise. Deshalb war auch der »lender of last resort«, der Bereitsteller von Eigenkapital und Eigenkapitalersatz, also die Regierung beziehungsweise das Parlament, gefragt. Insofern lag die größte Gefahr in einer Ausweitung der Vertrauenskrise auf Staaten und Notenbanken. Die Wahrscheinlichkeit einer sich selbsterfüllenden Prophezeiung wäre damit erheblich gestiegen. Wenn die Marktteilnehmer das Vertrauen in die Zahlungsfähigkeit eines Staates verlieren und ihm

Kreditmittel verweigern, dann drohen tatsächlich dramatische Konsequenzen.

Ende 2009 war es schließlich so weit: Die Vertrauenskrise erreichte auch den Markt für Staatsanleihen. Wer sein Geld in Staatsanleihen investiert, vertraut darauf, dass der betreffende Staat die Schulden später zurückzahlen kann. Letztlich geht es also um das Vertrauen in die wirtschaftliche Prosperität eines Landes und dessen Fähigkeit, die Schulden aus künftigen Steuereinnahmen bedienen zu können. Gelegentlich wird in diesem Zusammenhang darauf hingewiesen, dass ein Staat seine Schulden ohnehin nie zurückzahlen wird, weil er die Rückzahlung ständig durch die Ausgabe neuer Staatsanleihen finanziert. Mit anderen Worten werden alte Schulden lediglich durch neue Schulden bedient und – so der voreilige Schluss mancher Beobachter – die tatsächliche Rückzahlung unnötig.

Diese Erkenntnis kann allerdings nicht sonderlich beruhigen, denn auch wenn ein Staat seine Altschulden durch die Aufnahme neuer Schulden bedient, braucht er Investoren, die daran glauben, dass dieser Prozess aus gutem Grund endlos so weitergehen kann. Sobald aber die Investoren diesen Glauben, sprich das Vertrauen, verlieren, bleibt der Kapitalmarkt für das betreffende Land als Finanzierungsquelle verschlossen. Die Bedienung alter Schulden durch neue Schulden funktioniert also nur, solange das Vertrauen in die prinzipielle Leistungsfähigkeit und Steuerkraft eines Landes vorhanden ist. Griechenland hat ab Ende 2009 schmerzlich erfahren müssen, wie es ist, das Vertrauen an den Kapitalmärkten zu verlieren. Im Sommer 2011 kämpft Griechenland um das Vertrauen der Investoren, der ausländischen Regierungen und der internationalen Institutionen.

Auch Notenbanken brauchen Vertrauen, wenn sie erfolgreiche Geldpolitik betreiben wollen, denn die heutigen Papiergeldsysteme sind »ungedeckt«. Ohne die Deckung durch einen knappen Sachwert wie Gold sind die Zentralbanken prinzipiell in der Lage, unbegrenzt Geld zu schöpfen. Es muss also darauf vertraut werden, dass die Notenbanken eine stabilitätsgerechte geldpolitische Strategie verfolgen.* Das nötige Vertrauen entsteht, wenn die Notenbanken die Inflation über einen längeren Zeitraum erfolgreich auf niedrigem Niveau verankern können. Die Erfahrung zeigt, dass stabile Preise am ehesten dann erreicht werden können, wenn drei Voraussetzungen gegeben sind:

1. Die Unabhängigkeit der Zentralbank von der Regierung.
2. Ein verfassungsmäßiger oder gesetzlicher Auftrag zur primären Sicherung der Preisstabilität.
3. Die Einsetzung »konservativer«, also auf strikte Inflationsbekämpfung ausgerichteter Zentralbanker.

Damit wird deutlich, dass unkonventionelle Politikmaßnahmen das Vertrauen in die Geldpolitik erschüttern können. Tatsächlich wurde im Mai 2010 sehr intensiv und sehr besorgt über das geldpolitische Vorgehen der FED und der Europäischen Zentralbank diskutiert. So führte der Ankauf zweifelhafter Papiere, wie etwa der griechischen Staatsanleihen durch die EZB, zu dem Verdacht, die Politik hätte die Notenbank unter Druck gesetzt. Zeitgleich war das Vertrauen in die Solvenz der Staaten erschüttert, waren doch Schuldenstände weit

---

* Zur Wechselwirkung von Vertrauen und Geldpolitik vgl. Jordan (2007), S. 76 ff.

oberhalb des Maastricht-Kriteriums erreicht. Die Konstellation wurde zunehmend brisant. Im Ergebnis stand die Fähigkeit derer in Frage, die als letzte Instanz gelten, wenn es um die Rettung der Wirtschaft geht.

Künftig wird die EZB beweisen müssen, dass es sich bei den Käufen von nicht werthaltigen Anleihen um einmalige Notfalloperationen gehandelt hat. Sie wird die strikte Orientierung ihres Handelns an der Geldwertstabilität deutlich herausstellen müssen. Und die Finanzpolitik in Europa wird ihren Willen zur Haushaltssanierung durch entsprechende Taten glaubhaft machen müssen. In der Krise zeigte sich, dass die Fiskalkriterien keine lästigen Anhängsel der Europäischen Wirtschafts- und Währungsunion sind, sondern dass der Kampf gegen Haushaltsdefizite und Staatsschulden eine elementare Vorbedingung für die Stabilität von Währung und Wirtschaftssystem ist. In Ländern mit föderaler Struktur kann die Glaubwürdigkeit der Finanzpolitik zudem durch einen nationalen Stabilitätspakt erhöht werden. Schließlich zielt auch die Anfang 2009 von der Föderalismusreformkommission beschlossene »Schuldenbremse« für Deutschland in die richtige Richtung.

Um es noch einmal eindringlich zu sagen: Bei der weiteren Krisenbekämpfung und der künftigen Prävention darf es nicht nur darum gehen, kluge Regeln zu entwerfen und zu beschließen. Es muss vor allem darum gehen, Konsumenten und Investoren davon zu überzeugen, dass die klugen Regeln im Ernstfall auch eingehalten werden. Dies ist die Achillesferse sämtlicher Reformbestrebungen: Woher soll das Vertrauen der Marktteilnehmer kommen, dass die zweifellos gutgemeinten neuen Regeln im Notfall – wie in der Vergangenheit – nicht doch wieder verbogen oder missachtet werden?

Renaissance des Vertrauens

Vertrauen ist schnell zerstört, es lässt sich aber nur langsam wieder aufbauen. Dass dies so ist, hat verschiedene Gründe. Zunächst lässt es sich nicht verordnen, sondern muss erworben werden. Vertrauen bedeutet, konstruktiv mit Nicht-Wissen umzugehen.* Dass die Bereitschaft, in diesem Sinne vertrauensvoll an eine Sache heranzugehen etwas mit nachhaltig gemachten Erfahrungen zu tun hat, ist offensichtlich. Erfahrungen zu sammeln, erfordert jedoch Zeit. Es ist nur natürlich, dass auf Vertrauensverlust eine längere Durststrecke folgt. Gemäß Kirsch** ist man dann vertrauenswürdig, wenn andere Gründe haben, einem zu vertrauen. Angesichts der jüngst gemachten Negativerfahrungen ist es verständlich, wenn die guten Gründe vorerst abhandengekommen sind.

Das Vertrauen muss in ganz unterschiedlichen Bereichen wiederhergestellt werden: in die Qualität der angebotenen Finanzprodukte, in die Beratungsleistung von Banken, in die Stabilität des Bankensektors bzw. des Finanzsystems, in die Unabhängigkeit der Notenbanken und in die Problemlösungswilligkeit sowie die Problemlösungsfähigkeit der Politik – und nicht zuletzt in die moralischen Elemente der Marktwirtschaft. Denn dass die Marktwirtschaft auf dauerhaft stabile Beziehungen zum beiderseitigen Wohle der Geschäftspartner ausgelegt ist, haben in der gesellschaftlichen Diskussion offenbar viele vergessen. Kurzfristiges Denken und Handeln stehen im krassen Widerspruch zur Marktwirtschaft.

Eine bessere Regulierung der Finanzwirtschaft muss

---

* Vgl. dazu Höhler (2005).
** Vgl. Kirsch (2007), S. 15.

das Vertrauen in die Finanzindustrie stärken. Die Politik darf es aber nicht bei der Regulierung des Finanzsektors belassen, sie muss auch klarmachen, dass sie selbst bereit ist, die Staatsverschuldung konsequent zurückzuführen und eine nachhaltige Finanzpolitik zu verfolgen.

Durchaus umstritten ist allerdings, ob Auflagen beziehungsweise gesetzliche Regeln allein tatsächlich Vertrauen schaffen können: »Mehr Auflagen schaffen nicht immer ein Mehr an Vertrauen, im Gegenteil: Der Zwang zum Erlass von Regeln kann auch als Misstrauen verstanden werden. Mehr Vertrauen ist das Resultat selbst auferlegter Beschränkungen, dort wo übertriebener Eigennutz mangels formaler Regeln möglich wäre.«[*]

Es ist also immens wichtig, nicht nur das Minimum der gesetzlichen Vorgaben zu erfüllen, sondern freiwillig mehr zu liefern, als von den Regeln verlangt wird. Damit sind alle Beteiligten in der Pflicht, nicht nur diejenigen, deren Auftrag es ist, die Spielregeln zu verändern. Da Vertrauen und Freiheit Hand in Hand gehen, steht weit mehr auf dem Spiel als »nur« materielle Werte. Der Renaissance des Vertrauens ist deshalb höchste Priorität einzuräumen.[**] Ob es gelingt, die Schuldenkrise zu meistern, hängt also nur zum Teil von der handwerklichen Umsetzung der Sanierungsmaßnahmen ab. Die Basis für alles ist das Vertrauen der Bürger in die Arbeit all derer, die unsere Wirtschaftsordnung für die vor uns liegenden Aufgaben neu gestalten werden.

[*] Haltiner (2007), S. 90.
[**] Vgl. Walter (2009 a).

Staatsverschuldung und Truthähne:
Warum kippt die Stimmung so plötzlich?

Die Schulden eines Staates können sehr lange steigen, ohne dramatische Auswirkungen zu haben. Oft sind es schleichende Folgen. Die Zinsen steigen, weil der Staat am Kapitalmarkt zunehmend mit privaten Nachfragern um Kredite konkurriert. Hohe Zinsen belasten das Wirtschaftswachstum. Auch die Zinslastquote, also der Anteil der Zinsausgaben an den gesamten Ausgaben des Staates, kann mit zunehmender Verschuldung steigen. Beide Phänomene werden zwar in Fachkreisen diskutiert, außerhalb werden sie aber meist nicht unmittelbar wahrgenommen. Offensichtlich haben sich auch die Ratingagenturen vom langsamen, relativ folgenlosen Anstieg der Staatsschulden in den entwickelten Ökonomien einlullen lassen. Ihre Warnungen kamen erst, als das Kind bereits im Brunnen lag. Wie kommt es, dass sich eine Krise sehr langsam aufbaut und eigentlich genügend Zeit für die notwendigen Reaktionen bietet, die Bereinigung aber doch urplötzlich einsetzt und dann panikartig verläuft?
Gewöhnungseffekte spielen eine wichtige Rolle. Was in der Vergangenheit gutgegangen ist, wird gern in die Zukunft übertragen. Der bereits erwähnte Finanzprofi und Buchautor Nassim Taleb hat dieses Phänomen anschaulich auf den Punkt gebracht: Truthähne, die über Monate und Jahre von Menschen gefüttert werden, entwickeln Vertrauen und glauben deshalb, die Fütterung würde sich in der Zukunft so fortsetzen – bis zu dem Tag, an dem sie geschlachtet werden.
Wir sollten uns davor hüten, die Staatsverschuldung nicht ernst zu nehmen, nur weil wir mit ihr schon lange ordent-

lich leben können. Auch der Blick auf das noch höher verschuldete Ausland vermittelt ein unangemessenes Gefühl
der Sicherheit. Erstens gibt es nicht eine für alle Staaten
gleichermaßen feste Grenze der Staatsverschuldung; dem
einen Land wird das Vertrauen früher entzogen, dem anderen später. Zweitens können Schuldenkrisen in einer international eng vernetzten Welt schnell auf vergleichsweise
solide Staaten übergreifen.

Nachwort

Wir – die beiden Autoren – haben viele Gespräche mit unseren Kollegen in Finanzinstituten geführt: Vieles von dem, was wir Ihnen, den Lesern, in diesem Buch vorstellten und auseinandersetzten, viele der Einschätzungen und Sichtweisen wurden von diesen Kollegen als besonders wichtig angesehen. Viele der Sorgen der Kunden von Finanzinstituten haben wir in Hunderten Vorträgen während der nachfolgenden Diskussionen wieder und wieder gehört. Der Deutschen Sorge um ihr Geld schwingt in vielen Rückmeldungen sehr heftig mit. Eine ganz und gar unklare – sollen wir sagen widersprüchliche – Haltung haben viele zum Staat, zu den verantwortlichen Politikern. Sie fordern von ihnen vieles, sehr vieles (ja, oft das Unmögliche), haben also tiefstes Vertrauen in die staatliche Lösungskompetenz – und sind gleichzeitig zutiefst von dem Mangel an Kompetenz und Moral in der Politik überzeugt. Mit einem solchen widersprüchlichen Bild ist kein Staat zu machen.

Genau hier wollen wir aufklären. Und hier kommt die Tatsache zum Tragen, dass beide Autoren in ihrer beruflichen Laufbahn immer zuerst Ökonomen geblieben sind, und zwar Ökonomen der »alten Schule«, fest verwurzelt in der Tradition eines Adam Smith, eines Friedrich von Hayek, aber eben auch der Christlichen Soziallehre mit ihren wichtigen Beiträgen für eine funktionierende Wirtschafts- und Sozialordnung. Aus dieser Haltung resultieren die analytischen Betrachtungen der Finanzkrise, daraus leiten sich die Vorschläge für die Lösung der anstehenden Probleme ab, die eben weit über die aktuelle Finanzkrise hinausweisen. Da war ein falsches, ein interventionistisches Staatsbild zum »Pampern« von Bürgern und Unternehmern. Und mit der demographischen und der ökologischen Herausforderung gibt es mehr zu korrigieren als die Gier der Akteure im Finanzmarkt – bei Banken und Bankkunden. Wir alle müssen umschalten!

»Wer rettet die Retter?«, ist keine lustige oder auch nur reflektorische Frage. Es ist entscheidend, dass der Souverän, das Volk, die Bürger, die Unternehmer wieder ihre ökonomischen, gesellschaftlichen und politischen Rollen übernehmen. Und dass wir lernen, dass alles seine Zeit hat (Rettung im Notfall, nicht im Normalfall) und dass jede Handlung eine richtige Handlungsebene hat. Subsidiarität ist das richtige Prinzip. Aber das heißt nicht, dass alle wichtigen Fragen in der Familie und auf dem Dorf zu lösen sind, sondern in manchen Fällen eben im Nationalstaat, oftmals auf der europäischen oder gar auf der internationalen Ebene.

Der Deutschen Europagegnerschaft ist meist falsch. Wir sollten Europa und die internationale Antwort nicht ablehnen, wir sollten sie gestalten. Wo der Markt versagt, darf der Staat regeln. Der Rettungsschirm war und ist angezeigt. Der EFSF (European Financial Stability Facility, d.i. europäischer Rettungsschirm) darf für europäische Staaten preiswert Mittel am Kapitalmarkt beschaffen. Die Bereitstellung der Mittel an in Not geratene Länder muss aber an strikte Bedingungen gebunden sein, nachhaltige Finanzpolitik zu betreiben. Um unseren Einfluss zu sichern, müssen wir die internationalen Einrichtungen ernster nehmen, auch dadurch, dass wir dorthin unsere Talente schicken, und dadurch, dass wir lernen, wirksame Koalitionen mit unseren Nachbarn zu bilden, damit der Blaue Planet noch lange unsere Heimat bleiben kann.

Literatur

AKERLOF, GEORGE UND ROBERT SHILLER (2009), Animal Spirits. Wie Wirtschaft wirklich funktioniert.

ARIELY, DAN (2008), Denken hilft zwar, nützt aber nichts: Warum wir immer wieder unvernünftige Entscheidungen treffen.

BECKER, WERNER (2005), Reform des Stabilitätspaktes – Lizenz zur Verschuldung, in: EU Monitor, 23, Deutsche Bank Research (Hrsg.), S. 4–13.

BENMELECH, EFRAIM; DLUGOSZ, JENNIFER (2009), The Alchemy of CDO Credit Ratings, Journal of Monetary Economics 56, S. 617–634.

BERENSMANN, KATHRIN (2006), Ist Schuldenerlass der richtige Weg zur Erreichung von Schuldentragfähigkeit? Eine Analyse der HIPC-Initiative und des multilateralen Schuldenerlasses, in: LIST FORUM für Wirtschafts- und Finanzpolitik, Band 32 (2006), Heft 4, S. 313–332.

BERTELSMANN STIFTUNG (2011), Zukunft Soziale Marktwirtschaft (infas Umfrage), April 2011.

BERTENRATH, R.; HARNISCH, J.; HEILMANN, S.; KLAUS, S.; SCHARTE, M.; WARTMANN, S. (2008), Weiterentwicklung des Emissionshandels – national und auf EU-Ebene. Umweltbundesamt, Texte Nr. 03/2008.

BICKENBACH, FRANK UND RÜDIGER SOLTWEDEL (1996), Ethik und wirtschaftliches Handeln in der modernen Gesellschaft: Ordnung, Anreize und Moral, Kieler Diskussionsbeiträge, Nr. 268.

BOSS, ALFRED; SETAREH KHALILIAN; HENNING KLODT; CHRISTIANE KRIEGER-BODEN; CLAUS-FRIEDRICH LAASER; KRISTINA NEUHUBER; SONJA PETERSON; ASTRID ROSENSCHON (2011), Die Kieler Subventionsampel, Kiel Policy Brief Nr. 28.

BRÄUNINGER, DIETER (2001), Alterssicherung und Staatsverschuldung im Eurogebiet, in: EU-Monitor, 83, Deutsche Bank Research (Hrsg.).

BUNDESMINISTERIUM DER FINANZEN (2009), Entwicklung der Finanzmarktkrise – Von der US-Subprime-Krise zum Bad Bank-Gesetz, Internet: http://www.bundesfinanzministerium.de

CECCHETTI, STEPHEN; MOHANTY M. S.; ZAMPOLLI, FABRIZIO (2010), The future of public debt: prospects and implications, BIS Working Papers, Nr. 300.

DEUTSCHE BUNDESBANK (2009), Demographischer Wandel und langfristige Tragfähigkeit der Staatsfinanzen in Deutschland, in: Bundesbank-Monatsbericht Juli 2009, S. 31–47.

DEUTSCHES ZENTRALINSTITUT FÜR SOZIALE FRAGEN (2010), DZI-Zahlen zur Spendenentwicklung.

EHRENTRAUT, O., HEIDLER, M. (2007), Demographisches Risiko für die Staatsfinanzen? Koordinierte Bevölkerungsvorausberechnungen im Vergleich, Forschungszentrum Generationenverträge, Diskussionsbeiträge, Nr. 20/07.

EUROPÄISCHE ZENTRALBANK (2010), Monatsbericht September 2010.

EUROPEAN COMMISSION (2008), The 2009 Ageing Report.

FAMA, EUGENE F. (1970), Efficient Capital Markets: A Review of Theory and Empirical Work, in: Journal of Finance 25, S. 383–417.

FITSCHEN, JÜRGEN (2009), Handel mit Krediten – Ein etabliertes Instrument der aktiven Bankensteuerung, in: Funktionswandel von Banken und Börsen: Die neue Herausforderung?, Center For Financial Studies (Hrsg.), Beiträge zum CFS Colloquium, S. 9–18.

FREY, BRUNO S. (1997), Markt und Motivation – Wie ökonomische Anreize die (Arbeits-)Moral verdrängen.

FUEST, CLEMENS, MARTIN HELLWIG, HANS-WERNER SINN, WOLFGANG FRANZ (2010), Zehn Regeln zur Rettung des Euro

GESELLSCHAFT FÜR KONSUMFORSCHUNG (2009), GfK Vertrauensindex Frühjahr 2009.

GESELLSCHAFT FÜR KONSUMFORSCHUNG (2010), GfK Vertrauensindex 2010.

GIERSCH, HERBERT (1993), Die Ethik der Wirtschaftsfreiheit, in: Handbuch Marktwirtschaft, Roland Vaubel und Hans D. Barbier (Hrsg.), S. 12–22.

GRÄF, BERNHARD UND STEFAN SCHNEIDER (2009), Wie bedrohlich sind die mittelfristigen Inflationsrisiken?, in: Aktuelle Themen 443, Deutsche Bank Research vom 30. April 2009.

HALTINER, E. (2007), Vertrauen und Regulierung im Finanzsektor, in: Vertrauen – Anker einer freiheitlichen Ordnung, Gerhard Schwarz (Hrsg.), S. 83–92.

HEINEN, NICOLAUS (2011), Makroökonomische Koordinierung – Was kann ein Scoreboard leisten?, EU-Monitor 78 vom 13.1.11, Deutsche Bank Research.

HANKE, THOMAS UND NORBERT WALTER (1997), Der Euro – Kurs auf die Zukunft, Campus Verlag.

HÖHLER, GERTRUD (2005), Warum Vertrauen siegt.

HOMANN, KARL (1994), Stellungsnahme aus Sicht der Wirtschaftsethik, in: Markt mit Moral – Das ethische Fundament der Sozialen Marktwirtschaft, Bertelsmann Stiftung, Heinz Nixdorf Stiftung, Ludwig-Erhard-Stiftung (Hrsg.), S. 73–79.

INSTITUT FÜR DEMOSKOPIE ALLENSBACH (2010), Einstellungen zur Sozialen Marktwirtschaft in Deutschland am Jahresanfang 2010. Umfrage erstellt im Auftrag der Heinz Nixdorf Stiftung und der Bertelsmann Stiftung.

INTERNATIONAL MONETARY FUND (2010), World Economic Outlook – Recovery, Risk, and Rebalancing, Oktober 2010.

ISSING, OTMAR (2011), Lessons for Monetary Policy: What Should the Consensus Be?, IMF Working Paper 11/97.

JORDAN, T. (2007): Geld, Geldpolitik und Vertrauen, in: Vertrauen – Anker einer freiheitlichen Ordnung, Gerhard Schwarz (Hrsg.), S. 73–82.

KERN, STEFFEN (2009), Staatsfonds und Investitionspolitik – der aktuelle Stand, in: Aktuelle Themen, Nr. 449, Deutsche Bank Research (Hrsg.).

KIRSCH, G. (2007): Inseln des Vertrauens im Meer des Misstrauens, in: Vertrauen – Anker einer freiheitlichen Ordnung, Gerhard Schwarz (Hrsg.), S. 15–23.

MAASS, STEPHAN (2010), Bandow schlägt einmalige Sonderabgabe auf Vermögen vor, in: Die WELT vom 02. 07. 2010.

MIAN, ATIF R.; SUFI, AMIR (2008), The Consequences of Mortgage Credit Expansion: Evidence from the U.S. Mortgage Default Crisis (December 12, 2008). Online abrufbar unter: http://ssrn.com/abstract=1 072 304

MOOG, S., MÜLLER, C., RAFFELHÜSCHEN, B. (2010), Ehrbare Staaten? Die deutsche Generationenbilanz im internationalen Vergleich: Wie gut ist Deutschland auf die demografische Herausforderung vorbereitet?, Forschungszentrum Generationenverträge, Diskussionsbeiträge, Nr. 44/10.

N24 (2010), Keine Unabhängigkeit – EZB bricht für den Euro Tabu, N24.de vom 11. 05. 2011.

NICKEL, CHRISTINA; PHILIPP ROTHER UND LILLI ZIMMERMANN (2010), Major Public Debt Reductions: Lessons from the Past, Lessons for the Future, Working Paper Nr. 1241 der EZB.

OBSTFELD, MAURICE UND KENNETH ROGOFF (2009), Global Imbalances and the Financial Crisis: Products of Common Causes, Discussion paper series 7606, Centre for Economic Policy Research.

OECD (2010), Economic Outlook, Volume 2010/2.

PHILIPPON, THOMAS UND ARIELL RESHEF (2009), Wages and Human Capital in the U.S. Finance Industry: 1909–2006, NBER Working Paper No. 14 644.

PLENUM DER ÖKONOMEN (2010), Internet: http://www.wiso.uni-hamburg.de

QUITZAU, JÖRN (2005), Der Stabilitätspakt: Ausgenommen und ausgestopft, Internet: http://www.dbresearch.de.

QUITZAU, JÖRN (2005), Faktor Zufall als Spielverderber: zur Prognostizierbarkeit von Fußballergebnissen – Wettmärkte als effizienter Informationslieferant, Deutsche Bank Research, Research Notes Nr. 18.

QUITZAU, JÖRN (2004), Handeln Wirtschaftssubjekte rational? Empirische Evidenz aus Internet-Auktionen, Deutsche Bank Research, Research Notes Nr. 12.

REINHART, CARMEN UND KENNETH ROGOFF (2010 a), Dieses Mal ist alles anders – Acht Jahrhunderte Finanzkrisen.

REINHART, CARMEN UND KENNETH ROGOFF (2010 b), From Financial Crash to Debt Crisis, NBER Working Paper No. 15 795.

REINHART, CARMEN UND KENNETH ROGOFF (2010 c), Growth in a Time of Debt, NBER Working Paper No. 15 639.

ROSEN, HARVEY S. UND RUPERT WINDISCH (1992), Finanzwissenschaft 1.

ROSENSCHON, ASTRID UND NORBERT WALTER (1996), Ein Plädoyer für die Marktwirtschaft.

SACHVERSTÄNDIGENRAT (2008), Die Finanzkrise meistern – Wachstumskräfte stärken, Jahresgutachten 2010/11.

SACHVERSTÄNDIGENRAT (2009), Die Zukunft nicht aufs Spiel setzen, Jahresgutachten 2009/10.

SACHVERSTÄNDIGENRAT (2010), Chancen für einen stabilen Aufschwung, Jahresgutachten 2010/11.

SACHVERSTÄNDIGENRAT (2011), Herausforderungen des demografischen Wandels, Sondergutachten.

Schneider, Stefan (2010), Homo Oeconomicus oder doch eher Homer Simpson?, in: Aktuelle Themen 480, Deutsche Bank Research vom 30.4.2010.

Schumpeter, J. A. (1911), Theorie der wirtschaftlichen Entwicklung.

Shiller, Robert J. (2000), Irrationaler Überschwang: Warum eine lange Baisse an der Börse unvermeidlich ist.

Siebert, Horst (2001), Der Kobra-Effekt: wie man Irrwege in der Wirtschaftspolitik vermeidet.

Sievert, Olav (1994), Stellungnahme aus Sicht der Wirtschaftspolitik, in: Markt mit Moral – Das ethische Fundament der Sozialen Marktwirtschaft, Bertelsmann Stiftung, Heinz Nixdorf Stiftung, Ludwig-Erhard-Stiftung (Hrsg.), S. 80 – 85.

Standard & Poor's (2010), Global Aging 2010: An Irreversible Truth – Methodological And Data Supplement.

Surowiecki, James (2007), Die Weisheit der Vielen.

Thaler, Richard H. und Cass R. Sunstein (2008), Nudge – Wie man kluge Entscheidungen anstößt.

Theurl, T. (2007): Das Ringen um Vertrauenswürdigkeit, in: Vertrauen – Anker einer freiheitlichen Ordnung, Gerhard Schwarz (Hrsg.), S. 37 – 45.

Wagschal, Uwe und Georg Wenzelburger (2008), Haushaltskonsolidierung.

Walter, Norbert (1986), Was würde Erhard heute tun? Wirtschaftspolitische Problemlösungen.

Walter, Norbert (2006), Der Beitrag privater Finanzinstitute zur Entschuldung, in: LIST FORUM für Wirtschafts- und Finanzpolitik, Band 32 (2006), Heft 4, S. 359 – 366.

Walter, Norbert (2009 a), Marktwirtschaft, Ethik und Moral: Wie Werte das Vertrauen in die Ökonomie stärken.

Walter, Norbert (2009 b), Vom Segen der Finanzmärkte, in: Die Politische Meinung, Februar 2009, S. 5 – 9.

Walter, Norbert und Jörn Quitzau (2004), Prinzipien europäischer Marktwirtschaft, in: Fürst/Drumm/Schröder (Hrsg.), Ideen für Europa. Christliche Perspektiven der Europapolitik, S. 158 – 173.

Werding, M.; Hofmann, H. (2008), Projektionen zur langfristigen Tragfähigkeit der öffentlichen Finanzen, ifo-Beiträge zur Wirtschaftsforschung, Band 30.

Werner, Georg (2004), Ausgliederungen aus den öffentlichen Haushalten: strengere Überprüfungen und Begrenzungen unerlässlich, Karl-Bräuer-Institut des Bundes der Steuerzahler (Hrsg.), Stellungnahmen, 29.

Wissenschaftlicher Beirat beim Bundesministerium der Finanzen (2001), Nachhaltigkeit in der Finanzpolitik – Konzepte für eine langfristige Orientierung öffentlicher Haushalte, Gutachten des Wissenschaftlichen Beirats, Nr. 69.

Wissenschaftlicher Beirat des Bundesministeriums für Wirtschaft und Technologie (2011), Überschuldung und Staatsinsolvenz in der Europäischen Union, Gutachten Nr. 01/11.

Personenregister

Sachregister